beck $^{\text{I}}_{\text{sche}}$ **reihe**

$\mathbf{b}^{\text{sr}}$

Die 101 Fragen zur amerikanischen Geschichte sind kein herkömmliches Geschichtsbuch. Sie wollen nicht enzyklopädisch informieren,
sondern Lust auf Amerikas Geschichte machen. Selbstverständlich
widmen sich viele der 101 Fragen den großen Ereignissen der amerikanischen Geschichte – von der Entdeckung Amerikas über den Bürgerkrieg und die Wiedervereinigung bis zu George W. Bushs «Krieg
gegen den Terrorismus». Neben den Aktionen auf Regierungsebene
kommen aber auch Geschehnisse in den Blick, die sich scheinbar am
Rande ereignen, für das kollektive Bewusstsein der Amerikaner aber
oft wichtiger sind als die Politik so manches US-Präsidenten.

Christof Mauch war von 1999 bis 2007 Direktor des Deutschen Historischen Instituts in Washington und lehrt seit 2007 als Professor
für Amerikanische Geschichte und Transatlantische Beziehungen an
der Ludwig-Maximilians-Universität München.

Christof Mauch

Die 101 wichtigsten Fragen
Amerikanische Geschichte

Verlag C. H. Beck

Für die Vignetten:
© akg-images, Berlin

Originalausgabe

© Verlag C. H. Beck oHG, München 2008
Satz: Fotosatz Reinhard Amann, Aichstetten
Druck und Bindung: Druckerei C. H. Beck, Nördlingen
Umschlagentwurf: +malsy, Willich
Umschlagmotiv: Mount Rushmore, National Memorial,
South Dekota, USA/Gutzon Borglum
© Carl & Ann Purcell/CORBIS
Printed in Germany
ISBN 978 3 406 54800 0

www.beck.de

Inhalt

Vorbemerkung   11

Amerika
1. Wer war der erste Amerikaner?   13
2. Wer entdeckte Amerika?   14
3. Wie kam Amerika zu seinem Namen?   15
4. Warum wurde Amerika nicht spanisch oder
   französisch?   16
5. Was geschah in Jamestown?   17

Birth of a Nation
6. Wie deutsch sind die Amerikaner?   19
7. Was machte Thomas Paines «Common Sense» so
   wichtig?   21
8. Was und wie feiern die Amerikaner am 4. Juli?   21
9. Wie revolutionär war die Amerikanische
   Revolution?   22
10. Warum wurde Washington D. C. die Hauptstadt der
    USA?   24
11. Der Krieg von 1812 – ein zweiter
    Unabhängigkeitskrieg?   25
12. Wer war Uncle Sam?   26
13. Was ist ein «Yankee»?   27

From Sea to Shining Sea
14. Wie kam es zum «Louisiana Purchase»?   28
15. Woher kommt der Schlachtruf «Remember the
    Alamo»?   29
16. Was ist Manifest Destiny?   30
17. Wie wild war der Wilde Westen?   31
18. Wer waren die «49er»?   33
19. Warum gab es den Pony-Express?   33
20. Was war Custers letzte Schlacht?   35

21. Wo sind all die Büffel hin? 37
22. Wer erfand die Nationalparks? 39
23. Wie «grün» sind die Indianer? 41
24. Wie kam Alaska an die USA? 43

Geteilte und wiedervereinigte Nation

25. Was war die «Underground Railroad»? 43
26. Was machte «Onkel Toms Hütte» zum Bestseller? 44
27. War das System der Sklaverei auch ohne den Bürgerkrieg zum Untergang bestimmt? 46
28. Was war die Gettysburg Address? 47
29. Warum hat der Norden den Bürgerkrieg gewonnen? 48
30. Wer waren die Carpetbaggers und wo lagen die Probleme der amerikanischen Wiedervereinigung? 50
31. Wie erklären sich Aufstieg und Niedergang des Ku-Klux-Klan? 53
32. Wer war Muddy Waters und wie entstand der Blues? 55

Imperium und Moderne

33. Warum gibt es die Freiheitsstatue? 56
34. Woher kommt der Wolkenkratzer? 58
35. Wie golden war das «Gilded Age»? 60
36. Wer waren die Räuberbarone? 61
37. Wer war Amerikas größter Erfinder? 63
38. Worum ging es in Amerikas «glänzendem kleinen Krieg» gegen Spanien? 65
39. Was war Präsident Roosevelts «Big Stick»? 67
40. Woher kommt der Teddybär? 68
41. Warum wollten die USA den Panamakanal? 70
42. Was veranlasste die USA zum Eintritt in den Ersten Weltkrieg? 72
43. Woran scheiterten Präsident Wilsons Friedensvisionen? 73

A New Era

44. Wer steckte hinter dem rasanten Aufstieg des Automobils? 75
45. Woran scheiterte das «noble Experiment» der Prohibition? 77

46. Wie wurde Hollywood zum Zentrum der Weltfilmindustrie? 80

47. Welche Bedeutung hatten die Flapper Girls für das Image der amerikanischen Frau? 81

48. Was war der «New Deal»? 82

49. Wer waren die Okies und was vertrieb sie aus der Dust Bowl? 86

50. Waren die Amerikaner über den japanischen Angriff auf Pearl Harbor im Voraus informiert? 87

51. Wer waren «Wild Bill» Donovan und das OSS? 88

52. Welchen Einfluss hatte der Zweite Weltkrieg auf den amerikanischen Westen? 90

53. Wer war Rosie the Riveter? 92

54. Wer waren die «No-Nos»? 93

55. Woher kommt der Jeep? 94

56. Warum warfen die Amerikaner Atombomben auf Hiroshima und Nagasaki? 96

Brüchiger Konsens

57. Wie kam es zum Kreuzzug gegen die «Hollywood Ten»? 99

58. Wie glücklich waren die 1950er Jahre? 100

59. Was machte Frank Lloyd Wright so berühmt? 103

60. Warum schlug der Fall Roe versus Wade so hohe Wellen? 105

61. Wer war Betty Friedan und was verstand sie unter «Weiblichkeitswahn»? 106

62. Wie wurde die Verhaftung einer Näherin in Alabama zum Motor von Reformen in Amerika? 108

63. Was wollte Präsident Johnson mit seiner Great Society erreichen? 110

64. Warum kam es 1965 zu einer Zäsur in der amerikanischen Einwanderungsgeschichte? 111

65. Wie hat Woodstock die Welt verändert? 112

66. Was bewirkte der «Stumme Frühling»? 114

67. Was war der Watergate-Skandal? 116

Kalte und heiße Kriege

68. Warum holten die USA den persischen Schah auf den Thron?   117
69. Warum und wie führten die USA den Kalten Krieg?   119
70. Was war der Sputnik-Schock?   121
71. Worum ging es im «vergessenen Krieg» in Korea?   122
72. Was passierte 1961 in der Schweinebucht?   124
73. Wie gefährlich war die Kubakrise?   124
74. Warum gewannen die Amerikaner den «Wettlauf zum Mond»?   125
75. Hätte Kennedy einen konventionellen Krieg in Vietnam verhindert?   127
76. Wer ermordete Präsident Kennedy?   129
77. Was waren die Pentagon Papers?   131
78. Wer war der «Teflon-Präsident»?   133
79. Was war das Evil Empire?   134
80. Warum wurde der Golfkrieg für die Medien so bedeutend?   136

Ins 21. Jahrhundert

81. Wie und warum entstand Hip-Hop?   137
82. Welche Bedeutung hatte Lewinskys blaues Cocktailkleid?   139
83. Wer gewann im Jahr 2000 die Präsidentschaftswahl?   140
84. Was geschah am 11. September 2001?   143
85. Welche innenpolitischen Auswirkungen hatte der «Krieg gegen den Terrorismus»?   144
86. War die Hurrikan Katrina-Katastrophe vermeidbar?   147
87. Was ist das Silicon Valley?   149
88. Sind die USA die Nummer 1?   150

Die besondere Nation

89. Wie heilig ist der Star Spangled Banner?   152
90. Warum spricht man vom «Schmelztiegel» Amerika?   154
91. Wer ist Amerikas größter Präsident?   156
92. Welche Rolle spielte die «First Lady» in der amerikanischen Geschichte?   157

93. Warum gibt es in den USA keinen Sozialismus?   159

94. Wer sind Televangelists und worin liegt das Geheimnis
ihres Erfolgs?   161

95. Was ist für die Amerikaner an Superman so
faszinierend?   163

96. Was macht die USA zur Vorort-Nation?   164

97. Woher kommt die amerikanische Leidenschaft für den
perfekten Rasen?   166

98. Warum geht in den USA niemand spazieren?   167

99. Seit wann und warum essen die Amerikaner Hamburger
bei McDonald's?   169

100. Warum spielen die Amerikaner Baseball, nicht
Fußball?   171

101. Wie frei sind die Amerikaner?   173

Vorbemerkung

Die 101 Fragen zur amerikanischen Geschichte sind kein herkömmliches Geschichtsbuch. Sie wollen nicht enzyklopädisch informieren, sondern Lust auf Amerikas Geschichte machen. In diesem Sinne ist beim Buchtitel «die wichtigsten Fragen» immer ein Augenzwinkern des Verfassers mitzudenken. Selbstverständlich widmen sich viele der 101 Fragen den großen Ereignissen der amerikanischen Geschichte – von der Entdeckung Amerikas über den Bürgerkrieg und die Wiedervereinigung bis zu George W. Bushs «Krieg gegen den Terrorismus». Neben den Aktionen auf Regierungsebene kommen aber auch Geschehnisse in den Blick, die sich scheinbar am Rande ereignen. Besonders unter die Lupe genommen werden die kulturellen Besonderheiten Amerikas, die sich nicht im bloßen Nacherzählen fassen lassen. Hinter der eher unkonventionellen Darstellungsart verbirgt sich die feste Überzeugung des Verfassers, dass auch das Nebensächliche und Kuriose, manchmal sogar das Erfundene wichtig sein können. Rosie the Riveter und Superman waren keine realen Personen, aber für das kollektive Bewusstsein der Amerikaner sind sie wichtiger als die Politik so manches US-Präsidenten. Die Erfindung des Wolkenkratzers oder der Bau der Freiheitsstatue waren keine zentralen politischen Ereignisse, aber für die Identität Amerikas und für die Außenwahrnehmung der USA sind sie von immenser Bedeutung.

Dieses Buch will keine langweilige «Schlossführung» durch das Haus der amerikanischen Geschichte sein. Vielmehr eröffnet jede Frage einen neuen Geschichtsraum. Das Buch lässt sich von Anfang bis Ende durchlesen, da die einzelnen Kapitel einer groben chronologischen Reihenfolge verpflichtet sind. Es lässt sich aber auch an jeder beliebigen Stelle aufschlagen. Man wird fündig, auch wenn man nichts gesucht hat. Spielend eignet man sich auf diese Weise das an, was die Amerikaner conversational knowledge nennen, ein Wissen, welches beiläufig, und ohne zu belehren, in den Small Talk einfließt. Einmal fällt der Blick voyeuristisch durchs Schlüsselloch und erhascht Privates, das zum Politikum wurde: wie Monika Lewinskys blaues Cocktailkleid. Ein anderes Mal fällt er auf Nischen oder vergessene Geschichtsräume: auf die Heimatfront im amerikanischen Westen zum Beispiel, statt auf die Schlachtfelder des Zweiten Weltkrieges. Immer wieder – und ganz besonders im letzten Kapitel – werden weite Räume ausgelotet und größere historische Zusammenhänge konstruiert. Aus der «Tocquevilleschen Sicht» über den Atlantik erscheint manches als merkwürdig, was die Amerikaner ihrerseits als selbstverständlich hinnehmen. Woher kommt zum Beispiel die amerikanische Faszination für Baseball, für Fast Food oder für den perfekten Rasen? Niemand kann diese Fragen besser beantworten als der Historiker, der die USA leidenschaftlich, aber aus der Distanz heraus analysiert.

In der Präsentation von Wesentlichem und Merkwürdigem will der vorliegende Band kompetent informieren und salopp unterhalten, Fakten präsentieren, aber auch Mythen und historische Fehlinterpretationen entlarven. Selbst derjenige, der glaubt, die amerikanische Geschichte bestens zu kennen, wird vermutlich in jedem Kapitel Neues entdecken. Der Band hat sein Ziel sicher dann am besten erfüllt, wenn er Leserinnen und Leser dazu verführen kann, selbst neue Fragen zur amerikanischen Geschichte zu stellen.

Mein Dank gilt den Praktikantinnen und Praktikanten am Deutschen Historischen Institut in Washington (DHI) und den Studentinnen und Studenten in München, die bei der Recherche behilflich waren und so manche Frage angestoßen oder erfunden haben. Ganz besonders aber meinen Kolleginnen Bärbel Thomas am DHI und Dr. Maren Roth sowie Karen Weilbrenner am Amerika-Institut München.

Amerika

1. Wer war der erste Amerikaner? Die gängige Antwort auf diese Frage geht auf Ausgrabungen aus dem Jahr 1929 zurück. Damals hatten amerikanische Archäologen in Clovis im US-Bundesstaat New Mexico zahlreiche in Stein gehauene Speerspitzen gefunden, die mindestens 11 000 Jahre alt sind. Die Forschung ging jahrzehntelang davon aus, dass die «Clovis-Kultur» vor dem Ende der letzten Eiszeit, als die Polkappen noch nicht geschmolzen waren und der Meeresspiegel 100 Meter tiefer lag als heute, über die Beringstrasse – eine Landbrücke von Sibirien nach Alaska – gelangt war. Im Zuge der Nahrungssuche löschten die Clovis-Jäger mit ihren prähistorischen Vernichtungswaffen auf dem Weg durch das heutige Kanada in Richtung Süden vermeintlich 35 Tierarten aus. Erste Erschütterungen dieser Forschungsergebnisse gab es in den 1980er Jahren, als Archäologen in Nord- und Südamerika ältere Kulturen als die von Clovis entdeckten. Weitere Unstimmigkeiten ergaben sich aus der Erkenntnis von Linguisten, wonach sich die Abspaltung der Sprachen von asiatischen und nordamerikanischen Ureinwohnern eher vor 30 000 als vor 11 000 Jahren vollzogen haben muss. Ein Vergleich von Schädeln zeigt, dass die Ureinwohner Nord- und Südamerikas unterschiedliche Vorfahren haben. Neue Ausgrabungen in Nordostasien legen zudem nahe, dass keine Verwandtschaft zwischen den asiatischen Artefakten und denen der Clovis-Kultur besteht. Heute deutet vieles darauf hin, dass die Clovis-Kultur nicht die älteste auf dem amerikanischen Kontinent ist und dass sicher nicht alle frühen amerikanischen Einwanderer über die Beringstrasse nach Nordamerika eingewandert sind. Mittels genetischer Untersuchungen bei amerikanischen Indianern (native Americans) gelangten Forscher vor kurzem zu der Einsicht, dass es wenigstens vier, völlig voneinander getrennte Wellen prähistorischer Migration nach Amerika gegeben haben müsse und dass die älteste mindestens 20 000 Jahre zurückliegt.

Woher also kam der erste Amerikaner? Die radikalste Theorie weist auf die verblüffende Ähnlichkeit zwischen den Speerspitzen der Clovis-Kultur und älteren Ausgrabungen in Nordspanien und Südfrankreich hin und behauptet, dass die ersten Amerikaner aus Europa stammten und noch in der Steinzeit per Boot über den Nordatlantik nach Amerika eingewandert seien. Diese Hypothese hat eine neue Generation von Prähistorikern dazu inspiriert, archäologische Stätten in Pennsylvania, Virginia, South Carolina sowie in Venezuela und Brasilien auf Spuren transatlantischer Einflüsse hin zu untersuchen.

Eine wachsende Zahl von Vorgeschichtlern vertritt neben der Theorie von der Atlantikroute einerseits und der von der Beringstrasse andererseits die Ansicht, dass sich die Ureinwohner Nordamerikas mit kleinen Schiffen aus Tierhäuten entlang der asiatischen Pazifikküste und danach entlang der amerikanischen Westküste von Alaska immer weiter nach Süden vorgeschoben haben könnten. Demnach wären die ersten Amerikaner nicht die heroischen Mammutjäger aus Sibirien gewesen, sondern Fischer und Robbenfänger aus Südasien, die sich langsam, dem Rand des Pazifiks entlang, in Regionen, die heute längst vom Meer verschlungen sind, ausbreiteten und vor etwa 14 500 Jahren in Monte Verde (Chile) ankamen. Genau dort wurden die bisher frühesten Spuren menschlicher Kultur auf dem amerikanischen Doppelkontinent gefunden.

2. Wer entdeckte Amerika? Dass Christopher Kolumbus im Oktober 1492 Amerika entdeckt hat, weiß in den USA jedes Kind. Alljährlich am zweiten Montag im Oktober feiern die Amerikaner den Columbus Day. Der amerikanische Regierungssitz wurde Kolumbus zu Ehren «District of Columbia» genannt, und in den 50 Staaten der USA stehen heute mehr als 180 Monumente des legendären «Entdeckers» der Neuen Welt. In Wirklichkeit hatte Kolumbus das amerikanische Festland nicht 1492, sondern erst 1498 – auf seiner dritten Reise – betreten; und bis zu seinem Tod hatte er keine Ahnung davon, dass er einen neuen Kontinent entdeckt hatte. 1506 starb der Entdecker in der festen Überzeugung, den Seeweg nach Indien gefunden zu haben.

Tatsächlich waren es aller Wahrscheinlichkeit nach Wikinger, die mehrere Jahrhunderte vor Kolumbus als erste europäische Entdecker die Neue Welt sichteten. Vieles spricht dafür, dass der Isländer Leif Erikson um das Jahr 1000 mit einer Gruppe von 35 Seeleuten das heutige Neufundland (Kanada) entdeckte. Nach der «Grœnlendinga saga» führte ihn seine Schiffsreise nacheinander nach «Helluland» (vermutlich Baffin Island), «Markland» (Labrador) und «Vinland». In «Vinland», dem heutigen Neufundland, fand Erikson der Sage nach ein mildes Klima, Wein und Lachse vor. Archäologische Forschungen der 1950er und 1960er Jahre lassen kaum mehr Zweifel daran aufkommen, dass es sich bei den Ausgrabungen in Anse aux Meadows in Neufundland um die Kolonie Leif Eriksons handelt. Die Entdeckung Grönlands und Nordamerikas durch die Wikinger ist faszinierend, aber für die Geschichte der Neuen Welt blieb sie merkwürdig folgenlos. Die nordischen Entdecker wurden von den amerikanischen Ureinwohnern vertrieben; und im 15. Jahrhundert verschwanden ihre Kolonien völlig. Erst in der Folge von Kolumbus' Reisen drängten jene europäischen Kräfte nach Amerika, die in der Neuzeit – als Abenteurer, Händler und Siedler – den neuen Kontinent unterwerfen sollten.

3. Wie kam Amerika zu seinem Namen? Dass ein aus Freiburg im Breisgau stammender Kartograf (gegen seinen Willen) den amerikanischen Kontinent nach einem italienischen Kaufmann (ohne dessen Wissen) benannt hat, gehört zu den Eigentümlichkeiten der Entdeckungsgeschichte der Neuen Welt. Martin Waldseemüller hatte 1507 eine Beschreibung der Reisen des «Amerigo» unter dem Titel «Cosmographiae Introductio» herausgegeben. Amerigo Vespucci, der in den Diensten der florentinischen Bankiersfamilie Medici stand, war zwischen 1497 und 1504 mehrfach über den Atlantik nach Südamerika gereist. Seine Reisebeschreibungen trugen wesentlich zur Verbreitung der gelehrten Einsicht bei, dass sich zwischen Asien und Europa nicht nur einige Inseln, sondern eine «neue Welt» befinde («Mundus Novus» war der Titel von Vespuccis zweiter Reisebeschreibung). Zusammen mit dem humanistischen Poeten Matthias Ringmann veröffentlichte Waldseemüller im Jahr 1507 in Frankreich eine zwölfteilige Weltkarte. Diese Karte war ein drucktechnisches Meisterwerk von zweieinhalb Metern Länge und enthielt zudem eine «Einführung in die Weltbeschreibung», in der Waldseemüller vorschlug, das neu entdeckte Land (Südamerika, nicht Nordamerika!) nach dessen vermeintlichem Entdecker «Land des Americus» oder – in Analogie zu den «Frauennamen Europa und Asien» – «America» zu nennen. Die Veröffentlichung sorgte im frühen 16. Jahrhundert für enormen Aufruhr, da die Auffassung von Claudius Ptolemäus, dass es nur drei Kontinente gäbe, noch immer unbestritten war. Als Waldseemüller bald nach der Erstveröffentlichung der Karte erkannte, dass er die Entdeckung des neuen Kontinents fälschlich dem «Amerigo» zugeschrieben hatte, betitelte er den Kontinent in der Neuauflage der Weltkarte wieder mit «terra incognita». Die 1000-

fach gedruckte Karte, von der nur ein einziges Exemplar überlebt hat (seit 2003 befindet sich dieses in der Kongressbibliothek in Washington D. C., seit 2005 ist es UNESCO-Weltkulturerbe), war in der Zwischenzeit schon so weit verbreitet, dass Amerika der Name für den neu entdeckten Kontinent blieb.

4. Warum wurde Amerika nicht spanisch oder französisch? Lange vor den Briten waren die Spanier in Nordamerika präsent. Im Vergleich zur reichen Mayazivilisation erschienen ihnen die Küstengebiete Nordamerikas freilich wenig attraktiv, denn das Interesse der Spanier richtete sich primär auf Silber, Gold, Juwelen und Gewürze. Eine Reihe von Expeditionen von Mexiko nach Nordamerika – wie die des Hauptmanns Panfile de Narvaez, der sich 1528 auf die Suche nach einem Appalachen-Königreich machte – wirkte eher ernüchternd. Die Alligatoren in Florida jagten den Spaniern große Schrecken ein; und während sie sich Fußverletzungen durch Austern zuzogen, überlebten sie ihre Erkundungsreise durch die fischreichen Sümpfe, Seen- und Küstenlandschaften Floridas ironischerweise nur durch die Notschlachtung der mitgebrachten Pferde. Auch andere spanische Reisende wie Hernando de Soto, der zwischen 1539 und 1543 den ganzen Süden der heutigen USA durchquerte (die 13 Wildschweine, die seiner Expedition angehörten, fungierten als effiziente Schlangentöter), konnten dem nordamerikanischen Kontinent keinen großen Reiz abgewinnen. Das Spanische Imperium benötigte Gold zur Unterhaltung der Armada, keine kultivierbaren Landschaften in den Subtropen.

Weitaus mehr Interesse an der Neuen Welt als die Spanier hatten die Franzosen. Dass sie sich mit den natürlichen Gegebenheiten besser arrangierten als ihre europäischen Nachbarn, lag im engen Verhältnis der Franzosen zu den Indianern begründet. Militärisch wären die Franzosen in der Lage gewesen, die amerikanische Urbevölkerung zu unterdrücken; stattdessen schlossen sie – oft gegen die kolonialen Vorgaben aus Versailles – Verträge mit Huronen, Irokesen und Algonkin-Indianern. Anders als später die Briten, die auf Eroberung aus waren und unmittelbar nach ihrer Ankunft die Wälder rodeten und die Indianer vertrieben (oder gar niedermetzelten), ließen die Franzosen die Wildnis Nordamerikas weitgehend intakt. Sie bauten nur wenige größere Ansiedlungen oder Städte und lebten stattdessen verstreut an den Flüssen und den Großen Seen Nordamerikas. Den Indianern überließen sie die Jagd und die Bestellung des Landes, während sie sich selbst dem Transport und Verkauf von Pelzen widmeten.

Die Franzosen waren mit der Geografie und den Umweltbedingungen Nordamerikas weitaus besser vertraut als die Engländer. Auf dem Wasserweg hatten sie einen Großteil des Landesinneren erkundet und für den Handel erschlossen. Hätten die Franzosen und nicht die Briten die Geschicke der heutigen USA bestimmt, wären die Ressourcen Nordamerikas sicherlich nicht so schnell verbraucht, der Kontinent nicht so rapide besiedelt und die Indianer wohl kaum so systematisch dezimiert worden. Dass am Ende die Engländer und nicht die Franzosen oder Spanier zur dominierenden Macht in der Neuen Welt werden sollten, war nicht zuletzt ein Spiegel der europäischen Machtverhältnisse und Wirtschaftsinteressen. Seit der militärischen Niederlage gegen die Briten im Jahr 1588 hatten die Spanier zunehmend an Macht verloren. Auch die Franzosen waren durch Kriege geschwächt. 1757 lebten 70 000 Franzosen in Nordamerika und standen damit nicht weniger als 1,5 Millionen Engländern gegenüber.

5. Was geschah in Jamestown? Die Gründung Jamestowns war das Werk von Kaufleuten und adligen Investoren, die sich in der Londoner Virginia Company zusammengeschlossen hatten. Im Jahr 1607 erreichten etwa 100 Männer der Company mit drei Schiffen die amerikanische Küste in der Nähe der Chesapeake Bay. Dort wählten sie, in der Hoffnung, eine Durchfahrt in Richtung Asien zu finden, einen Flusslauf mit nordwestlicher Ausrichtung. 70 Kilometer vom Atlantik und damit von den notorisch plündernden Spaniern entfernt, ließen sie sich an einer Flussmündung nieder. Den Fluss nannten sie James River, die Stadt, in einem Anfall blühender Fantasie, Jamestown. Die Siedler, die auf der Suche nach Glück und Gold unterwegs waren, aber von Land- und Forstwirtschaft so gut wie nichts verstanden, hätten wohl kaum überlebt, wenn sie nicht Captain John Smith zu ihrem Anführer bestimmt hätten. Smith war ein skrupelloser Abenteurer und Militär, der einst auf Seiten der Österreicher gegen die Türken gekämpft hatte, gefangengenommen wurde und auf einem Piratenschiff entfloh. «Wer nicht arbeitet, soll auch nicht essen», lautete die Devise John Smiths, der den Kolonisten in soldatischer Manier Disziplin verordnete, während er sich mit den Indianern arrangierte und in den Anbau von Mais und Süßkartoffeln einweisen ließ.

Dass Smith einst von Pocahontas, der Tochter eines Indianer-häuptlings, in letzter Minute vor der Hinrichtung durch deren Vater errettet wurde, gehört zu den großen Mythen der amerikanischen Ge-schichte, die auch von Hollywood verfilmt wurden. In Wirklichkeit waren die vermeintliche Hinrichtung des Captains und die darauffol-gende Begnadigung Teil eines indianischen Initiationsritus, der die Freundschaft zwischen den Kolonisten und den amerikanischen Ureinwohnern besiegeln sollte. Das friedliche Zusammenleben von Indianern und Briten entpuppte sich freilich schon bald als Illusion. Nachdem aus London die Anweisung gekommen war, die amerika-nischen «Wilden» zu unterwerfen und von ihnen Tribut zu fordern, attackierten englische Soldaten die Dörfer der Ureinwohner. Die In-dianer schlugen zurück und ein Zirkel der Gewalt setzte ein. Am Ende waren alle Indianer, die das Gebiet der Jamestown-Kolonie bewohnt hatten, arglistig getötet, im Kampf niedergemetzelt oder vertrieben worden.

Dass die englischen Siedler in Virginia Fuß fassten, hatte nicht zuletzt damit zu tun, dass sie im Jahr 1612 mit der Entdeckung des Tabaks, der sich überall – selbst zwischen Baumstümpfen – anbauen ließ, einen Daseinsgrund fanden. Von den Indianern hatten die Eng-länder gelernt, dass man die Tabakblätter trocknen und rauchen konnte. 1616 wurde eine schmackhafte, spanische Variante der Ta-bakpflanze erstmals nach England ausgeführt; danach wurde das «stinkende Kraut», wie der englische König es nannte, schon bald zum Exportschlager. Da die Tabakpflanze dem Boden wichtige Nährstoffe entzog und sich optimale Anbauresultate nur in den ersten drei oder vier Jahren erzielen ließen, schoben die Farmer die frontier, das heißt die Grenze zwischen kultiviertem Land und Wildnis, schnell Richtung Westen vor. In der Tat konnte man in Amerika, wie Thomas Jefferson noch im ausgehenden 18. Jahrhundert über seine eigene Farm in Vir-ginia sagte, «neues Land billiger kaufen als altes Land düngen».

Jamestown brachte den Großgrundbesitzern enormen Reichtum ein. Mit keinem anderen landwirtschaftlichen Produkt konnte man in der frühen Neuzeit ähnlich hohe Gewinne erzielen wie mit Tabak. Als im Jahr 1619 die ersten «zwanzig Neger» aus Afrika in Amerika eintrafen sowie neunzig junge Frauen aus England (die Kolonisten suchten unter ihnen Ehefrauen aus und bezahlten dafür lediglich die Kosten für deren Überfahrt sowie 125 Pfund Tabak), zeichnete sich die Zukunft der britischen Kolonie bereits in Umrissen ab. Jamestown wuchs rasch: Mitte des 17. Jahrhunderts hatte die Kolonie nicht weniger als 15 000 Einwohner, darunter viele schwarze Sklaven aus Afrika. Im Gegensatz zu den «Pilgervätern», die 13 Jahre nach John Smith im Nordosten Amerikas ankamen, waren die Siedler von Jamestown keine Gemeinde von Gläubigen, sondern Unternehmer und Abenteurer. Sie führten das englische Rechtssystem und das common law ein und stellten durch ihre alltäglichen Entscheidungen unwillkürlich die Weichen für die weitere politische und wirtschaftliche Entwicklung auf dem nordamerikanischen Kontinent. Die Vertreibung der Indianer, die Einführung der Sklaverei, die Privilegierung der Großgrundbesitzer und die unternehmerische Ausrichtung der Kolonien gehörten ebenso zum Erbe von Jamestown wie die Einführung «ordentlicher» kultureller Praktiken (wie Heirat) und die graduelle Unabhängigkeit von England durch die Einrichtung einer politischen Selbstverwaltung.

Seit 1934 ist Jamestown, zusammen mit dem benachbarten Yorktown und Williamsburg, ein riesiges Freilichtmuseum. John D. Rockefeller, Jr., der die Einrichtung des Kulturdenkmals großzügig finanziell unterstützte, sah in der Kolonie einen historischen Ort, der an den «Patriotismus, die hohen Werte und die selbstlose Hingabe unserer Vorväter» erinnern sollte. 400 Jahre nach der Ankunft von John Smith in der Neuen Welt setzt sich Jamestown, das Vielen als die «Wiege Amerikas» gilt, nun zunehmend auch kritisch mit seiner eigenen Geschichte, insbesondere der Haltung gegenüber den nichteuropäischen Minderheiten, auseinander.

Birth of a Nation

6. Wie deutsch sind die Amerikaner? Kaum eine Legende über die Anfänge der USA hat sich unter Deutsch-Amerikanern und Deutschen hartnäckiger gehalten als diejenige, wonach Deutsch im 18. Jahrhundert beinahe zur offiziellen Landessprache der Vereinigten Staaten geworden wäre. Der Mythos hatte seinen Ursprung in der ersten Hälfte des 19. Jahrhunderts, trat dann in den Hintergrund, flammte aber in der NS-Zeit wieder auf, da die Nationalsozialisten ihn systematisch für Propagandazwecke ausnutzten. So weit verbreitet war die Legende nach dem Zweiten Weltkrieg, dass die Kongressbibliothek in Washington in den 1960er Jahren aufgrund einer Flut von Anfragen eigens ein Informationsblatt drucken ließ, das die historischen Wurzeln des Gerüchts dokumentierte.

Eine gängige Version der Legende besagte, dass Ende der 1780er Jahre im Parlament des Staates Pennsylvania über Deutsch als Landessprache abgestimmt worden war. Der Deutsch-Amerikaner Frederick A. Muehlenberg habe die ausschlaggebende Stimme für Englisch abgegeben. Nach einer anderen Version sollte Deutsch zwar nicht erste, aber zweite Landessprache werden. Beide Geschichtsversionen gehören freilich in den Bereich der Fiktion. Ihren Ursprung hat die Legende in einer Eingabe aus dem Jahre 1794. Eine Gruppe deutscher Einwanderer aus dem Bundesstaat Virginia wollte damals «einen gewissen Anteil» der Gesetze der USA sowohl auf Englisch als auch auf Deutsch gedruckt sehen. Ein Jahr später wurde die Petition vom US-Kongress mit 42 zu 41 Stimmen abgelehnt. Frederick A. Muehlenberg, der Sprecher im Kongress, hatte die entscheidende Stimme gegen den Antrag abgegeben. Im Nachhinein wurden ihm die Worte in den Mund gelegt: «Je schneller die Deutschen Amerikaner werden, desto besser.»

Deutsch war im ausgehenden 18. Jahrhundert in den USA weit verbreitet. Selbst die amerikanische Unabhängigkeitserklärung kam – am 5. Juli 1776 im Pennsylvanischen Staatsboten – in deutscher Übersetzung heraus, bevor sie einen Tag später erstmals auf Englisch publiziert wurde. Bis etwa 1880 gab es zahlreiche Städte und Dörfer in den Vereinigten Staaten, in denen überwiegend Deutsch gesprochen wurde. Das Nachlassen der deutschen Einwanderung in der zweiten Hälfte des 19. Jahrhunderts und das antideutsche Sentiment, das sich mit dem Eintritt der USA in den Ersten Weltkrieg ausbreitete, führte dazu, dass die deutsche Sprache nahezu völlig zurückgedrängt wurde. Zahlreiche Deutsch-Amerikaner «amerikanisierten» während des Weltkriegs aus Loyalität gegenüber ihrem neuen Heimatland ihre Nachnamen: Aus Schmidt wurde damals Smith, aus Müller Miller, aus Eisenhauer Eisenhower. Im offiziellen Sprachgebrauch wurde Sauerkraut durch liberty cabbage ersetzt, Frankfurter wurden zu hot dogs, der deutsche Schäferhund hieß fortan Alsatian (Elsässer). Obwohl die Einwanderung aus Deutschland im 20. Jahrhundert weitgehend versiegte, stellen die Deutsch-Amerikaner nach der Volkszählung von 2000 mit mehr als 14 Prozent der Bevölkerung noch immer die stärkste Einwanderergruppe.

7. Was machte Thomas Paines «Common Sense» so wichtig? Die Flugschrift «Common Sense: Addressed to the Inhabitants of America» («Gesunder Menschenverstand: An die Einwohner von Amerika gerichtet»), die 1776 anonym «von einem Engländer» veröffentlicht wurde, war einer der größten Veröffentlichungserfolge des 18. Jahrhunderts und eines der erfolgreichsten Pamphlete der Weltgeschichte. Ihr Autor, ein Steuerbeamter, Lehrer und Korsettmacher, der einfachen Verhältnissen entstammte, war erst 1774 von London nach Philadelphia eingewandert, wo er zunächst als Buchverkäufer arbeitete. Seine Schrift griff den bis dahin weitgehend verschonten König Georg III. in beispielloser Weise als unfähigen und tyrannischen «Pharao» an und ging mit dem «göttlichen Recht» der Könige Englands in aller Schärfe ins Gericht. William den Eroberer nannte Paine einen französischen Bastard, der sich mit Unterstützung bewaffneter Banditen und gegen den ausdrücklichen Willen der einheimischen Bevölkerung auf den Thron gesetzt habe. In simplen, kraftvoll-drastischen Formulierungen sprach der Autor von «Common Sense» öffentlich aus, was viele Amerikaner insgeheim dachten: «'Tis Time to Part.» «Wir haben es in unserer Hand, die Welt von Neuem zu beginnen.» Nur die Unabhängigkeit könne verhindern, dass die Amerikaner nicht dem Schicksal der Engländer verfielen, das sich durch politische Korruption, moralischen Verfall und die Verstrickung in eine Kette von Kriegen auszeichne. Paines Stil und der günstige Preis des Pamphlets machten «Common Sense» bald zum amerikanischen Bestseller. Innerhalb von kürzester Zeit wurden etwa 500 000 Exemplare der Flugschrift gedruckt und verbreitet. Umgerechnet auf die Bevölkerung müsste ein Buch in der Bundesrepublik wenigstens 13 Millionen Mal verkauft werden, um einen vergleichbar phänomenalen Verkaufserfolg zu erzielen.

8. Was und wie feiern die Amerikaner am 4. Juli? Der 4. Juli ist der Unabhängigkeitstag der USA. An diesem Tag feiern die Amerikaner die 1776 vollzogene und durch die Proklamation der Unabhängigkeit besiegelte Trennung von Großbritannien. In der «Declaration of Independence», die aus der Feder des (mit 33 Jahren noch recht jungen) Schriftstellers, Farmers, Erfinders und Naturwissenschaftlers Thomas Jefferson stammte, erklärten die Amerikaner, dass alle Menschen von Natur aus «gleich» seien und «unveräußerliche Rechte besitzen, darunter Leben, Freiheit und das Streben nach Glück». Dass die Erklärung der Unabhängigkeit der «united [!] States of America» in Wirklichkeit nicht am 4. Juli, sondern bereits am 2. Juli 1776 von der Abgeordnetenversammlung der Kolonien, dem Kontinentalkongress, verabschiedet worden war, ist heute fast völlig in Vergessenheit geraten. Am 4. Juli wurde die Unabhängigkeit allerdings gegenüber der ganzen Welt proklamiert. (Streng genommen, so argumentieren einige konservative Historiker, erfolgte die Gründung der USA allerdings weder am 2. noch am 4. Juli 1776, sondern erst mit der Verabschiedung der ersten Verfassung der USA 1781 oder gar mit der Verabschiedung der heute gültigen zweiten Verfassung im Jahr 1788.)

In der Neuen Welt mit ihrer kurzen Geschichte und einem Mangel an nationalen Geschichtsereignissen, wurde der 4. Juli bald zum überragenden Feiertag der jungen Nation. Von Anfang an wurde der Unabhängigkeitstag im ganzen Land mit Paraden, Militärumzügen und Feuerwerken zelebriert. Zu Gefängnisstrafen verurteilte Verbrecher wurden notorisch zum 4. Juli wieder auf freien Fuß gesetzt. Dass der große amerikanische Romanschriftsteller Nathaniel Hawthorne am 4. Juli 1804 geboren wurde, und dass die beiden Ex-Präsidenten John Adams und Thomas Jefferson in einer erstaunlichen Koinzidenz am 4. Juli 1826, exakt fünfzig Jahre nach der Erklärung der Unabhängigkeit, starben, galt vielen Zeitgenossen als Zeichen der göttlichen Bestätigung des «amerikanischen Experiments». Selbst Henry David Thoreau wählte 1845 ostentativ den Unabhängigkeitstag, um sich zwei Jahre lang in eine selbstgebaute Hütte bei Concord, Massachusetts, zurückzuziehen. (Dort entstand mit «Walden: Oder das Leben in den Wäldern» eines der berühmtesten Werke der amerikanischen Philosophiegeschichte.)

Neben den spektakulären Feuerwerken auf der National Mall gehören Picknicks und Baseballspiele, Bier- und Grillfeste – die Amerikaner konsumieren alljährlich am 4. Juli mehr als 150 Millionen Hot Dogs! – zu den legendären Veranstaltungen am Tag der amerikanischen Unabhängigkeit.

9. Wie revolutionär war die Amerikanische Revolution? Die amerikanische Revolution ist eines der einschneidendsten Ereignisse in der Geschichte des nordamerikanischen Kontinents. Innerhalb von nur zwanzig Jahren, zwischen 1763 und 1783, kämpften die Amerikaner erfolgreich um ihre Unabhängigkeit, machten die Kolonien zu Bundesstaaten und schufen eine Nation, für die es in der

Alten Welt kein Vorbild gab. Allein schon die Geschwindigkeit der Ereignisse erscheint im Rückblick als revolutionär. Im Gegensatz zur französischen oder russischen Revolution war die amerikanische freilich in erster Linie eine Protestbewegung gegen die Intervention der fernen Zentralgewalt der britischen Krone. Die starken Worte der von Thomas Jefferson verfassten Unabhängigkeitserklärung waren ausdrücklich gegen den englischen «Tyrannen», nicht gegen die gesellschaftlichen Zustände in Amerika oder die «Kolonialaristokratie» gerichtet.

Im Laufe der Geschichte haben Historiker – je nach Standpunkt – behauptet, die Revolution habe in gesellschaftlicher Hinsicht den Status quo aufrechterhalten oder sie habe sogar einen Konflikt zwischen den Klassen ausgelöst. Die Frage, ob die amerikanische Revolution wirklich revolutionär war, wurde, mit jeweils guten Gründen, einmal absolut verneint, ein anderes Mal bejaht. So stand etwa für die Geschichtsschreibung des 19. Jahrhunderts der «radikale Charakter» (George Bancroft) der Revolution völlig außer Frage. Amerika galt als die Kraft, die für Fortschritt, Freiheit und «anhaltenden Frieden» stand, während das verfeindete Großbritannien Tyrannei und Reaktion verkörperte. Anders sahen die Historiker die Revolution, als sich England und die USA im ausgehenden 19. Jahrhundert einander annäherten. Damals wurde der Umbruch nicht als kolonialer Konflikt, sondern als Auseinandersetzung um die politische Verfassung und um soziale Gerechtigkeit gesehen. Eine Reihe von Historikern, allen voran Charles Beard und J. Franklin Jameson, betonten in der ersten Hälfte des 20. Jahrhunderts, die amerikanische Gesellschaft habe sich aufgrund der Revolution sozial wie wirtschaftlich erneuert. Diese eher progressiven Historiker betonten den revolutionären Charakter, der mit der Unabhängigkeit einher gegangen sei und das Erstarken des gemeinen Mannes (common man) mit sich gebracht habe. Die Abschaffung der Erbprivilegien für Erstgeborene, die Übertragung monarchischen Landbesitzes in die Gewalt der Bundesstaaten, die Abschaffung der Sklaverei und des Sklavenhandels in einigen, wenn auch nicht in allen Staaten sowie die Auflösung der anglikanischen Kirche mit dem königlichen Oberhaupt – all dies deutete auf den großen Umbruch hin, der sich im ausgehenden 18. Jahrhundert vollzogen hatte.

Nach dem Zweiten Weltkrieg schwang das Pendel indes wieder in die entgegengesetzte Richtung um. Die konservative Geschichtsschreibung des Kalten Krieges stand ganz im Zeichen des westlichen (angloamerikanischen) Konsenses. Die Revolution – so hieß es zu einer Zeit, in der man revolutionär mit kommunistisch identifizierte – sei eine im Wesentlichen konservative Bewegung gewesen. Die Amerikaner hätten nicht gekämpft, um die Gesellschaft radikal umzubauen, sondern um die von den Engländern etablierten Freiheiten zu verteidigen.

Heute fällt das Urteil weitaus differenzierter aus. Die Amerikaner, die sich mit Aktionen und dem Slogan «No taxation without representation» gegen eine Besteuerung durch die Briten wehrten, hatten im Ansatz durchaus Umstürzlerisches im Sinn. Auch das Gleichheitspostulat und die Verkündigung des «unveräußerlichen Rechts» der Menschen auf «Leben, Freiheit und das Streben nach Glück» zielten auf eine neue Ordnung. Von sozialen Umwälzungen oder einer umfassenden Revolution kann jedoch keinesfalls die Rede sein. Schwarze, Indianer und Frauen blieben von der Teilnahme an der Demokratie weitgehend ausgeschlossen, und viele Privilegien aus der alten Ordnung blieben auch in den USA bis weit ins 19. Jahrhundert hinein bestehen.

10. Warum wurde Washington D. C. die Hauptstadt der USA?

Im ausgehenden 18. Jahrhundert war die Gegend, in der sich heute die amerikanische Hauptstadt befindet, fast völlig unbesiedelt. Es gab Tabak- und Maisfelder, Obstgärten, kleine Wälder und Sümpfe. Im November des Jahres 1800, als Washington zum Regierungssitz der USA wurde, existierten im rautenförmigen Plan der neuen Hauptstadt, der immerhin 256 Quadratkilometer umfasste, ganze 109 bewohnbare Häuser aus Stein und 263 Holzgebäude. Nicht Demografie oder Geografie, sondern politisches Feilschen bestimmte den Standort der neuen Stadt. Zwischen 1783 und 1790 tagte der Kongress in sechs verschiedenen Städten zwischen New York City im Norden und Annapolis, Maryland, im Süden. In den Debatten um einen permanenten Regierungssitz favorisierten die Südstaaten, angesichts der beginnenden Westexpansion, einen weiter im Landesinneren gelegenen Ort. Die Neuenglandstaaten, die die Zukunft Amerikas im Handel mit Europa sahen, wollten eine Stadt an der Ostküste. Zentralisten wünschten sich eine Metropole wie Philadelphia; ihre Gegner warben dagegen für einen einfachen Regierungssitz: für eine Art Bundesdorf, nicht für eine Hauptstadt. Mehrfach kamen die Abgeordneten einem Kompromiss nahe – einmal war sogar eine Doppelhauptstadt (Trenton, New Jersey, im Norden und Georgetown, Maryland, im Süden) vorgesehen; doch erst 1790 bestimmte Präsident George Washington, der sich anfangs zurückgehalten hatte, den Standort 16 Kilometer nördlich von seinem Wohnsitz am Potomac in Virginia. Er führte die Schönheit der Natur als Argument ins Feld (und profitierte im Übrigen vom Verkauf seiner Ländereien). 1791 wurde die neue Stadt nach Washington benannt; er selbst nannte sie immer nur die Bundesstadt – «the Federal City».

11. Der Krieg von 1812 – ein zweiter Unabhängigkeitskrieg? Im Juni 1807 enterten britische Matrosen, keine 20 Kilometer von der amerikanischen Küste entfernt, das US-Schiff Chesapeake. Sie töteten drei und verwundeten 18 Amerikaner und nahmen vier angeblich englische Deserteure mit an Bord des Kriegsschiffs Leopard. Diese für die USA hoch demütigende Aktion des «Matrosenpressens» war kein isolierter Vorgang; sie hatte System. Mit Gewalt versuchten die Engländer, auf der Höhe des Krieges mit Frankreich, Zehntausende von Matrosen, die angesichts miserabler Bezahlung und unsäglicher Arbeitsbedingungen desertiert waren, von gekaperten amerikanischen Schiffen «zurückzuholen». Die Tatsache, dass etwa acht von zehn Ergriffenen keine Briten, sondern Amerikaner waren, brachte die USA an den Rand des Krieges mit England. Pflanzer und Farmer im Süden und Westen der Vereinigten Staaten, die über britische Handelssperren erbost waren, sahen sich von einem neuen Kolonialismus der Briten gegeißelt. Der scharfe Rückgang beim Baumwollexport – von 93 Millionen Pfund im Jahr 1809 auf 62 Millionen 1811 – veranlasste einen Kongressabgeordneten aus South Carolina, John Calhoun, zu der Erklärung: «Die Unabhängigkeit dieser Nation ist verloren ... Dies ist der zweite Kampf um unsere Freiheit.» Die Kriegsstimmung schürten aber auch Abgeordnete aus den westlich gelegenen Bundesstaaten. Nachdem in der Schlacht von Tippecanoe (1811) 68 weiße Männer von Indianern getötet worden waren, demonstrierten Hunderte von Kriegstreibern mit schwarzen Armbändern gegen die Briten, die «die Wilden zum Mord angestachelt» hätten. Im Sommer 1812 erklärten die USA England schließlich den Krieg. Offiziell war viel vom Schutz der «nationalen Ehre» und von Völkerrecht die Rede. Doch die eigentliche Triebfeder bildete der Expansionsdrang jener politischen Fraktion, deren Vertreter ein Auge auf das spanische Florida und auf Kanada geworfen hatten.

Der Krieg nahm, nach anfänglichen militärischen Erfolgen der USA, die zur Eroberung von York (heute Toronto) führten, einen wesentlich ungünstigeren Verlauf, als die Kriegstreiber prophezeit hatten. Im Sommer 1814 mussten die Amerikaner sogar erleben, dass ein feindliches Geschwader bis nach Washington vordrang und britische Soldaten das Weiße Haus und das Kongressgebäude, einschließlich der Kongressbibliothek, in Brand steckten. Der Kompromissfrieden, der an Weihnachten 1814 im flämischen Gent ausgehandelt wurde, brachte – nach einer langen Serie demütigender Niederlagen – einen für die USA glücklichen Ausgang, indem er im Wesentlichen den Status quo vor Kriegsausbruch wieder herstellte. Die Amerikaner hatten keines ihrer Kriegsziele erreicht. Ihren größten Erfolg, den glänzenden Sieg in der Schlacht von New Orleans, der General Andrew Jackson zum Nationalhelden machte und wenig später ins Präsidentenamt katapultieren sollte, hatten sie ironischerweise erst nach der offiziellen Beendigung der Feindseligkeiten erzielt. Die Massen feierten den Friedensschluss dennoch als Sieg im «zweiten Unabhängigkeitskrieg», der auf lange Sicht eine Entspannung der britisch-amerikanischen Beziehungen zur Folge hatte.

12. Wer war Uncle Sam? Mit Uncle Sam schufen sich die Amerikaner im Krieg gegen England eine volkstümliche Figur, auf die sie ihre tatsächlichen oder vermeintlichen «nationalen Charaktereigenschaften» projizieren konnten. Ein Waffen- und Fleischlieferant namens Uncle Samuel Wilson aus Troy im Bundesstaat New York, dessen Fleischfässer mit den Initialen U.S. versehen waren, stand der Legende nach im Jahr 1812 Pate für die Nationalkarikatur der Amerikaner. Nach einer alternativen irischen Überlieferung geht der Name dagegen auf den gälischen Ausdruck für die USA «Stáit Aontaithe Mheiriceá» (SAM) zurück.

Der aus Deutschland stammende Karikaturist Thomas Nast, einer der engagiertesten Anhänger von Präsident Lincoln, popularisierte das Image eines schlaksigen Uncle Sam mit Backenbart und Zylinder, das an den ermordeten Präsidenten erinnern sollte. Im Ersten Weltkrieg warb der vom Künstler James Montgomery Flagg gezeichnete Uncle Sam für den Eintritt in die U.S.-Armee. Im Zweiten Weltkrieg wurde Uncle Sam dann – als auferstandener Veteran aus dem amerikanischen Revolutionskrieg – zum Comic-Helden, der als guter Geist für die amerikanische Sache kämpfte. Auch die Rockgruppe Grateful Dead ließ Uncle Sam in ihren Postern (als Skelett mit Zylinder) wiederauferstehen; in ihrem Song «U.S. Blues» heisst es: «Red and white/ Blue suede shoes/ I'm Uncle Sam/ How do you do?»

Keine andere Personifizierung Amerikas (mit Ausnahme allenfalls der Freiheitsstatue) hat eine höhere Popularität und Wiedererkennbarkeit als der bei unzähligen Paraden an amerikanischen Nationalfeiertagen in Überlebensgröße vorgeführte Uncle Sam.

13. Was ist ein «Yankee»?　Über die Herkunft des Begriffs «Yankee» ist viel spekuliert worden. Vermutlich kommt das Wort aus der Gaunersprache. Anfang des 18. Jahrhunderts wurde «yankee» in Massachusetts zunächst adjektivisch als Ausdruck der Hochachtung verwendet; dem entspräche auch der schottische Ausdruck «yankie» = clever. Plausibel scheint auch eine Version, wonach sich im Wort «yankee» die unter holländischen Auswanderern – die meisten hatten sich im Bundesstaat New York angesiedelt – die weit verbreiteten Namen «Jan» und «Kees» miteinander verbanden. Im Jahr 1758 ist der Begriff «yankee» erstmals als Synonym für «Amerikaner» nachgewiesen. Genau genommen bezeichnete er (in despektierlicher Absicht) die in Amerika stationierten britischen Truppen. Vom Bürgerkrieg bis weit ins 20. Jahrhundert hinein war in den Südstaaten der Begriff «damnyankee» (verdammter Yankee) als Bezeichnung für die Nordstaatler geläufig. Heute bezeichnet «yankee» entweder alle Nordstaatler oder aber speziell die Neuengländer, außerdem die legendäre Baseballmannschaft, die New York Yankees.

Der amerikanische Essayist Elwyn Brooks White hat die regional fluktuierende Bedeutung des Begriffs «yankee» glänzend (und nicht ohne Augenzwinkern) wie folgt beschrieben: «Für einen Ausländer», schreibt White, «ist ein Yankee ein Amerikaner. Für jemanden von der Ostküste ist es ein Neuengländer, für einen Neuengländer ist es jemand aus Vermont; und für einen Vermonter ist ein Yankee jemand, der zum Frühstück Kürbispastete (yankee pie) isst.»

Der «Yankee Doodle», die Hymne des Bundesstaats Connecticut, ist neben der amerikanischen Nationalhymne der am meisten gespielte und gesungene patriotische Song der USA. Die Voice of America, ein von der US-Regierung finanzierter Radiosender, beginnt und beendet tagtäglich ihr Radioprogramm mit dem «Yankee Doodle».

From Sea to Shining Sea

14. Wie kam es zum «Louisiana Purchase»? Kurz nach Thomas Jeffersons Amtsantritt als dritter Präsident der USA zeichnete sich eine schwerwiegende außenpolitische Krise ab, die jedoch (statt in den von vielen befürchteten Krieg mit Frankreich zu münden) mit dem sogenannten «Louisiana Purchase» ein fast komisches Ende finden sollte.

Um das Jahr 1800 waren Napoleon und dessen Außenminister Talleyrand bestrebt, ein französisches Empire in der Neuen Welt aufzubauen. Gerüchte vom heimlichen Transfer der bislang spanischen Besitzungen im Mittleren Westen (Louisiana) an Frankreich irritierten Jefferson und seine Regierung in hohem Maße. Die Schließung des Hafens von New Orleans für die US-amerikanischen Schiffe, zu der es im Herbst 1802 kam, löste in Washington höchste Alarmbereitschaft aus. Ohne New Orleans hatten die amerikanischen «Westmänner», die mit Holz und Pelzen Handel trieben, keinen Zugang zu den Märkten in Übersee. Jefferson zögerte deshalb nicht lange, sondern ließ sich vom Kongress Gelder zum Ausbau der Armee und zum Aufbau einer flusstauglichen Kriegsflotte geben. Im Notfall, so lautete die Parole des Präsidenten, müsse man gegen New Orleans einen Handstreich unternehmen und «sich mit der Flotte der [ja eigentlich gegnerischen] Briten vermählen». Parallel zur militärischen Aufrüstung sandte Jefferson zwei Unterhändler nach Paris, die versuchen sollten, die Stadt New Orleans käuflich zu erwerben. Vor dem Hintergrund des wiederaufflammenden Krieges in Europa bot Napoleon 1803 den völlig überraschten Amerikanern jedoch nicht nur New Orleans, sondern ganz Louisiana zum Verkauf an. Das riesige Territorium, das im Westen bis zu den Rocky Mountains reichte und im Norden an Kanada grenzte, sollte lediglich 15 Millionen Dollar (in heutiger Währung knapp 200 Millionen Dollar) kosten. Der Präsident hatte anfangs Skrupel, weil er an der verfassungsmäßigen Befugnis zum Erwerb von Louisiana zweifelte. Da eine Verfassungsänderung zu lange gedauert hätte, übernahm er jedoch rasch die Verantwortung für den Kauf. 1804 wurde sein Vorgehen durch die unangefochtene Wiederwahl zum Präsidenten bestätigt. Nicht alle Amerikaner sahen unterdessen im Erwerb Louisianas Grund zum Jubel. Vor allem die Neuengländer, die in Louisiana eine «unermessliche Welt der Wildnis» sahen, übten Kritik an der Politik des Präsidenten. Sie warfen ihm vor, die Sklaverei in den USA zu befördern, denn im Mississippidelta lebten bereits seit dem 17. Jahrhundert viele Schwarze und Mischlinge, die zum Baumwollanbau herangezogen wurden. Der Hafen von New Orleans galt außerdem als einer der größten Sklavenmärkte der Welt.

Der Erwerb von Louisiana lässt sich in seiner Bedeutung für die amerikanische Geschichte gar nicht überschätzen. Er stimulierte die Landwirtschaft und den Pelzhandel im Mittleren Westen und beförderte eine expansionistische Haltung in der amerikanischen Bevölkerung. Durch einen simplen Ankauf von Land befanden sich die USA mit einem Schlag in einer Situation, in der sie an der westlichen frontier keine feindlichen Mächte zu befürchten hatten. Die Gewalt richtete sich von nun an noch stärker nach innen, gegen die amerikanischen Ureinwohner.

15. Woher kommt der Schlachtruf «Remember the Alamo»?

Nachdem Mexiko im Jahr 1821 die Unabhängigkeit von Spanien erlangt hatte, lud die Regierung auswärtige Siedler in die Nordprovinz Texas ein. Die Bedingungen waren ausgesprochen attraktiv. Wer über «Christentum, Sittlichkeit und Anstand» verfügte, konnte für eine bescheidene, jährlich zu entrichtende Gebühr fast 1800 Hektar Grasland und 68 Hektar Farmland erhalten. Für die Einwanderer aus den USA waren diese Bedingungen, auch wenn Boden und Klima zu wünschen übrig ließen, traumhaft. Amerikaner strömten in Massen in den Norden von Mexiko. Im Jahr 1830 übertraf ihre Zahl mit 7000 die der Mexikaner bereits um das doppelte. Fünf Jahre später waren 30 000 angloamerikanische Siedler mit wenigstens 3000 Sklaven in Texas ansässig. (Sklaverei war nach der mexikanischen Verfassung von 1824 zwar illegal, aber mit Rücksicht auf die amerikanischen Siedler hatte Mexiko eine Klausel eingefügt, die den Siedlern «Vertragsarbeiter» zugestand.)

Ein von Anfang an schwelender Konflikt zwischen der mexikanischen Regierung und den Siedlern kam vollends zum Ausbruch, als der mexikanische Staatschef General Antonio López de Santa Anna in den Provinzen zentralistische Prinzipen durchzusetzen suchte und die Revolten, die daraufhin ausbrachen, mit militärischer Gewalt niederschlagen ließ. Im März 1836 erklärten die Texaner ihre Unabhängigkeit. Während sie sich auf einen Waffenkonflikt mit Mexiko vorbereiteten, marschierte General de Santa Anna selbst – an der Spitze seiner Soldaten – gegen die abtrünnigen Texaner. Unter schrecklichen Verlusten konnte Santa Anna anfangs eine Reihe von Siegen erzielen. Der spektakulärste Sieg war der in der Garnison Alamo, einer ehemaligen Missionsstation bei San Antonio, wo fast 200 texanische Siedler 13 Tage lang einer Übermacht von 4000 Mexikanern standhielten. Zu den Helden, die ihr Leben für die texanische Unabhängigkeit ließen, gehörten die ebenso zwielichtigen wie legendären Abenteurer, Landspekulanten und Bärenjäger James Bowie, der Erfinder des Bowie-Messers, und David Crockett, der «König der Wildnis» (King of the Wild Frontier). Nur 32 Siedler ergaben sich den Mexikanern, die anderen fielen im Kampf. Die Erinnerung an Alamo («Remember the Alamo!») wurde in späteren Gefechten gegen die Mexikaner zum Schlachtruf, zum Gründungsmythos des befreiten Texas, das 1845 in die USA eingegliedert wurde, sowie zur mehrfach von Hollywood verfilmten Geschichte amerikanischer Tapferkeit und Freiheit.

16. Was ist Manifest Destiny?   In den 1840er Jahren brachten die Amerikaner, deren Territorium sich erst 1803 durch den Erwerb von Louisiana verdoppelt hatte, in einem ungeheuerlichen Expansionsschub mehr als 1,5 Millionen Quadratkilometer unter ihre Kontrolle. Innerhalb von weniger als zehn Jahren dehnte sich die junge Nation im Süden bis Texas und im Norden bis Oregon aus. (Lediglich Alaska und Hawaii sowie einige periphere Regionen gehörten noch nicht zum damaligen Gebiet der USA.) Der Geist der Expansion, der hinter dieser rasanten Entwicklung stand, fand seinen treffendsten Ausdruck im Slogan von der «schicksalhaften Bestimmung», dem «manifest destiny» der Amerikaner, den der New Yorker Publizist John L. O'Sullivan im Jahr 1845 in der Zeitschrift *Democratic Review* prägte. Für Sullivan war die Ausbreitung der Amerikaner über den Kontinent ein Akt der «Vorsehung für die freie Entwicklung» der «Jahr für Jahr sich mehrenden Millionen». Wie ein Baum den Boden und die Luft beanspruchen könne, die er zur vollen Entfaltung brauche, so hätten die USA das Recht, ihr «großes Experiment der Freiheit und föderativen Selbstregierung voranzutreiben». Die Formel Manifest Destiny verdankte ihren Siegeszug nicht nur ihrer Griffigkeit, sondern auch ihrer Vagheit, da sie so unterschiedliche Vorstellungen wie puritanische Heilserwartung, Demokratisierung, nationale (später auch imperiale) Visionen und Fortschrittsgläubigkeit miteinander verbinden konnte. Unter dem Banner des Manifest Destiny trafen sich diejenigen Lobbys, die die USA militärisch sichern wollten ebenso wie diejenigen, die Zugang zu neuen Rohstoffen suchten oder das agrarische (im Gegensatz zum städtisch-industriellen) Ideal befördern wollten. Offen blieben auch die geografischen Grenzen der Idee: Bezog sich Manifest Destiny auf Oregon und Texas oder auch auf Kanada, Mexiko und die Karibik? Nur wenige Zeitgenossen, wie Henry Clay und der junge Abraham Lincoln, lehnten das Konzept der Manifest Destiny grundsätzlich ab.

17. Wie wild war der Wilde Westen?   Gewalt gehörte von Anfang an zur Geschichte des amerikanischen Westens. Die angloamerikanischen Siedler unterwarfen die Mexikaner, vertrieben die Indianer und randalierten gegen die Chinesen. Rassische und ethnische Unterschiede waren der Hauptgrund für Spannungen im Westen. Doch wer vom «Wilden Westen» spricht, hat nicht die kollektiven Auseinandersetzungen zwischen Klassen und Rassen vor Augen, sondern den individuellen Showdown – von Cowboys und Indianern, von Sheriffs und Banditen –, die dramatische Landschaftskulisse der Hollywoodfilme und die Straßen der Westernstädte mit den immer gleichen Kirchen, Saloons und Gerichtsgebäuden.

Schießereien fanden nur an wenigen Orten im Westen statt. In den schwedischen Bauerndörfern in Minnesota oder den Mennonitensiedlungen von Kansas ging es friedlicher zu als in der Alten Welt, aber die Bergbaustädte in den Rocky Mountains und die «cattle towns» (die Umschlagplätze für Rinder) im Mittleren Westen waren für ihre Schießereien bekannt.

Trinken, Spielen und Huren waren die Hauptgründe für die fatalen Exzesse in Texas und in den berüchtigten Cowboystädten des Staates Kansas (Ellsworth, Dodge City, Caldwell und Wichita). Einmal im Jahr kamen junge Männer mit großen Rinderherden in die «cattle towns», ließen sich volllaufen und verloren ihr Geld. Die Hauptarbeit der Sheriffs, die nur selten in Schießereien verwickelt waren, bestand darin, die Betrunkenen eine Nacht lang einzusperren. Wenn es doch zu Auseinandersetzungen mit tödlichem Ausgang kam, wurden die Schuldigen in den wenigsten Fällen hingerichtet. In der gesamten Geschichte der «cattle towns» von Kansas gab es nur drei Exekutionen wegen Mordes oder Totschlags. Der schlechte Ruf der Cowboystädte ging nicht zuletzt auf die lokale Presse und die sensationalistisch aufgemachten Extra-Ausgaben der Zeitungen zurück. Letztere waren als Souvenirs beliebt und wurden häufig in großer Zahl an Freunde an die Ostküste verschickt. Bezeichnenderweise gab es in keiner der vermeintlich so gewalttätigen Cowboystädte mehr als fünf Morde pro Jahr. Für mehrere Jahre in Folge ist dort kein einziges Verbrechen mit tödlichem Ausgang verbürgt; und in der Boomzeit dieser Städte lag die Mordrate bei 1,5 Morden pro Stadt pro Jahr.

Brutaler als in den Cowboystädten, die die Schießereien nach und nach durch Waffenverbote und den Einsatz regulärer Polizisten in den Griff bekamen, ging es in den Gold- und Silbergrubenstädten Kaliforniens zu. Bodie und Aurora galten als die schlimmsten «shooters towns» im Westen. Raufbolde wie «Man Eater» McGowan in Bodie – seinen Beinamen hatte der Mann erhalten, weil er seinen Gegnern in die Ohren, die Nase und die Schenkel biss – setzten im Zweikampf meist ihre Fäuste ein, griffen aber gelegentlich auch zum Revolver. Während der Boomjahre kam es in Bodie zu 29 Schießereien mit tödlichem Ausgang. Nach heutiger Statistik lag die Rate bei 116 Morden pro 100 000 Einwohnern – und damit nicht viel höher als in Washington D. C. im ausgehenden 20. Jahrhundert. Frauen, die nicht als Prostituierte arbeiteten, konnten sich auf den Straßen und öffentlichen Plätzen von Bodie und Aurora erstaunlich sicher bewegen. Insgesamt waren die notorischen Schießduelle auf wenige Orte und enge soziale Gruppen beschränkt.

Im Gegensatz zu den sporadischen Schießereien der Goldsucher und Cowboys, die sich im 19. Jahrhundert zwischen Texas und Kalifornien (besonders in San Francisco) organisierten, forderte die Selbstjustiz der Banden im amerikanischen Westen eine hohe Zahl von Todesopfern. Allein in der zweiten Hälfte des 19. Jahrhunderts endeten mehr als 500 Menschen am Strick – häufig nicht wegen eines Verbrechens, sondern wegen ihrer abweichenden Weltanschauung. Die Zahl der Opfer unter den Indianern, die zwischen dem Ende des Bürgerkriegs und dem Ende des 19. Jahrhunderts von regulären US-Soldaten getötet wurden, lag zwischen 1865 und 1898 bei 919. Und wer weiß heute noch, dass im Jahr 1893 allein 433 Männer eines besonders schrecklichen Todes starben – nicht zwischen Bordell und Saloon, sondern beim Ankuppeln von Eisenbahnwaggons. Brutale Todesfälle gab es im «Wilden Westen» in großer Zahl, aber sie waren anderer Natur, als es uns Hollywood suggeriert.

18. Wer waren die «49er»? Der kalifornische Goldrausch nahm im Januar 1848 seinen Anfang, als James Marshall im Kanal der Mühle, die er für den schweizerischen Unternehmer John Sutter baute, ein Glitzern sah. Da Sutter fürchtete, die Nachricht vom Goldfund würde das kleine Paradies zerstören, das er sich (im heutigen Sacramento) aufgebaut hatte, versuchte er die Nachricht zunächst verborgen zu halten. So verbreitete sich die Kunde von Sutters Gold anfangs nur zögerlich, bald aber wie ein Lauffeuer: Im Mai wusste man in San Francisco Bescheid, im August in Oregon und im Herbst in Chile. Im Jahr 1849 strömten Massen von Glücksuchern (95 Prozent Männer und nur 5 Prozent Frauen und Kinder) – die sogenannten «49er» – aus Nord- und Südamerika, Europa und China nach Kalifornien. Allein im April 1849 machten sich 900 der 1000 Einwohner San Franciscos in Richtung von Sutters Mühle auf. Das «gelbe Metall», das die «Weißen» in den Worten des Sioux-Indianers Schwarzer Elch «verrückt» machte, verwandelte das pastorale Kalifornien innerhalb von wenigen Jahren in eine Boomregion par excellence mit Camps und semiurbanen Zentren. Im Jahr 1848 lebten (von der indianischen Urbevölkerung abgesehen, die vertrieben wurde und zu den Hauptverlierern des Goldrausches zählte) 14 000 Menschen in Kalifornien, 1852 waren es bereits weit über 200 000. Neben den legendären Saloons, Casinos und Freudenhäusern gab es in mehreren Städten Kulturzentren, in denen Shakespeare gespielt wurde, und Abendschulen mit Mathematik- und Lateinklassen. Eine Stadt wie Columbia, in der im 19. Jahrhundert die (für heutige Begriffe unermessliche) Summe von 150 Millionen Dollar Gold gegraben wurde, zählte Mitte der 1850er Jahre nicht weniger als 30 000 Einwohner, wurde zur zweitgrößten Stadt Kaliforniens und wäre beinahe (anstelle von Sacramento) zur Hauptstadt erklärt worden. Keine Stadt wuchs unterdessen so schnell wie San Francisco. Die Zeltstadt von 1848 zählte 1849 bereits 25 000 Einwohner. Ein Jahr später wurde Kalifornien offiziell zum 31. US-Bundesstaat. (Dass Kalifornien zu den «sklavenfreien» Staaten gehörte, hatte übrigens keine humanitären Gründe, sondern wurzelte in der Furcht der Bevölkerung vor der Konkurrenz schwarzer Goldgräber.)

19. Warum gab es den Pony-Express? In der ersten Hälfte des 19. Jahrhunderts gab es keine reguläre Kommunikation von der amerikanischen Atlantikküste zum Pazifik. Wenn ein US-Präsident wie

James Polk im Jahr seines Amtsantritts 1845 eine Nachricht von Washington nach Kalifornien verschicken wollte, nahm diese den Weg über den äußersten Zipfel Südamerikas oder den Isthmus von Panama und kam erst nach einem halben Jahr in Kalifornien an. Erst Ende der 1850er Jahre, als die Goldfunde in Kalifornien Massen von Glücksuchern in den Westen trieben, richteten private Unternehmer einen fahrplanmäßigen Kutschbetrieb ein, der Passagiere und Fracht in den Westen beförderte. Um überleben zu können, waren die Unternehmen auf die finanzielle Unterstützung der Bundesregierung und auf US-Soldaten angewiesen, die sie vor Indianerangriffen beschützten.

1857 vergab die Regierung in Washington erstmals einen Vertrag für die transkontinentale Beförderung von Post, und zwar an die Overland Mail Company. Um die schneebedeckten Pässe in den mittleren Rocky Mountains zu vermeiden, hatte diese eine halbkreisförmige Südroute für den Postkutschenverkehr ausgewählt, die über Arkansas, Texas, New Mexiko und Arizona nach Süd-Kalifornien führte. Die Strecke zwischen dem Missouri River und Sacramento in Kalifornien war etwa 4000 Kilometer lang und wurde von den Kutschen in drei bis vier Wochen bewältigt. Dem kalifornischen Senator William Gwinn war dies nicht schnell genug. Er setzte sich mit all seinem politischen Gewicht und rhetorischen Geschick für die Einrichtung eines Expressbetriebs auf der 950 Kilometer kürzeren Strecke quer durch die Vereinigten Staaten ein: Die Pony Express Company, die im April 1860 ihren Betrieb aufnahm, beförderte die Post vom Missouri River nach Sacramento in Kalifornien nicht mehr mit Kutschen, sondern auf dem Pferdesattel. Die Reiter, die jung und fit sein mussten (der jüngste war einer Legende nach nur elf Jahre alt, die ältesten waren Mitte 40) und höchstens 55 Kilogramm schwer sein durften, waren oft großen Strapazen ausgesetzt. Während die Ponys an jeder Station, das heißt alle 15 bis 25 Kilometer, ausgetauscht wurden, mussten die Expressreiter 120 bis 160 Kilometer am Stück durchhalten. In Geschäftskreisen war der Enthusiasmus für den neuen Postservice groß. Die Gebühr für den Versand eines Dokuments betrug anfangs fünf Dollar, wurde aber schon bald auf einen Dollar gesenkt. In der Regel brauchte ein Brief auf der 3000 Kilometer langen Strecke von Missouri nach Kalifornien zehn Tage. Die Amtsantrittsrede von Präsident Lincoln wurde sogar in der Rekordzeit von sieben Tagen und 17 Stunden befördert.

Die Abenteuer der Expressreiter, deren Weg über Prärien und Hochebenen, durch Wüsten und Schluchten sowie durch Indianergebiete führte, regte die Phantasie von Autoren im ganzen Land an. Bald verdichtete er sich zu einem quasi romantischen Mythos, der den Mut der rauen Reiter, die ganz ohne moderne Technologie den Unbilden der Natur trotzten, feierte. In Wirklichkeit war der Pony-Express ein wirtschaftliches Desaster. Zu keinem Zeitpunkt brachte er für die Betreiber Profite ein. Das lag auch daran, dass die Bundesregierung das offizielle Postgeschäft nicht an die Pony Express Company übertrug, sondern bei der Overland Mail Company beließ. Vor allem aber führte der Telegraf, mit dessen Hilfe sich schon ab Oktober 1861 Nachrichten blitzschnell über den gesamten Kontinent versenden ließen, zum Untergang des Pony-Express. Obwohl der Pony-Express keine zwei Jahre lang Bestand hatte, blieb er nicht ohne Wirkung. Das Unternehmen hatte gezeigt, dass man den Kontinent selbst im Winter auf dem kürzesten Weg durchqueren konnte. Auch die Overland Mail Company stieg bald von der südlichen Route auf die Zentralroute um. Einige Historiker behaupten, dass die Nachrichten, die Präsident Lincoln per Pony vom Weißen Haus nach Sacramento transportieren ließ, mit dazu beitrugen, dass Kalifornien im Bürgerkrieg auf der Seite der Nordstaaten blieb.

Den größten Einfluss hatte der Pony-Express indes sicher auf die Imagination der Amerikaner. Unzählige Bücher und Filme sind seit dem ersten Stummfilm, «The Pony Express» (1925), erschienen. Allein zwischen 1939 und 1953 kamen neun Kinofilme, ein Fernsehfilm sowie drei Filmserien heraus, die die kurze Episode des Pony-Express zu einem großen nationalen Abenteuer verklärten und tief ins Gedächtnis der Amerikaner einschrieben.

20. Was war Custers letzte Schlacht?

Kein anderer Konflikt zwischen Weißen und Indianern ist so berühmt und berüchtigt wie die Schlacht von Little Bighorn, bei der General George Armstrong Custer, ein Draufgänger und Bürgerkriegsheld (mit westfälischen Vorfahren), gegen eine Übermacht von Sioux-Indianern kämpfte und dabei sein Leben verlor.

1874 hatte Custer an einer illegalen Regierungsexpedition zu den Black Hills in Dakota teilgenommen. Auf dem Gebiet der Sioux-Indianer (nahe der heutigen Ortschaft Custer, South Dakota) war er auf «Gold an den Wurzeln des Grases» gestoßen. Seine Entdeckung brachte Ströme von Weißen in die Indianerterritorien und führte zur Eskalation im ohnehin spannungsgeladenen Verhältnis zwischen Siedlern, Soldaten und Indianern. In den 1870er Jahren sammelten sich erstmals reihenweise Kriegerverbände unter der Führung der großen Indianerhäuptlinge Sitting Bull und Crazy Horse zum Widerstand gegen eine US-Indianerpolitik, die das Gespräch mit einzelnen Stammesführern aufgekündigt hatte, bestehende Verträge ignorierte und die amerikanischen Ureinwohner zunehmend zur Anpassung an die weiße Kultur und Lebensweise zwang.

Um die Indianer «unter Kontrolle» zu bringen, hatte die US-Armee nach dem Bürgerkrieg neue Militäreinheiten rekrutiert, zu denen auch die von George Custer angeführte 7. Kavallerie gehörte. Trotz zahlreicher Warnungen vor einer Ansammlung von kriegsbereiten Sioux- und Cheyenne-Indianern am Little Bighorn River, marschierte Custer am 25. Juni 1876 mit nur 250 Mann frontal auf etwa 4000 indianische Gegner zu. Möglicherweise hatte Custer erwartet, dass die Indianer – wie schon oft zuvor – dem direkten Angriff ausweichen und die Flucht ergreifen würden. Vielleicht hatte sich der eingebildete, medienbewusste und gefeierte Offizier auch Hoffnungen auf das höchste politische Amt gemacht; ein heldenhafter Coup in Little Bighorn hätte ihm vermutlich die Präsidentschaftsnominierung der demokratischen Partei eingebracht. Stattdessen kam es zu einem blutigen Gemetzel, bei dem Custer und alle seine Männer (mit Ausnahme eines Halbindianers, der sich kurzerhand auf die Seite der Sioux schlug) ums Leben kamen.

Die Nachricht von Little Bighorn erschütterte das ganze Land. Da es keinen weißen Überlebenden gab, waren der Phantasie keine Grenzen gesetzt. Überhöhte Berichte vom Heldentum Custers und Gemälde, die den Amerikanern eine romantisierte Version von «Custer's Last Stand» präsentierten, machten die Runde. Das pompöse Auftreten des Bürgerkriegsgenerals hatte schon zu Lebzeiten Furore gemacht – ein Zeitgenosse nannte Custer «einen verrückt gewordenen Zirkusreiter», andere hielten ihn für unbesiegbar. Nach seinem Tod aber wurde Custer dann für viele – in Anspielung an den französischen Marschall Joachim Napoléon Murat zum «amerikanischen Murat». Dass der tapfere Kavallerist von den Indianern besiegt worden war, schien kaum fasslich. Bald schon kursierten Verschwörungstheorien, und gegen einen verdächtigen Offizier, von dem es hieß, er habe Custer den Indianern verraten, wurde sogar gerichtlich Anklage erhoben. Vor allem aber forderte die Bevölkerung die sofortige Vernichtung jener «wilden Indianer», die die «braven US-Soldaten» abgeschlachtet hatten. In der nationalen Erinnerung der Amerikaner wurde Custer zum Märtyrer und sein Tod zum frei verfügbaren Argument für die Verfolgung und Vernichtung der amerikanischen Urbevölkerung.

Am Little Bighorn hatten die Sioux eine Schlacht gewonnen, aber den Krieg sollten sie verlieren. Crazy Horse starb beim Besuch eines amerikanischen Militärpostens mit einem Bajonett im Rücken, und Sitting Bull, der sich der vermeintlich subversiven Geistertanz-Bewegung angeschlossen hatte, wurde auf einem Reservat von der Indianerpolizei niedergeschossen.

21. Wo sind all die Büffel hin? Kein anderes Tier hat in der Geschichte Nordamerikas eine größere Rolle gespielt als der sogenannte Büffel («buffalo»), bei dem es sich in Wirklichkeit um den amerikanischen Bison handelt (einen Verwandten des europäischen Wisent, nicht des afrikanischen Wasserbüffels). Mehr als 75 Millionen Büffel lebten im Jahr 1500 zwischen dem Yukon River und der Nordküste Floridas. Um 1800 waren es nach neueren Schätzungen noch fast 40 Millionen, aber in den 1830er Jahren waren bereits alle wilden Büffel östlich des Mississippi ausgerottet. Fünfzig Jahre später gab es dann auch auf den Prärien im amerikanischen Westen keine Büffel mehr. Umweltfaktoren, wie Hochwasser, Blizzards und Epidemien, und die Überweidung der Prärien durch Pferde und Kühe hatten die Herden im Laufe des 19. Jahrhunderts reduziert. Auch jagten die Indianer die Büffel in großer Zahl. Doch allen voran waren es die europäischen Einwanderer, die das Schicksal der Büffel besiegelten.

Für die Prärieindianer waren Büffel eine wichtige Nahrungs- und Materialressource. Fast alles an einem Büffel – von Fleisch über Blut, Fett und Milch bis zum Knochenmark und zum Nasenknorpel – konnte in einem indianischen Haushalt gebraucht werden. Aus den Häuten wurden Schilder, Kessel, Kleider, Mokassins, Taschen, Löffel und Trinkgefäße gefertigt. Die Muskeln und Sehnen fanden bei der Herstellung von Bogen Verwendung, aus den Hufen wurde Klebstoff hergestellt, und die Innereien wurden fast allesamt verzehrt. Als besondere Delikatessen galten Zunge und Föten sowie Buckelfleisch. Zuweilen trieben Indianer ganze Büffelherden in den Tod – im Winter auf brüchiges Eis oder in den Tiefschnee, im Sommer hohe Klippen hinunter. Archäologen fanden zum Beispiel im südlichen Colo-

rado eine Stelle, wo bereits vor 8500 Jahren 200 Büffel in den Tod gestürzt waren; nur ein Teil davon wurde von den indianischen Jägern
verwertet, ein Viertel der Kadaver war gar nicht berührt worden. Aufs
Ganze gesehen blieben solche Treibjagden über Jahrhunderte hinweg
eher die Ausnahme. Die Indianer gingen nicht grundsätzlich ver-
schwenderisch mit den Büffeln um. Häufig jagten sie bevorzugt die
Tiere, für die sie besondere Verwendung hatten, jüngere Büffelkühe
etwa, die zartes Fleisch und weiche Häute lieferten. Das alles änderte
sich mit der Einführung von Pferden zur Büffeljagd. Zwischen 1650
und 1770 erreichten die von spanischen Siedlern mitgebrachten
Pferde alle Indianerstämme der Prärie. Ein paar Jahrzehnte später
entwickelte sich ein reger Pelzhandel mit europäischen Händlern am
oberen Missouri, und um 1835 hatte der Büffelpelz den Biberpelz als
wichtigstes indianisches Handelsobjekt abgelöst. Als man im Osten
der USA entdeckte, dass Büffelhäute in billiges Leder verwandelt
werden konnten, das sich für die Herstellung von Maschinentreib-
riemen eignete, war das Schicksal des Büffels besiegelt. Anders als der
Biber oder Otter wurde der Büffel nicht als Modetier, sondern als
Industrietier ausgerottet. Die Eisenbahngesellschaften hatten aus
mehreren Gründen einen besonderen Anteil an dieser Entwicklung:
Zum einen ernährten sie die Bauarbeiter bevorzugt mit Büffelfleisch
und Büffelzungen. (Der legendäre Showman William Frederick Cody
hatte seinen Beinamen «Buffalo Bill» als Büffeljäger und Fleischlieferant für Eisenbahnarbeiter erworben.) Zum anderen teilten die Eisenbahnlinien bald die Büffelherden der Prärie in zwei Teile, in eine
nördliche und eine südliche Herde, die jeweils ökologisch kaum über-
lebensfähig waren und in Splittergruppen zerbrachen. Und schließlich wurde die Büffeljagd aus dem Zugabteil bald zum «Sport» für
Hobbyschützen mit Revolvern und Mehrfachschuss-Gewehren. 1870
hatten Gerber erkannt, dass nicht nur die dicken Winterhäute der
Büffel für Industrieleder verwendet werden konnten. Damit waren
die Büffel in keiner Jahreszeit mehr vor menschlichen Übergriffen
sicher. Allein zwischen 1872 und 1874 wurden in der südlichen Prärie
mehr als 4,3 Millionen Büffel von professionellen Jägern erlegt. Im
gleichen Zeitraum fielen etwa 1,2 Millionen Büffel den Indianern
zum Opfer. Der amerikanische Kongress versuchte 1874 mit einer
Gesetzesvorlage die Vernichtung der Büffelherden zu stoppen, aber
ein Veto von Präsident Ulysses Grant verhinderte die Maßnahme.
1875 war die südliche Herde vollständig ausgerottet. Mehr als 5000

professionelle Jäger und Abdecker, die das Fell der Tiere abzogen, sorgten dafür, dass es zehn Jahre danach auch in der nördlichen Prärie keine Büffel mehr gab. Die Vernichtung des Büffels vollzog sich mit einer Geschwindigkeit, die selbst die beteiligten Jäger überraschte. 1883 waren sie – wie im Vorjahr – für eine neue Jagdrunde gerüstet, aber sie fanden nur noch Berge von Knochen und Kadavern.

Einige Büffel überlebten im Yellowstone Park. «Buffalo Bill» Cody nahm ein paar Dutzend Büffel als Attraktion in seine «Wild West Show» auf, und seit 1929 ziert ein Büffel das Siegel des US-Innenministeriums, dem die Verwaltung der Bundeswälder obliegt. Heute ist der Büffel in mehreren Bundesstaaten eine geschützte Tierart, und eine Kreuzung aus Kühen und Büffeln, die «beefaloes», deren Fleisch als besonders fettarm und gesund gilt, wird von Ranchern im Westen kommerziell gezüchtet.

22. Wer erfand die Nationalparks?

Am 1. März 1872 unterzeichnete Präsident Ulysses Grant ein Dokument, das eine Fläche von mehr als 8000 Quadratkilometern im westlichen Bundesstaat Wyoming zum Yellowstone National Park erklärte. Erstmals in der Geschichte hatte eine staatliche Regierung ein riesiges Stück Land ausgegrenzt, um es vor den Interessen privater Spekulanten zu schützen. Zwischen 1872 und 1916 etablierten die USA 14 weitere Nationalparks im amerikanischen Westen, während das Modell von Yellowstone weltweit, von den Schweizer Alpen bis zum südafrikanischen Kruger-Nationalpark, exportiert wurde und Karriere machte.

Der Maler George Catlin, der fast jeden Sommer den «Alten Westen» bereiste und Indianer porträtierte, war vielleicht der erste, der die Nationalparkidee öffentlich kundtat. In seinem Buch «Manners, Customs, and Conditions of the North American Indians» plädierte er 1832 dafür, die Indianer, Büffel und ihre Landschaft in einem «herrlichen ... Nationalpark» (nation's park) zu schützen. Transzendentalisten wie der neuenglische Schriftsteller Henry David Thoreau sahen im «Schutz der Wildnis» sogar eine überlebenswichtige Aufgabe der Menschheit. Freilich waren es nicht Literaten und Künstler, die die Nationalparkidee in die Realität umsetzten. Die erste zeitgenössisch überlieferte Anregung, die Landschaft von Yellowstone in einen Nationalpark zu verwandeln, stammte aus dem Büro von Jay Cooke, dem Finanzier der Northern Pacific Railway. Dieser hatte messerscharf erkannt, dass ein Nationalpark in Yellowstone – mit Canyons, heißen Quellen, Wasserfällen und Geysiren – eine große touristische Attraktion und damit ein einträgliches Geschäft für die Eisenbahn darstellen würde. So wundert es kaum, dass Thomas Moran, dessen farbenprächtige Gemälde und Aquarelle den Kongress von der einmaligen Schönheit von Yellowstone überzeugten, in den 1870er Jahren zum Auftragsmaler der Santa Fe Railroad avancierte, die Morans Bilder zu Werbeplakaten umfunktionierte.

Im Rückblick mag es so erscheinen, als hätten die USA mit jedem Nationalpark ein Stück Natur vor den Übergriffen der Zivilisation gerettet. In Wirklichkeit schufen die Amerikaner riesige Freilichtmuseen, in denen es seltene Naturwunder zu besichtigen gab. Die Zustimmung des Kongresses verdankten die Parks der Tatsache, dass sie als «wertlos» galten, weil sie weder landwirtschaftlich nutzbar waren noch Bodenschätze aufwiesen. Ihre dauerhafte Förderung war darüber hinaus aufs Engste mit den ökonomischen Interessen der Eisenbahn-, Tourismus- und Automobilindustrie verquickt. Allein im Jahr 1916 besuchten 14 000 Eisenbahntouristen den Yosemite National Park. Auch der phänomenale Erfolg der Wohnwagenindustrie, die sich in der Zwischenkriegszeit (bevor es Motels gab) mit 400 Herstellungsbetrieben zum am schnellsten wachsenden Industriezweig der USA entwickelte, hatte nicht zuletzt mit der Einrichtung der Nationalparks zu tun. Der automobile Tourismus, dessen Protagonisten im Laufe des 20. Jahrhunderts in den Nationalparks ein dichtes Netz von Straßen, Raststätten und Motels einrichten ließen, machte die Entdeckung der «Wildnis» durch die Windschutzscheibe im zunehmend urbanen, prosperierenden Amerika zur fabelhaften Pilgerreise in die amerikanische Landschaft. Die Natur-Erfahrung, im eigentlichen Wortsinn, wurde zum Höhepunkt jedes Parkerlebnisses. Die Reisebilder suggerierten die Unberührtheit der Landschaft. Dass die Natur, die es im Westen zu entdecken gab, weit weniger «natürlich» war, als es die Advokaten der Naturparks wollten, dass die Highways so in die Landschaft eingeschnitten wurden, dass sie deren Erhabenheit unterstrichen und spektakulär und fotogen in Szene setzen, blieb den meisten Touristen ebenso verborgen wie die Tatsache, dass – die US-Parkverwaltung hatte dafür Sorge getragen – die Ureinwohner des Landes aus den Parks herausgehalten wurden. Dies geschah nicht zuletzt weil, wie der Superintendent von Yellowstone 1888 erklärte, «schon das bloße Gerücht von der Gegenwart der Indianer bei den Besuchern Erregung und Angst auslösen» würde.

23. Wie «grün» sind die Indianer? «Erst wenn der letzte Baum gerodet, der letzte Fluss vergiftet, der letzte Fisch gefangen ist, werden die Menschen feststellen, dass man Geld nicht essen kann.» Diese Weisheit, die dem Häuptling der Duwamish-Indianer, Seattle (eigentlich Se'athl), zugeschrieben wird, gehört zu den bekanntesten Zeugnissen eines prophetisch-ökologischen Bewusstseins der nordamerikanischen Indianer. Die Umweltorganisation Greenpeace hat den Spruch auf ihr Banner geschrieben; und die Ruhrpott-Band «Ape, Beck und Brinkmann» hat ihn in einem ihrer populärsten Songs aufgegriffen. Als bekannt wurde, dass die Seattle-Rede in Wirklichkeit aus der Feder des Film- und Medienprofessors Ted Perry von der Universität Texas stammte, wurden zahlreiche Stimmen laut, die versuchten, das Öko-Image der Indianer insgesamt als Fälschung zu entlarven. Seattle hatte zwar im Jahr 1854 eine wichtige Rede gehalten, die 30 Jahre später aufgezeichnet wurde. Mit dem Perry-Text hatte sie jedoch wenig gemeinsam: Im pazifischen Nordwesten, aus dem Seattle stammte, gab es Mitte des 19. Jahrhunderts weder die in der Rede erwähnten Eisenbahnen noch Büffelherden. Auch der (ansonsten in der indianischen Welt weit verbreitete) Ausdruck «Die Erde ist meine Mutter» stammte nicht vom Duwamish-Häuptling.

Erschüttert wurde die Vorstellung vom «ökologischen» Indianer auch, als die wahre Identität des erfolgreichen indianischen Schriftstellers «Graue Eule» bekannt wurde. «Graue Eule», der in den 1930er Jahren publizierte, hatte seine Leser bewusst in die Irre geführt. Er lebte zwar als Indianer in Kanadas Subarktis. Dass er aber in England geboren war, hatte er stets geheim gehalten. «Das Bild vom Indianer als Urkonservator ist nichts anderes als eine Variante des Bildes vom Edlen Wilden, die uns mehr über uns selbst als über andere Kulturen sagt», behauptete zugespitzt der Wiener Anthropologe Christian Feest. Dass die Indianer Nordamerikas auch an der Ausrottung von Büffeln, Bibern und Ottern mitgewirkt hatten, ist für ihn ein Beleg für den Mythos vom «grünen roten Mann».

Dass sich das Verhältnis der Indianer zur Natur dennoch von dem der Euroamerikaner unterscheidet, ist evident. Fast alle indianischen Sprachen enthalten ökologische Metaphern. Autoren wie St. John de Crèvecoeur erklärten ihren Lesern bereits im 18. Jahrhundert, dass die Indianer «viel enger mit der Natur verbunden sind als wir»; Thomas Jefferson studierte die indianische Verwendung von Kräutern und Pflanzen (unter anderem als Verhütungsmittel). Ganz im Gegensatz zu der Überzeugung der Indianer war die Natur für die Europäer primär eine Sammlung von Rohstoffen. Einer der ersten Kolonisten aus England, John Winthrop, bezeichnete Amerika als «leer und unbearbeitet»; dabei hätten er und seine Leute nicht überleben können, wenn die Indianer sie nicht in den Maisanbau eingewiesen hätten. Tatsächlich glaubten die frühen Beobachter aus Europa, wie der Umwelthistoriker Richard White am Beispiel von Indianern im Staat Washington gezeigt hat, dass die Früchte der Erde ohne menschliches Zutun wuchsen. In Wirklichkeit war der Ertrag des Bodens von einem komplizierten Zyklus des Niederbrennens, der Kultivierung und des Erntens abhängig. Wenn die Ureinwohner im Osten des Landes Bohnen und Mais nebeneinander anpflanzten, um den Stickstoff im Boden zu erhalten, sahen die Europäer darin lediglich ein Defizit an Ordnung und Ästhetik. Es waren nicht nur die aus Europa importierten Pocken oder Blattern, die Zehntausende von Indianern nach dem Kontakt mit den Europäern hinwegrafften, sondern indirekt auch die Einführung von europäischen Haus- und Stalltieren (wie Schweinen und Pferden), die die Böden und damit das ökologische Gleichgewicht der indianischen Ländereien – etwa in der Prärie – zerstörten.

Gemäß dem animistischen Weltbild der Indianer sind alle Pflanzen, Tiere und Felsen belebt. Die Welt der Geister, für die die Naturwissenschaft keinen Platz hat, unterhält demnach die Menschen und verbindet alles mit allem. Den Hauptnahrungsmitteln kam nicht selten spezielle spirituelle Bedeutung zu. Die Omahas der Prärie besangen zum Beispiel den Mais, um ihn zum Wachsen anzuspornen.

Als die Verschmutzung und Zerstörung der natürlichen Umwelt ab den 1970er Jahren zu einem wichtigen politischen Thema wurde, wurden Amerikas Ureinwohner zu Ikonen der Umweltbewegung stilisiert, ein Image, das etliche Indianer akzeptierten und als Herausforderung begriffen. Die Stilisierung mag das grüne Bewusstsein der amerikanischen Urbevölkerung überhöhen. Dass die Indianer jedoch – die Jäger unter ihnen mehr noch als die Sesshaften – über Jahrtausende hinweg ein intensives Verhältnis zur Natur unterhielten, dass ihr animistisches Weltbild Anklänge an moderne Konzepte der Ökologie enthält und dass sich heute eine große Zahl von Native Americans in der Umweltbewegung engagieren, zeigt, wie eng Mythos und Realität miteinander verknüpft sind.

24. Wie kam Alaska an die USA? Alaska gehörte einst zu Russland und wurde von der Russischen Handelsgesellschaft verwaltet. Allerdings waren die Verbindungen der Gesellschaft zu den USA, die nahezu alle essenziellen Materialien und Gerätschaften in den Nordwesten des Kontinents lieferten, spätestens seit den 1830er Jahren beträchtlich intensiver als zum Zarenreich. Nach dem amerikanischen Bürgerkrieg, in dem Russland ostentativ zu Präsident Lincoln hielt, planten die Amerikaner den Bau einer Telegrafenlinie durch Alaska, die die beiden (damals eng miteinander befreundeten und gegen Großbritannien zusammengeschlossenen) Großmächte USA und Russland verbinden sollte. Zwar zerschlug sich das Telegrafenprojekt, doch bot der russische Zar den Amerikanern stattdessen ganz Alaska für 7,2 Millionen Dollar zum Verkauf an. US-Außenminister William H. Seward willigte im März 1867 in das spektakuläre Angebot ein. Dass die Mehrheit der Kongressabgeordneten den Kauf von Alaska zunächst ablehnen und der Lächerlichkeit preisgeben würde, konnte Seward kaum ahnen. Der Preis für «Sewards Dummheit», «Sewards Kühlschrank» oder «Walrossland», wie die Zeitgenossen Alaska despektierlich nannten, schien den Abgeordneten in Washington unverschämt hoch. Am Ende waren es vor allem zwei Argumente, die den Meinungsumschwung im Kongress zugunsten des Landerwerbs bewirkten. Zum einen hofften die Amerikaner mit dem Erwerb Alaskas den Einfluss des «britischen Löwen» an der Pazifikküste zu bändigen und die Freundschaft mit Russland zu festigen. Zum anderen erhofften sie sich eine reiche wirtschaftliche Ausbeute aus den Tierpelzen und Mineralien Alaskas. Dass das Repräsentantenhaus am Ende nur zustimmte, weil der russische Gesandte in Washington mehr als 70 000 Dollar an Schmiergeldern lockermachte, gehört zu den oft verschwiegenen Details der russisch-amerikanischen Beziehungen.

Geteilte und wiedervereinigte Nation

25. Was war die «Underground Railroad»? Seit dem ausgehenden 18. Jahrhundert etablierten entschiedene Abolitionisten, also Gegner der Sklaverei, Fluchtwege für Sklaven. Dass die organisierte Flucht anfangs vor allem von religiösen Gruppen organisiert wurde, hatte schon George

Washington bemerkt, der sich 1786 über eine «Gruppe von Quäkern» beklagte, die einem seiner Sklaven zur Flucht verholfen und sich eigens «zu diesem Zweck gebildet» hätte. Im Laufe des 19. Jahrhunderts entwickelte sich das lose Netz von Fluchtwegen zu einem System, das seit den 1840er Jahren, in Analogie zur aufkommenden Eisenbahn, als «Underground Railroad» bezeichnet wurde. Die Häuser, in denen die Flüchtlinge Aufnahme oder Nahrung fanden, wurden als Eisenbahnstationen (stations) oder Bahnhöfe (depots) bezeichnet, die von Vorstehern (stationmasters) und Aktionären (stockholders) organisiert und unterhalten wurden. Zugführer (conductors) waren für die Fortbewegung innerhalb eines Systems zuständig, das sich vom nördlichen Zipfel der Südstaaten bis nach Kanada erstreckte und an die 100 000 Sklaven in die Freiheit beförderte. Die romantische Vorstellung von den aufgeklärten Weißen, die den hilflosen Schwarzen in die Freiheit verhalfen, wurde von der neueren Forschung zunehmend revidiert. Tatsächlich waren es nicht nur Weiße, sondern sogar überwiegend Schwarze, die den afroamerikanischen Zug in die Freiheit – die erste rassenübergreifende Bürgerrechtsbewegung der amerikanischen Geschichte – in Bewegung hielten. Die im heutigen Bewusstsein stark verklärte «Underground Railroad» mit Tausenden von häufig namenlosen Helfern war die erste politische Bewegung in den USA, in der Männer und Frauen gleichberechtigt nebeneinander agierten. Neben dem legendären Quäker Levi Coffin, der mehr als 3000 Sklaven in die Freiheit führte oder dem illustren John Fairfield, der 28 Sklaven – verkleidet als Mitglieder einer Beerdigungsprozession – an sechs Sklavenjägern vorbei in die Freiheit brachte, gehört Harriet Tubman zu den unvergessenen Akteurinnen der «Underground Railroad». Auf wenigstens 19 von ihr alleine durchgeführten Reisen eskortierte die ehemalige Sklavin, auf deren Festnahme Plantagenbesitzer eine Prämie von 40 000 Dollar ausgesetzt hatten, mindestens 300 ihrer Schicksalsgenossen – darunter auch ihre Eltern – in die sklavenfreien Nordstaaten. Neben sporadischen Sklavenaufständen, die fast allesamt niedergeschlagen wurden, war die «Underground Railroad» die einzige physische Form des Widerstands gegen das repressive System der Sklaverei.

26. Was machte «Onkel Toms Hütte» zum Bestseller? Der von Harriet Beecher Stowe verfasste Roman «Onkel Toms Hütte» (1852) erschien zu einer Zeit, in der die USA in der Sklavenfrage tief gespalten waren. Die Abolitionisten im Norden, zu denen auch Harriet Beecher Stowe gehörte, formierten sich in Anti-Sklaverei-Gesellschaften. Sie traten in Reden und Druckschriften für die rechtliche und soziale Gleichstellung von Schwarzen und Weißen ein und zogen damit den Hass der südstaatlichen Sklavenhalter und sporadische Attacken weißer Mobs auf sich. Vor diesem Hintergrund fand Beecher Stowes Roman, der die zerstörerische Kraft der Sklaverei moralisierend und einfühlsam darlegte, ein immenses öffentliches Interesse. Die Autorin, Pfarrerstochter und Pfarrfrau Harriet Beecher Stowe, hatte «Uncle Tom's Cabin», so der Originaltitel, anfangs als Zeitschriftenroman mit nur drei Episoden geplant. Die Resonanz bei der Leserschaft war jedoch so überwältigend, dass Beecher Stowe die Serie mehr als ein Jahr lang fortsetzte. Von der Buchausgabe wurden im Erscheinungsjahr nicht weniger als 300 000 Exemplare verkauft; in England waren es 200 000. Kein Roman des 19. Jahrhunderts erlebte so hohe Auflagen wie Onkel Toms Hütte. In Raubdrucken, gekürzten Kinderbuchausgaben und Übersetzungen – Onkel Toms Hütte war der erste amerikanische Roman, der ins Chinesische übertragen wurde – erschienen bald weit über 1,5 Millionen Exemplare des Buches. Der Roman traf den Nerv der Zeit. In den USA galt er den einen als Freiheitsruf, den anderen als subversive Flugschrift. Im ersten Jahrzehnt nach Erscheinen von Onkel Toms Hütte erschienen mehr als 20 Anti-Tom-Romane, die die Sklaverei verbrämten. Ein Buchhändler im südstaatlichen Mobile, Alabama, musste die Stadt verlassen, weil er gewagt hatte, Onkel Toms Hütte zu verkaufen. Die antiamerikanisch gesonnenen Briten liebten den Roman, weil er am amerikanischen Freiheitsmythos rüttelte. Thomas Macaulay nannte Onkel Toms Hütte den «wertvollsten Beitrag Amerikas zur englischen Literatur»; Heine verglich ihn mit der Bibel; und Lincoln soll nach seinem Treffen mit der Autorin im ersten Jahr des amerikanischen Bürgerkriegs erklärt haben: «Dies ist also die kleine Frau, die den großen Krieg begonnen hat.»

Der Erfolg des Romans gründete nicht zuletzt in seiner Eingängigkeit: in der sentimentalen Sprache, der plastischen Charakterzeichnung, der Rührseligkeit der Szenen und der moralischen Entrüstung, die sich an der Skrupellosigkeit und Brutalität der dargestellten Menschenhändler und Sklavenhalter entzündete.

Obwohl Beecher Stowe aufgrund ihrer puritanischen Einstellung Theaterversionen von Onkel Tom grundsätzlich ablehnte, entstanden sofort nach Erscheinen des Romans unzählige «Tom Shows», in denen sich die einzelnen Charaktere des Romans verselbständigten. Einige der Aufführungen verkündeten zynischerweise sogar eine sklavereifreundliche Botschaft. Wenigstens drei Millionen Menschen besuchten allein im Erscheinungsjahr des Romans Theaterversionen von Onkel Toms Hütte; und bis in die 1920er Jahre wurde kein amerikanisches Drama häufiger gespielt als die «Tom-Shows». Dass sich auch die Filmindustrie des eingängigen Stoffes bediente, war deshalb naheliegend. Allein zwischen 1903 und 1927 entstanden in den USA neun verschiedene Filmversionen von Onkel Toms Hütte. Die Einsicht, dass Stowe mit dem Klischee vom tanzenden, naiv auf jenseitige Belohnung wartenden «Tom» ein gefährliches Stereotyp von Amerikas Schwarzen verbreitete und dass sie bestehende gesellschaftliche Verhältnisse eher zementierte als in Frage stellte, hat in den letzten Jahrzehnten des 20. Jahrhunderts die historische Bedeutung des Romans überschattet.

27. War das System der Sklaverei auch ohne den Bürgerkrieg zum Untergang bestimmt?

Lange Zeit herrschte unter Historikern unterschiedlicher politischer Couleur die Meinung vor, dass das Sklavensystem in den Südstaaten der USA um das Jahr 1860 so marode, unprofitabel und (aus marxistischer Sicht) so anachronistisch gewesen sei, dass sich die Sklaverei auch ohne den Bürgerkrieg (1861–1865) binnen kurzem von selbst überlebt hätte. Im Jahr 1958 wurde diese Sicht erschüttert, als die Wirtschaftshistoriker Alfred Conrad und John Meyer nachweisen konnten, dass der Verkauf von Sklaven und die Baumwollproduktion ähnlich hohe Profite abwarfen wie andere Investitionen. Die Sklaverei mochte unmoralisch und unmenschlich sein, aber unter rein wirtschaftlichen Gesichtspunkten konnte man sie für eine vernünftige Einrichtung halten.

In noch hellerem Licht erschien die Sklaverei im Spiegel eines Buches von Robert Fogel und Stanley Engermann («Time on the Cross»), das 1974 in der amerikanischen Historikerschaft zuerst einen Schock und dann einen Sturm der Entrüstung auslöste. Fogel und Engermann meinten mit ihren quantitativen Untersuchungen nachweisen zu können, dass die Wirtschaft in den Südstaaten zwischen 1840 und 1860 schneller gewachsen sei als in den Nordstaaten. Die Sklaven seien materiell besser gestellt gewesen als die freien Landarbeiter im Norden, ihre Produktivität sei höher gewesen als die von weißen Arbeitern im Süden und die (materielle wie sexuelle) Ausbeutung der Sklaven sei, wenn nicht ein Mythos, so doch allenfalls eine Randerscheinung gewesen. Generell hätten die Sklavenhalter viel häufiger Zuckerbrote verteilt als zur Peitsche gegriffen.

Die Kritik an Fogel und Engermann ließ nicht lange auf sich warten. Der Wirtschaftswissenschaftler Richard Steckel konnte zeigen, dass die Todesrate bei der Geburt von Sklavenkindern und deren Sterblichkeit mehr als doppelt so hoch lag wie bei weißen Kindern und dass die schwarzen Kinder in ihrem Wachstum noch stärker beeinträchtigt waren als die ärmsten Kinder aus Nigeria oder aus den Slums von Bangladesh. Die Sklaverei zerstörte, wie der Südstaatenhistoriker Stanley Elkins betonte, die individuelle Persönlichkeit der Schwarzen und produzierte das Klischee eines unbeholfenen, vermeintlich glücklichen Menschen: des «Sambo», der seinem «Massa» naiv und treuherzig diente. Nur mit Gefangenen in Konzentrationslagern, so Elkins, seien die Sklaven in den USA zu vergleichen. Gewaltanwendung, konstante Erniedrigung und totale Abhängigkeit hätten einen gefügigen Typus von Mensch hervorgebracht, der zum Widerstand gegen das oft exzessive Arbeitspensum gar nicht fähig sei.

Dass die Sklaven in den USA – im Gegensatz zu denen in Südamerika und in der Karibik – nicht gegen das ungerechte System rebellierten, hatte indes einen anderen Grund. In den USA stellten die Sklaven fast überall nur die Minderheit; die weiße Bevölkerung war allein schon zahlenmäßig deutlich überlegen. Fast die Hälfte der Sklavenhalter besaß weniger als 20 Sklaven, so dass den widerstandswilligen Schwarzen – wo es sie denn gab – nicht gerade rosige Aussichten auf den Erfolg einer Rebellion beschieden waren. Ein großer Rebell wie Jean-Jacques Dessalines, der sich, als Sklave geboren, zum Führer der Revolution auf Haiti erhob (und am Ende zum Kaiser ausgerufen wurde), wäre in den USA utopisch gewesen. Ohne den Bürgerkrieg hätte die Abschaffung der Sklaverei zweifellos noch längere Zeit auf sich warten lassen.

28. Was war die Gettysburg Address? Vom 1. bis 3. Juli 1863 kam es bei Gettysburg in Pennsylvania zur größten Schlacht des Bürgerkrieges, die den Süden 28 000 und den Norden 23 000 Tote und Verwundete kostete. Trotz des legendären und mutigen Ansturms einer ihrer Divisionen über freies Feld («Pickett's Charge») wurde die Südstaatenarmee unter Führung von General Lee besiegt. Gettysburg markierte einen Wendepunkt des Krieges, denn der Süden war nach der Schlacht nicht mehr zur Offensive fähig. Bei der Einweihung des Nationalen Soldatenfriedhofs von Gettysburg im November 1863, die von 15 000 Menschen – darunter sechs Nordstaaten-Gouverneuren – besucht wurde, hielt Präsident Lincoln eine nur etwa zwei Minuten lange, aber weit über den Anlass hinauswirkende Rede. Entgegen einer weitverbreiteten Legende schrieb Lincoln die Gettysburg Address nicht erst in der Kutsche auf dem Weg von Washington nach Gettysburg. Bereits im Weißen Haus hatte der Präsident mehrere Versionen entworfen. Lincolns Rede von Gettysburg gilt als eine der großen Meisterleistungen der englischen Sprache. In nur 269 Worten, die den Bogen zur Unabhängigkeitserklärung von 1776 schlagen und sich subtil auf den Griechen Perikles und auf die Bibel beziehen, inspirierte Lincoln seine Zuhörer dazu, im Opfertod der Soldaten von Gettysburg die Chance zur Vollendung des Unvollendeten zu sehen. Er sprach die Hoffnung aus, dass die amerikanische Nation «eine Wiedergeburt der Freiheit» erleben werde, damit die Demokratie, die er als «Regierung der Menschen durch die Menschen für die Menschen» definierte, auf Dauer überleben könne.

Die anhaltende Erinnerung der Amerikaner an den genauen Wortlaut von Lincolns Rede lässt sich nicht nur daran ablesen, dass sie an prominenter Stelle und in großen Lettern in den Marmor des Lincoln Memorial in Washington D.C. eingehauen ist. Ihre Bedeutung wird vor allem auch deutlich in den zahlreichen subtilen Anspielungen auf Lincolns Text – von Martin Luther Kings «I have a Dream»-Rede über Musicals wie «The Music Man» und «Hair» bis zur Fernsehserie «The Simpsons».

29. Warum hat der Norden den Bürgerkrieg gewonnen? Der Bürgerkrieg (1861–1865) zwischen Unionisten und Konföderierten, zwischen dem Norden und dem Süden der USA ist ohne Zweifel das einschneidendste Ereignis in der amerikanischen Geschichte. Kein Krieg hat auf amerikanischem Boden mehr Opfer gefordert – die Zahl der Gefallenen wird auf über 600 000 geschätzt – und über keinen ist mehr geschrieben worden. In der kollektiven Erinnerung nimmt der Bürgerkrieg den Rang eines nationalen Epos ein.

Immer wieder haben Historiker die Frage gestellt, welche Faktoren dafür ausschlaggebend waren, dass der Norden, «eine Nation von Ladenbesitzern», den Süden, der über ein vorzügliches Offizierskorps verfügte und auf eigenem Territorium kämpfte, schlagen konnte. Wie kam es dazu, dass die Nordstaaten trotz Uneinigkeit und mangelnder Opferbereitschaft einen Süden besiegten, dessen Territorium nahezu so groß war wie Europa? Wie ließen sich die von West nach Ost verlaufenden Flüsse, die natürliche Verteidigungsbarrieren darstellten, überqueren und einnehmen? Wie konnte die Union den Vorteil aufwiegen, der den Südstaaten aus dem System der Sklaverei erwuchs? (Die Südstaatler waren in der Lage, wesentlich mehr weiße Männer zu mobilisieren als die Nordstaatler, da die Sklaven zynischerweise die Landwirtschaft am Laufen hielten.)

Zu Beginn des Krieges rechneten beide Seiten mit einem raschen Sieg. Die Nordstaatler planten den Durchmarsch nach Richmond, Virginia. Die Konföderierten hofften dagegen auf den militärischen Beistand der Engländer. Sie spekulierten darauf, dass Großbritannien nicht auf amerikanische Baumwolle verzichten könne. Aber beide Rechnungen gingen nicht auf. Statt eines kurzen Krieges kam es zu einem langjährigen, brutalen Ringen. Der Bürgerkrieg wurde zum Vorläufer der «totalen Kriege» des 20. Jahrhunderts. Militärische Terrorkampagnen, Grabenkriege, Zensur, Luftaufklärung sowie der Aufbau einer modernen Kriegsmaschinerie, -wirtschaft und -infrastruktur wurden zur Signatur des Civil War. Aus den hohen Verlusten an Menschenleben, die auf die Feuerkraft der Artillerie und die Zielgenauigkeit der Gewehre zurückgingen, erwuchs darüber hinaus erstmals der Zwang zur Einführung der Wehrpflicht, gegen die es im Norden erhebliche Widerstände gab.

In Wirklichkeit waren die Vorteile, die die Nordstaatler im Bürgerkrieg genossen, immens. Unionsgeneral William Tecumseh Sherman hatte nicht unrecht, wenn er zu Anfang des Krieges gegenüber einem Freund aus dem Süden hervorhob, dass in der Geschichte noch nie «eine Nation von Landwirten» gegen eine «Nation von Mechanikern» siegreich gewesen ist: «Ihr seid dazu verdammt, den Krieg zu verlieren!» Das Menschenpotenzial lag im Norden unvergleichlich höher als im Süden: Von 31 Millionen Amerikanern lebten 22 Millionen im Norden und nur neun Millionen im Süden. Der Norden verfügte über Anbauflächen für landwirtschaftliche Nahrungsmittel, während der Süden sich ganz und gar auf Baumwolle spezialisiert hatte.

Rohstoffe und verarbeitende Industrien fanden sich ebenfalls fast ausschließlich im Norden des Landes. Dieser verfügte außerdem über ein modernes Eisenbahn- und Telegrafensystem. Der Süden war demgegenüber technologisch weit zurückgeblieben. Gravierende Bedeutung kam darüber hinaus dem Umstand zu, dass es Lincoln gelang, die Sklaven haltenden border states von Delaware, Maryland und Virginia im Osten bis Missouri und Arkansas im Westen durch eine moderate Taktik auf die Seite des Nordens zu ziehen. Wären diese auf Seiten der Südstaaten in den Krieg eingetreten, hätte sich das militärische und ökonomische Gewicht deutlich zugunsten des Südens verlagert. Nicht zu unterschätzen ist auch das System der Sklaverei. Dieses war dafür verantwortlich, dass man sich in England nicht dazu entschließen konnte, die Südstaaten zu unterstützen. Außerdem schweißte kein anderes Kriegsziel die Nordstaatenbevölkerung so eng zusammen wie der ideologische Kampf zur Befreiung der Sklaven, die ab 1862 in der Unionsarmee kämpfen durften. Insgesamt gelang dem Norden durch effiziente Steuererhebung und erfolgreiche Werbung für Staatsanleihen, durch Zollerhöhungen und den permanenten Ausbau der Kriegsindustrie eine relativ problemlose Kriegsfinanzierung. Der Süden hingegen wurde durch die Seeblockade der Union schwer beeinträchtigt und heizte durch ungehemmte Papiergeldausgaben die Inflation an.

30. Wer waren die Carpetbaggers und wo lagen die Probleme der amerikanischen Wiedervereinigung? Nach dem Bürgerkrieg lag der Süden der USA ökonomisch zerstört danieder. Die Wiederherstellung der Union (von Nord- und Südstaaten) galt den Politikern in Washington als vordringliches Ziel. Aber darüber, wie das Ziel zu erreichen sei, gab es deutliche Meinungsverschiedenheiten. Kaum eine andere Periode in der amerikanischen Geschichte hat mehr Unzufriedenheit unter den diversen Gruppen der Gesellschaft und in den verschiedenen Regionen der USA hervorgebracht als die «Reconstruction Era», die Periode des Wiederaufbaus und der Wiedervereinigung, die von 1865 bis 1877 andauerte.

Die weißen Südstaatler fühlten sich nach dem Bürgerkrieg, der die Abschaffung der Sklaverei mit sich gebracht hatte, um ihre Kultur und Lebensgrundlage betrogen. Städte lagen in Trümmern, die Plantagen waren niedergebrannt, Eisenbahnlinien und Brücken waren zerstört. Außerdem erwiesen sich die Südstaatenwährung und die

Kriegsanleihen mit einem Schlag als wertlos. Mehr als eine Viertel Million Männer waren gefallen, und viele Familien mussten ihre Existenz ohne männliche Hilfe wiederaufbauen. Noch schlechter ging es den Schwarzen. Sie hatten nach der Befreiung aus der Sklaverei auf eigenes Farmland gehofft, mussten aber vielfach schlecht bezahlte Kolonnenarbeit (gang labor) auf den alten Plantagen leisten. Durch gesetzliche Vorschriften (Black Codes) wurden sie auf einen sklavenähnlichen Status herabgedrückt. Das Freedmen's Bureau, das vom US-Kongress mit der Aufgabe betraut worden war, den Übergang der schwarzen Bevölkerung von der Sklaverei zur Freiheit zu erleichtern, verteilte Nahrungsmittel und richtete Schulen ein. Aber die Bundeseinrichtung, die nur ein Jahr Bestand hatte, war viel zu klein, um effektiv wirken zu können, zumal die Mitarbeiter des Bureaus ebenso wie die ehemaligen Sklaven häufig zu Opfern gewalttätiger Übergriffe durch weiße Mobs wurden.

In einem politischen Kampf zwischen Präsident Andrew Johnson, der sich auf die Seite der konservativen Südstaatler schlug, und dem Kongress, der von den (damals noch) liberalen Republikanern dominiert wurde, verabschiedete der Kongress 1867 über das Veto des Präsidenten hinweg ein weitreichendes Wiederaufbaugesetz (Reconstruction Act). Dieses teilte den Süden in fünf Besatzungszonen unter dem Kommando von Unionsgenerälen auf. Die Militärgouverneure erhielten den Auftrag, alle erwachsenen schwarzen Männer zu registrieren und die Wiederaufnahme der einzelnen Staaten in die Union zu überwachen. Als Bedingung setzte der Kongress fest, dass die neuen Staatenverfassungen das Wahlrecht der schwarzen Männer garantieren und den 14. Verfassungszusatz – das Bürgerrecht für alle Afroamerikanerinnen und Afroamerikaner – ratifizieren sollten. Bis 1871 hatten alle ehemaligen Südstaaten die Bedingungen der Rekonstruktion erfüllt und gehörten wieder der Union an. Die Lage auf dem Papier entsprach aber nicht der rechtlichen Realität. Konservative und rassistische Weiße waren – ungeachtet der militärischen Besatzung durch die Unionsgeneräle – in die Offensive gegangen, um ihr Land von der Herrschaft der Schwarzen und der Nordstaatler zu «erlösen». In einem Staat nach dem anderen gelang es ihnen, die Kontrolle über die Parlamente zurückzuerobern. Dabei profitierten sie von politischen Fehlern und von der mangelnden Erfahrung vieler Abgeordneter. Berechtigte Kritik mischte sich mit einer Verhöhnung der «weißen Verräter». Unter scharfen Beschuss gerieten in erster

Linie die zugewanderten Politiker und Geschäftsleute aus dem Norden, die verächtlich als «carpetbaggers» oder «Teppichtäschler» bezeichnet wurden, da sie ihr Hab und Gut in weichen Taschen aus Teppichstoff mit sich trugen. Carpetbaggers galten den Südstaatlern als Kriegsgewinnler und profitgierige Scharlatane, die vermeintlich nur in den Süden gekommen waren, um ihre Taschen zu füllen. Als «wertloses Vieh» («scalawag») verhöhnt wurden darüber hinaus die im Süden geborenen weißen Republikaner. Da die Scalawags für die Sache des Nordens eintraten, galten sie als doppelte Verräter: an der weißen Rasse und an der Region.

Dass sich die Verhältnisse im Süden nur langsam veränderten, hatte allerdings nicht nur mit den Ressentiments der konservativen Südstaatler und dem Terror gegen Afroamerikaner und gegen die Agenten der Veränderung (wie die carpetbaggers) zu tun. Ausschlaggebend war auch der Umstand, dass sich die wirtschaftlichen Abhängigkeitsverhältnisse im Süden nicht grundlegend änderten. Weder der Kongress noch die neuen Staatenparlamente setzten sich mit dem erforderlichen Mut und Nachdruck für eine umfassende Bodenreform ein, die die Abhängigkeit der Afroamerikaner und der kleinen weißen Pächter von der alten Pflanzer- und Unternehmerelite im Süden überwunden hätte. Ein solcher Eingriff wäre wohl nur durch die Präsenz nordstaatlicher Truppen im Süden möglich gewesen. Tatsächlich wurde die Truppenstärke jedoch bereits vier Jahre nach Ende des Bürgerkriegs reduziert. Immer mehr Nordstaatler zeigten sich denn auch im Verlauf der 1870er Jahre an den Entwicklungen im Süden desinteressiert oder schrieben die strukturellen Schwierigkeiten der Inkompetenz und Minderwertigkeit der Schwarzen zu. 1877 wurden die letzten progressiven Staatenregierungen, die sich im Süden für die Gleichberechtigung der Schwarzen eingesetzt hatten, gestürzt. Den Nordstaatlern galt die Rassenproblematik fortan in erster Linie als lokale Angelegenheit.

Aufs Ganze gesehen war die Ära der Wiedervereinigung weder eine «Vergewaltigung» des Südens, wie es die südstaatliche Geschichtsschreibung bis weit ins 20. Jahrhundert hinein behauptete, noch ein folgenloses Reformprogramm. Gemessen an der Bedeutung der Sklavenbefreiung fiel der politische und soziale Wandel, der sich zwischen 1865 und 1877 vollzog, allerdings eher bescheiden aus.

31. Wie erklären sich Aufstieg und Niedergang des Ku-Klux-Klan?

Keine andere konservative Bewegung der amerikanischen Geschichte war so populär wie der Ku-Klux-Klan (von griechisch: kyklos = Kreis), keine war so militant, und keine ist bis heute so sagenumwoben geblieben. Die Geschichte des Ku-Klux-Klans (KKK) begann mit Südstaaten-General Nathan Bedford Forrest, der 1865 in Pulaski, Tennessee, eine kleine Gruppe von Bürgerkriegsveteranen um sich scharte. Auf Forrest gingen der Name Ku-Klux-Klan, der Geheimhaltungsschwur und die Verwendung von Bettlaken als Verkleidung zurück. Was in Tennessee als eine Serie von üblen Streichen und Possenspielen (mit rassistischem Unterton) begann, weitete sich ab 1867 – als Reaktion auf die Entsendung von Unionstruppen in den Süden, die die Rechte der im Bürgerkrieg befreiten Sklaven sichern sollten – zu einer militanten Bewegung aus, die sich in neun Staaten ausbreitete. Durch ihre äußere Erscheinung (schwarze Umhänge und spitz zulaufende weiße Kapuzen) und Rituale (nächtliche Umzüge mit brennenden Kerzen), durch politischen Druck und durch paramilitärischen Terror verbreitete der KKK im amerikanischen Süden Angst und Schrecken und hielt die schwarze Bevölkerung gezielt vom Wählen ab. Weder eine restriktive Bundesgesetzgebung noch General Nathan Forrest selbst, der 1869 den KKK formal aufzulösen versuchte, gelang es, die gewalttätigen Aktivitäten der Bewegung, die sich unkoordiniert und spontan auf lokaler Ebene entwickelten, einzudämmen. Zu einem (ersten) Niedergang des KKK kam es im Jahr 1877, als die Klansmänner mit dem Abzug der Unionstruppen und der nahezu vollständigen Trennung der Rassen ihre wichtigsten Ziele erreicht hatten.

Überzogener Patriotismus und protestantischer Fundamentalismus bildeten den Nährboden für die überraschende Wiederbegründung des KKK in Atlanta, Georgia, im Jahr 1915. Konkret aber war es der (auf Thomas Dixons Roman «The Clansmen» basierende) Film «Birth of a Nation» (1915), der den Amerikanern im ganzen Land ein romantisch überhöhtes Bild von den Klansmännern als den galanten und gerechten Rittern der Südstaaten näherbrachte. An exponierter Stelle im Film bestraften die Klansmänner einen Mulatten für dessen Liebe zu einer weißen Frau mit Tod durch Erhängen. Innerhalb von etwa zehn Jahren hatten mehr als 100 Millionen Kinobesucher in den USA, oft unter großem Jubel (bei einer Vorführung schoß ein Zuschauer im Feuereifer sogar auf die Leinwand) das monumentale Filmspektakel Birth of a Nation gesehen. In ganz Amerika brach die «Klan-Manie» aus. Über dem New Yorker Times Square hing wochenlang ein Poster mit reitenden, brennende Holzkreuze schwingenden Klansmännern. An vielen Orten gab es Ku-Klux-Hüte und -küchenschürzen zu kaufen; Studentenverbindungen organisierten KKK-Kostümparties, und Ortsgruppen des Klans luden zu Karnevalveranstaltungen, Picknicks und Barbecues ein. Zwischen 1920 und 1925 rekrutierte der Klan etwa drei bis sechs Millionen neue Mitglieder.

Hinter diesem Coup steckte Oberst William Joseph Simmons, dessen Vater Gründungsmitglied des ersten KKK gewesen war. Simmons heuerte Werbefachleute an, die die Werte des Klans – «Überlegenheit der weißen Rasse», «Protestantismus» und «100prozentiges Amerikanertum» – über Zeitungsannoncen im ganzen Land verbreiten ließen. Antisemitismus, Antikatholizismus und Intoleranz gehörten zu den simplen Botschaften des neuen KKK, der – anders als sein Vorgänger – nicht nur im Süden, sondern vor allem im Mittleren Westen und im Westen aktiv war und erstmals weite Teile der Mittelschicht (darunter mehr als eine halbe Million Frauen) rekrutierte. Skandale auf der Führungsebene, Gewaltexzesse und Steuerhinterziehung führten in den 1930er Jahren zum Niedergang einer Organisation, die so schnell gewachsen war, dass sie ihre Mitglieder nicht mehr kontrollieren konnte.

Nach dem Zweiten Weltkrieg kam es sporadisch zu brutalen Übergriffen von unabhängigen Gruppen, die sich des Namens Ku-Klux-Klan bedienten, gegen Schwarze, Indianer und Anhänger der Bürgerrechtsbewegung. Dem Autor und Menschenrechtsaktivisten Stetson Kennedy gelang es in den 1950er Jahren, sich in die Reihen des KKK einzuschmuggeln. Seine Erfahrungen (einschließlich geheimer Codes) gab er – noch bevor sie als Bestseller veröffentlicht wurden – an die Superman-Radioshow weiter. Deren Drehbuchautoren konzipierten mehrere populäre Episoden, in denen Superman gegen den Klan vorging und dessen Machenschaften exponierte und trivialisierte. Auch dem FBI gelang es, Teile des KKK zu infiltrieren und die gefährlichsten Ortsgruppen zu sprengen. Heute gibt es noch einige Tausend Mitglieder des Klans, vor allem im Süden und im Mittleren Westen des Landes.

32. Wer war Muddy Waters und wie entstand der Blues? Die Bluesmusik hat ihren Ursprung im ausgehenden 19. Jahrhundert im «tiefen Süden» der USA. Im Zentrum der weiteren Entwicklung stand der legendäre schwarze Musiker Muddy Waters, der 1915 als McKinley Morganfield auf die Welt kam. Den Spitznamen erhielt «Muddy Mississippi Waters», weil er anfangs oft «im Dreck» des Mississippi-Deltas auftrat. Waters wurde weltweit zur Verkörperung des Blues und zum Sinnbild für die Migration der Schwarzen aus den ländlichen Gebieten des Südens in nördliche Industriestädte wie Chicago. Seine Biografie reflektiert darüber hinaus den Übergang von der akustischen Musik zur elektrischen sowie die Adaptation afroamerikanischer Kulturelemente durch die weiße Gesellschaft der USA.

Die Entstehung des Blues ist aufs Engste mit den gesellschaftlichen Entwicklungen nach dem Bürgerkrieg verknüpft. Die ersten Schwarzen, die Blues sangen, arbeiteten als abhängige Baumwollpflücker oder ausgebeutete Farmpächter auf den großen Plantagen des Mississippi-Deltas. Einige fanden Arbeit beim Bau der Eisenbahn, beim Aufschütten von Dämmen oder beim Verladen von Schiffsfracht. Da die Arbeitsbedingungen für schwarze Männer in der strikt nach Rassen getrennten Südstaatengesellschaft oft völlig inakzeptabel waren, zogen viele von ihnen notorisch von einem Job zum nächsten. Die Musik, die aus dieser Situation heraus entstand, spiegelte nicht nur die soziale Isolation und die mangelhafte Ausbildung der Afroamerikaner wider, sondern auch den Mangel an Ressourcen und die Situation anhaltender Diskriminierung. Blues gilt gemeinhin als «traurige» Musikrichtung. Sie hat ihren Namen von den «blue notes» (traurige Noten), den charakteristisch verminderten Tönen der Dur- oder Moll-Tonleiter, die durch das Senken der Stimme oder das Krümmen der Gitarrensaiten hörbar gemacht werden.

Im Gegensatz zum Ragtime, der in den nördlichen Grenzstaaten des Südens (border states) entstand, wo Schwarze eine bessere Ausbildung erhielten als im tiefen Süden, aber auch im Gegensatz zum Jazz, der sein Zentrum in New Orleans hatte, blieb der Blues von westlichen Musiktraditionen fast völlig unberührt. Einige Elemente, wie der Gesangsstil und die Verwendung von Saiteninstrumenten, gehen auf die Musik der reisenden Musiker und Geschichtenerzähler Westafrikas (Griot-Musik) zurück.

Niemand weiß, wer die ersten Bluessänger in den USA waren, da der Blues vor der Erfindung des Tonbandgeräts entstand. Interessanterweise dominierten Frauen die Blueskultur der 1920er Jahre. Bei dem von Mamie Smith gesungenen «Crazy Blues» aus dem Jahr 1920 handelt es sich um eine der ältesten erhaltenen Bluesaufnahmen. Während sich in den 1930er Jahren eine Reihe regionaler Stile des Blues ausbildete, war es nach dem Zweiten Weltkrieg der «elektrische» oder «Chicago Blues», der über die Grenzen der USA hinaus Einfluss gewann. Kein anderer Musiker hatte seit den 1940er Jahren einen größeren Anteil an der Entwicklung des Blues als Muddy Waters. Der Mann aus dem Mississippi-Delta, der nach seiner Auswanderung nach Chicago abends immer häufiger in Clubs auftrat, verwendete anfangs eine elektrische Gitarre und einen Verstärker, um sich musikalisch gegenüber der Gesprächskulisse der Club- und Kneipenbesucher durchzusetzen. Bald tat sich Waters mit anderen Musikern zusammen. Zur Gitarre kamen Klavier, Schlagzeug, Mundharmonika und Bass sowie gelegentlich eine zweite Sologitarre hinzu. Diese Zusammensetzung bildete die Grundlage für den neuartig peppigen, metallisch rauen Chicago Sound, der bald Karriere machte. Als Waters 1958 auf Tournee nach England ging, löste er dort eine Lawine aus. Die britische Band «Rolling Stones», die – ebenso wie ein Rockmagazin – ihren Namen von Muddy Waters Song «Rolling Stone» ableitete, nahm den Chicago Blues als Basis für ihre Musik. Während sich die schwarze Musik in den USA zunehmend in Richtung Soul orientierte, griffen amerikanische Rockbands während der «britischen Musikinvasion» der 1960er Jahre Elemente von Muddy Waters Chicago Blues wieder auf und etablierten daraus ihren eigenen, weißen Musikstil, den Bluesrock.

Imperium und Moderne

33. Warum gibt es die Freiheitsstatue? Heute haben die meisten Amerikaner vergessen, dass die Freiheitsstatue, die 1886 im Hafen von New York eingeweiht wurde und damals die gesamte Silhouette der Stadt überragte, keine gebürtige Amerikanerin war. Ihr Erbauer, Frédéric Auguste Bartholdi, stammte aus Frankreich. Und die Idee, zum hundertjährigen Jubiläum der Unabhängigkeitserklärung der USA eine Gedenk-

stätte zu errichten, ging auf einen französischen Amerikahistoriker namens Édouard-René Lefebvre de Laboulaye zurück. Das Geschenk der Franzosen sollte an die enge Verbindung zwischen den «zwei Schwestern», Frankreich und Amerika, erinnern, denn in der Tat hatte die französische Regierung im Unabhängigkeitskrieg in entscheidendem Umfang Geld, Schiffe, Waffen und Soldaten für die amerikanische Sache beigesteuert.

Die Arbeit an der Freiheitsstatue, die in Frankreich zusammengebaut und in 200 Kisten über den Ozean transportiert werden sollte, war eine Meisterleistung der Ingenieurskunst und der Statik. Ihre Konstruktion, die auf einer in Repoussé-Technik hergestellten Kupferhülle basierte, erforderte ein ausgefeiltes Trägersystem, das von Gustave Eiffel entwickelt wurde.

1876, anlässlich der internationalen Gedächtnisausstellung zur amerikanischen Unabhängigkeit, wurde Bartholdi als offizieller Repräsentant der französischen Regierung nach Philadelphia geschickt. Zu Werbezwecken brachte er den neun Meter langen Arm der Statue of Liberty mit sich, den die Ausstellungsbesucher für 50 Cent auf einer Metallleiter von innen besteigen konnten. Während die Franzosen durch eine Lotterie und durch den Verkauf von Lehmmodellen der Statue innerhalb von wenigen Jahren die erstaunliche Summe von 250 000 Francs (etwa 750 000 Dollar) aufbrachten, war die Skulptur in den USA alles andere als willkommen. Ließ sich der US-Kongress schon kaum dazu bewegen, die Statue als Geschenk anzunehmen, so schien es erst recht unmöglich, das für den Bau eines 47 Meter hohen Sockels nötige Geld aufzutreiben. Die Apathie der amerikanischen Oberschicht, die als Sponsoren in Frage kam, war so groß wie das Monument selbst.

Ohne das Engagement Joseph Pulitzers, eines ungarischen Einwanderers, der im Bürgerkrieg gekämpft und es als Journalist und Herausgeber des Finanzblatts «World» zu erheblichem Reichtum gebracht hatte, wäre die Statue wohl kaum errichtet worden. Mit Tiraden gegen die geizigen Reichen und mit subtil vereinnahmenden Appellen an die Arbeiterklasse gelang es dem Geschäftsmann Pulitzer, Massen von Amerikanern für die Unterstützung des Projekts zu gewinnen. Der eigentliche Coup seiner Aktion bestand darin, dass er den Namen jedes einzelnen Spenders in der «World» veröffentlichte. Damit stieg die Verbreitung der «World» mit einem Schlag um fast 50 000 Exemplare an. Pulitzers Vorbild brachte auch afroamerikanische Zeitungsherausgeber dazu, Werbung für ein Anliegen zu machen, das das Ende aller Abhängigkeiten, und damit nicht zuletzt der Sklaverei, versinnbildlichen sollte. Am Tag der Enthüllung des Monuments, der zum Nationalfeiertag erklärt wurde, waren nicht weniger als eine Million Menschen zugegen, darunter Präsident Grover Cleveland und sein Kabinett.

Die Freiheitsstatue wurde im 20. Jahrhundert nicht nur zum meistfotografierten Monument der Welt, sondern zum nationalen Symbol Amerikas schlechthin. Im Inneren des Sockels der Statue wurde das von der deutschen Einwanderin Emma Lazarus verfasste Gedicht «The New Colossus» eingraviert: «Give me your tired, your poor,/ your huddled masses/ yearning to breathe free, [...]», das die Vorstellung von Amerika als einer Zufluchtsstätte für die Armen, Unterdrückten und Ausgestoßenen der Welt aufrecht erhält.

34. Woher kommt der Wolkenkratzer?   Kein anderer Gebäudetypus ist so eng mit der Stadt- und Architekturgeschichte der USA verbunden wie der Wolkenkratzer (skyscraper), der in den 1890er Jahren seinen Namen erhielt. Die typisch amerikanische Konstruktion entstand in Chicago und New York in der Phase des Hochkapitalismus, in der der teure Grund und Boden der Innenstädte zahlreiche Spekulanten auf den Plan rief. Die Erkenntnis, dass das jeweils höhere Haus mehr Nutzfläche und damit, angesichts der ständig steigenden Grundstückspreise, einen höheren ökonomischen Wert besaß, löste zu Beginn des 20. Jahrhunderts einen Bauboom aus. Dieser Bauboom sollte die Silhouette der amerikanischen Innenstädte verändern und erzeugte mit der Skyline ein völlig neues Stadtbild, das zum Symbol urbaner und wirtschaftlicher Macht avancierte. Voraussetzung für die Erfindung und die steile Karriere der amerikanischen Wolkenkratzer waren technische Neuentwicklungen. Zu diesen technischen Innovationen zählten zum Beispiel der hydraulische «Sicherheitsaufzug», der erstmals 1857 in einem New Yorker Haus installiert wurde, die Entwicklung feuerfester Baustoffe sowie der Stahl- und Gusseisen-Skelettbau, der ab 1879 im First Leiter Building in Chicago realisiert wurde. Das pragmatische Kalkül der potenten Bauherrn förderte die Ausprägung einer zweckorientierten und wirtschaftlichen Architektur. Spätestens in den 1920er Jahren waren die Skyscrapers der USA weltweit zum Symbol des prosperierenden Kapitalismus geworden, dessen kulturelle Symbolik beispielsweise in Deutschland weitgehend abgelehnt wurde. Ein Essay Siegfried Kracauers in der Frankfurter Zeitung von 1921 spiegelte eine weit verbreitete Meinung wider, wenn es heißt: «Die Hässlichkeit der New Yorker City ist jedermann bekannt. Turmartige Ungetüme, die ihr Dasein dem ungezügelten Machtwillen raubtierhaften Unternehmertums verdanken, stehen dort wild und regellos nebeneinander, außen und innen häufig mit einer prunkvollen Scheinarchitektur verkleidet.»

In der Anfangseuphorie wurden Amerikas Hochhäuser in beliebiger Form und Höhe gebaut. Erst ab 1916 setzten sich, zunächst in New York City, Richtlinien durch, die mit zunehmender Höhe eine Verjüngung des Baukörpers verlangten, damit die Wolkenkratzer den Städtern nicht «den Himmel stehlen» würden. Die pyramidenartige Zuspitzung der amerikanischen Hochhäuser ist demnach keine künstlerische Erfindung, sondern ein Gestaltungsprinzip, das zwischen dem Profitstreben der Auftraggeber und den Bebauungsrichtlinien der Städte vermittelte.

Seit 1892, als die Trophäe für den höchsten Wolkenkratzer innerhalb von wenigen Monaten von Chicago nach New York (Pulitzer Building) und wieder zurück nach Chicago (Masonic and Women's Temple) wanderte, bestimmte der Wettlauf um die Vertikale die Physiognomie der beiden Metropolen. Besondere Dramatik erfuhr der Kampf zwischen den Giganten Ende der 1920er Jahre, als gleich zwei Konkurrenten offen um den Titel des höchsten Hauses der Welt wetteiferten: die Bank of the Manhattan Company und das Chrysler Building. Den Sieg trug damals das Chrysler Building davon, da der Architekt die siebenstöckige Art-Deco-Spitze heimlich im Innern des Hochhauses zusammensetzen hatte lassen, um nur wenige Stunden nach Fertigstellung des Nachbargebäudes mit einem neuen Gebäudehelm auftrumpfen zu können. Nach dem 1972 erbauten New Yorker World Trade Center erlangte 1973 der Sears Tower in Chicago den Titel «höchstes Gebäude der Welt». Auch wenn Hongkong seit dem ausgehenden 20. Jahrhundert für sich beanspruchen kann, über mehr Wolkenkratzer als New York City zu verfügen, und die höchsten Häuser der Welt heute in Asien stehen, geht der Wettlauf in die Höhe, als Demonstration von Technologiebeherrschung und wirtschaftlicher Potenz, auch in den USA weiter. Pläne für «das höchste Wohnhaus der Welt» (Chicago Spire) stehen dort unmittelbar vor der Realisierung.

35. Wie golden war das «Gilded Age»? Der Schriftsteller Mark Twain und dessen Mitautor Charles Dudley Warner gaben der Epoche des ausgehenden 19. Jahrhunderts ihren Namen, als sie in ihrem monumentalen, 1874 publizierten Roman vom «Gilded Age», dem «vergoldeten Zeitalter» (nicht vom «goldenen»), sprachen, hinter dessen glänzender Fassade sich schlechter Geschmack, soziales Elend und Korruption ausbreiteten. Die Aufbruchsgeneration, die aus den Trümmern des Bürgerkriegs hervorging, nutzte die reichen materiellen Ressourcen des Landes, um – wie es der brillante Amerikahistoriker, Pulitzer-Preisträger und Football-Trainer Vernon Louis Parrington nannte – ein «großes Grillfest» (the Great Barbecue) zu veranstalten: «Ohne soziales Gewissen, ohne Interesse an Kultur, ohne auf die Zukunft der Demokratie zu achten ... warf sich das Gilded Age mitten in das Geschäft des Geldmachens». Auch für den Wirtschafts- und Sozialhistoriker Charles Beard lag das Hauptmerkmal der Epoche in der «nach vorne stürmenden Plutokratie».

Das Ende des Bürgerkriegs und der Beginn des 20. Jahrhunderts rahmten zweifelsohne ein Zeitalter der Extreme ein. Niedrige Löhne und hohe Profite bestimmten ebenso das Bild wie Slums und riesige Villen. Architekten, von denen viele aus der Alten Welt eingewandert waren, imitierten europäische Baustile und entwickelten sie innovativ und exzessiv weiter: Stick Style, Queen Anne Style, Shingle Style, Ricardsonian Romanesque, Beaux Art, Chateauesque, Colonial Revival, Italianate und andere Varianten trieben Blüten und bestimmten die architektonische Landschaft. Der Glitter der Feste und Bälle, die in den Villen der nouveaux riches gefeiert wurden, übertraf alles, was man in der amerikanischen Geschichte bislang gesehen hatte.

Hintergrund dieser Entwicklung war das enorme Wachstum der Vereinigten Staaten. Nach dem Ende des Krieges konnten die USA ihre riesigen landwirtschaftlichen Flächen und die reichen Bodenschätze mittels moderner Technologien – von der Schreibmaschine bis zur Dampfmaschine, vom Telegrafen bis zur Eisenbahn – konsequent ausnutzen. Da die Geografie den Amerikanern keine Grenzen auferlegte, da keine auswärtigen Konflikte drohten und die Zahl ökonomisch potenter Investoren von Tag zu Tag zunahm, wuchs die US-amerikanische Wirtschaft in fast unvorstellbarem Maß. Allein zwischen dem Ende des Bürgerkriegs und dem Spanisch-Amerikanischen Krieg stieg die Getreide- und Maisproduktion um jeweils über 200 Prozent, Zucker um 460 Prozent, Kohle gar um 800 Prozent. Die Rohölproduktion hatte 1865 nur drei Millionen Fass betragen, 1898 lag sie bei 55 Millionen. Ähnlich spektakulär waren die Zahlen, die den Ausbau des Eisenbahnnetzes betrafen: 1862 umfasste es etwa 48 000 Kilometer, zum Ende des 19. Jahrhunderts waren es nicht weniger als 318 000 Kilometer. Der «Glaube an den Fortschritt» war, nach Ansicht des eher konservativen Gilded Age-Historikers H. Wayne Morgan, «der Grundton der Zeit».

Der ökonomischen Expansion entsprachen Entwicklungen in Kultur und Wissenschaft. Ende des 19. Jahrhunderts entstanden mehrere Kunstgalerien, vor allem aber wurden neue Schulen eingerichtet. Zu Beginn des Bürgerkriegs gab es kaum mehr als 100 öffentliche weiterführende Schulen (High Schools), 1880 waren es 800 und um die Jahrhundertwende bereits über 6000. Allein in den 20 Jahren zwischen 1870 und 1890 stieg die Zahl der College-Studenten um mehr als das dreifache an.

Bemerkenswert war überdies der intensive politische Wettbewerb, der das politische Leben im Gilded Age bestimmte. Die durchschnittliche Beteiligung an Wahlen lag zwischen 70 und 80 Prozent, und dies selbst im amerikanischen Süden, wo die schwarze Bevölkerung de facto häufig von den Wahlen ferngehalten wurde. Öffentliche Rededuelle, Propagandakampagnen, Broschüren, Anstecknadeln und Volksfeste (mit penny beer) gaben der Politik den Charakter eines Massenvergnügens, dessen Unterhaltungswert durch die Presse noch erhöht wurde. Den Politisierungsgrad des Gilded Age haben die USA im 20. und 21. Jahrhundert nie mehr erreicht.

36. Wer waren die Räuberbarone?

Der schnelle Bau der Eisenbahn ging mit nie zuvor dagewesenen Schieber- und Wuchergeschäften einher, an denen sich sowohl Industriemagnaten als auch Politiker beteiligten. Die zwielichtigen Praktiken der Eisenbahnmagnaten trugen ihnen die Bezeichnung «Robber Barons», «industrielle Raubritter», ein. Bereits 1899 stempelte der Ökonom und Soziologe Thorstein Veblen die amerikanischen Großindustriellen als «Barbaren» ab, da sie von der durch Gerissenheit erworbenen Beute ihrer Opfer lebten anstatt sich ehrenhaft zu verdingen. So war etwa die Firma Crédit Mobilier of America dafür bekannt, dass sie «Kongressabgeordnete einkaufte wie Kartoffelsäcke». Von der Union Pacific Railway Company erhielt die Crédit Mobilier 1864 ohne vorherige Ausschreibung den Auftrag, eine mehr als 1000 Kilometer lange Eisenbahnstrecke zu bauen. Im Austausch dafür, dass Kongressabgeordnete ihre Stimme für hohe Eisenbahnsubventionen abgaben, erhielten sie billige Eisenbahnaktien, während die Wucherfirma Crédit Mobilier unerhörte Gewinne einstrich. Insgesamt stellte Washington den Eisenbahnfirmen 707 Millionen Dollar sowie den Gegenwert von 335 Millionen Dollar in Land zur Verfügung. Dass das Geld für die US-Regierung eine exzellente Investition sein würde, ahnten die Wenigsten. Tatsächlich schossen die Landpreise für staatliches Land links und rechts der Bahnlinien steil in die Höhe. Zusammen mit den zusätzlichen Steuereinnahmen erhöhte dies die Profite der Regierung, während sich die Frachtkosten, etwa für den Versand von Post, auf etwa die Hälfte reduzierten.

Der «König unter den Robber Barons» war Jay Gould. Der aus einer angloschottischen Familie stammende Gauner verstand die hohe Kunst, Tausende von Meilen heruntergekommener Eisenbahnen aufzukaufen und sie nach kosmetischer Renovierung hochprofitabel weiterzuverkaufen. Mit seinem genialen Plan, riesige Mengen von Gold aufzukaufen, um damit den Weizenmarkt und schließlich auch das Eisenbahn-Frachtgeschäft anzukurbeln, löste Gould 1869 eine Wirtschaftspanik aus. Dies kostete ihm zwar seine Reputation, hinderte ihn aber nicht daran, das Geschäft von Spekulation und Bestechung mit grandiosem Erfolg fortzusetzen. Zu den Robber Barons zählten Wirtschaftsmagnaten wie Cornelis «Commodore» Vanderbilt, der bis zu seinem Tod 1877 die Verkehrsverbindungen zwischen New York, den Großen Seen und dem Mittleren Westen monopolisierte; James «Diamond Jim» Fisk, der sich als Kind – anstatt zur Schule zu gehen – einem Zirkus angeschlossen hatte und zu einem der korruptesten Spekulanten der USA aufstieg; der geniale Andrew Carnegie, der im Alter von 13 Jahren aus Schottland eingewandert war, sein erstes Geld als Hilfsarbeiter in einer Textilfabrik verdient hatte und innerhalb von wenigen Jahren die Eisen- und Stahlindustrie der USA dominierte. Eine ähnliche Rolle wie Carnegie in der Eisen- und Stahlindustrie spielten John D. Rockefeller in der Erdölindustrie (Standard Oil of New Jersey) und Gustavus Swift, der Erfinder des ersten Eisenbahnkühlwagens, in der Fleisch- und Nahrungsmittelindustrie. In der Elektrobranche legten George Westinghouse, Thomas Edison und Alexander Bell mit ihren Erfindungen das Fundament für drei mächtige Konzerne: Westinghouse Electric, General Electric und American Telephone und Telegraph. Fast allen Robber Barons war gemeinsam, dass sie aus einfachen Verhältnissen aufgestiegen waren. Die patriarchalische, gewerkschaftsfeindliche Einstellung dieser Repräsentanten der industriellen «Gründergeneration» war ebenso typisch wie ihr Wunsch, den eigenen Namen durch philanthropisches Engagement oder künstlerisch-wissenschaftliches Mäzenatentum zu verewigen.

37. Wer war Amerikas größter Erfinder? Das amerikanische Patentamt, das im Jahr 1790 gegründet wurde, registrierte im ersten Jahrzehnt seines Bestehens ganze 276 Erfindungen. Hundert Jahre später, in den 1890er Jahren, war die Zahl auf über 235 000 angestiegen. Die heute noch bekannten US-Erfinder der ersten Generation sind – neben Eli Whitney, der 1793 die Baumwollentkörnungsmaschine (Cotton Gin) entwickelt haben soll – in erster Linie Politiker und Staatsmänner. Benjamin Franklin, einer der Gründerväter der USA und Amerikas erster Botschafter, erreichte als Erfinder des Blitzableiters weltweit Berühmtheit. Er schuf eine Theorie der Elektrizität, befasste sich mit Wärmelehre, Magnetismus und Metallurgie und erfand darüber hinaus ein Musikinstrument: das Harmonium. Amerikas erstem Präsidenten, George Washington, wird die Erfindung einer von Pferden angetriebenen Dreschmaschine zugeschrieben. Und Präsident Thomas Jefferson war nicht nur der erste Patentprüfer Amerikas und ein genialer Architekt, sondern auch der Erfinder des Kleiderbügels, der Konstrukteur raffinierter Sitzmöbel, eines komplexen Typus der Sonnenuhr sowie des «Jefferson Polygrafen», eines Vorläufers der Kopiermaschine.

Insbesondere im ausgehenden 19. und im frühen 20. Jahrhundert gab es eine ganze Reihe von amerikanischen Persönlichkeiten, deren Name sich ausschließlich aufgrund ihrer Erfindungen ins kulturelle Gedächtnis der Nation einschreiben sollte. Männer wie Samuel Morse (Telegraf), Alexander Graham Bell (Telefon), George Eastman (Rollfilm und Box-Kamera), Thomas Edison (Glühbirne, Phonograph, Filmprojektor), Nikola Tesla (Wechselstrommotor) und Elmer Sperry (ballistischer Kreiselkompass) erlangten vor über 100 Jahren eine Berühmtheit, die diejenige der zeitgenössischen Politiker, Zirkusleute und Sportler bei weitem übertraf. Zeitungen zitierten die Erfinder auf ihren Meinungsseiten, Prediger priesen oder verwarfen die Innovationen von der Kanzel aus, und wenn ein großer Erfinder in der Öffentlichkeit auftrat, zog er ein Riesenpublikum magnetisch an.

Entgegen heutigen Vorstellungen waren die Erfinder des 19. Jahrhunderts nur selten brillante Gelehrte. Die meisten verfügten noch nicht einmal über eine abgeschlossene Berufsausbildung. Samuel Morse besuchte zwar die Universität Yale, aber er fiel dort nicht als guter Student, sondern als party goer und als exzessiver Trinker auf; Thomas Edison verließ die Schule im Alter von 13 Jahren; Alexander Bell verließ sie – 15-jährig – ebenfalls ohne Abschluss, und Elmer Sperry brach das Studium der Wirtschaftswissenschaften ab, nachdem er im ersten Jahr durch fast alle Prüfungen gefallen war.

Im Rückblick erscheinen die Erfinder des 19. Jahrhunderts wie die letzten «einsamen» Gelehrten der Geschichte. In Wirklichkeit agierte keiner von ihnen als Solist. Samuel Morse zum Beispiel, der sich als Maler, Porträtkünstler und Bildhauer verdingte, als er die Idee zur Entwicklung des Telegrafen hatte, tat sich nacheinander mit einem Geologieprofessor, Leonard D. Gale, und einem handwerklich begabten Absolventen der New York University, Alfred Vail, zusammen. Gale half Morse bei der Entwicklung einer Batterie und elektromagnetischer Vorrichtungen; und Vail, nicht Morse selbst, baute den ersten Morse-Telegrafen und erfand das «Morse-Alphabet». Zum Durchbruch kam der Telegraf am Ende erst durch Ezra Cornell, den späteren Mitbegründer der Cornell University, der eine Maschine zur Verlegung der Pipelines und der kupfernen Telegrafenkabel erfand.

Auch Thomas Edison operierte nicht im luftleeren Raum, sondern in enger Zusammenarbeit mit versierten Zeitgenossen. Einige mit Edison in Verbindung gebrachte Erfindungen – wie zum Beispiel das Mikrofon oder die Glühbirne – waren sogar lediglich Verbesserungen von Geräten, die andere Tüftler zuvor entwickelt hatten. Dennoch war Edison nicht nur zu seinen Lebzeiten der wohl berühmteste Erfinder der Welt; er ist es bis heute geblieben. Aus seiner Erfinderschmiede stammen der Phonograph (ein Vorläufer des Grammofons), das Betongießverfahren, der Börsenkursanzeiger, der elektrische Stimmenzähler für Versammlungen, die Filmkamera und der elektrische Stuhl. Mit 1093 Patenten hält Edison bis heute den zahlenmäßigen Weltrekord. Die bedeutendste Erfindung war die elektrische Glühlampe, die im Jahr 1879 die gleiche klassische Birnenform hatte wie mehr als 100 Jahre danach. Ob ein deutscher Erfinder, Heinrich Göbel, bereits 1854 die erste funktionierende Glühlampe entwickelt hatte – Göbel verwendete einen Bambusfaden in einer leeren Kölnisch-Wasser-Flasche, der angeblich mehr als 400 Stunden lang brannte –, lässt sich heute weder belegen noch dementieren. Edison verstand es jedenfalls, wie kein anderer Erfinder der Geschichte, seine Innovationen und den Mythos seines Genies zu vermarkten.

38. Worum ging es in Amerikas «glänzendem kleinen Krieg» gegen Spanien? Unter Präsident William McKinley, der 1897 sein Amt antrat, gewannen die Befürworter einer Politik, die die Segnungen der amerikanischen Zivilisation auch jenseits der Grenzen der USA verbreiten wollten, spürbar an Einfluss. Zum Durchbruch imperialistischer Interessen kam es allerdings nicht geplant, sondern eher spontan, und zwar als Folge der amerikanischen Empörung über den Imperialismus einer anderen Macht: den der Spanier.

In der zweiten Hälfte des 19. Jahrhunderts hatten die nur wenige Schiffsstunden von den USA entfernten Kubaner mehrfach gegen die spanische Herrschaft rebelliert. 1895 kam es im Gefolge eines gewaltigen Aufstands zur krisenhaften Zuspitzung der Lage und zur Ausrufung einer provisorischen Regierung durch die Rebellen. Die Spanier verweigerten den Kubanern die Autonomie, denn keine Regierung in Madrid hätte es sich leisten können, einen der letzten Ausläufer des einst so stolzen 400 Jahre alten Kolonialreiches konfliktlos aufzugeben. Stattdessen sandten die Spanier nicht weniger als 150 000 Soldaten zur «Befriedung» der Situation auf die karibische Zuckerinsel. General Valeriano Weyler (der Sohn eines deutschen Militärarztes und einer mallorquinischen Mutter) ging gegen die Rebellen vor, indem er Zehntausende von ihnen in reconcentrado-Lagern hinter Stacheldraht verbringen ließ. Die Kombination von tropischem Klima, schlechter Ernährung und miserablen sanitären Konditionen forderte hohe Opfer unter den Gefangenen. Dem spanischen Kommandeur trugen sie bald den Spitznamen «butcher» Weyler ein.

Für die US-Unternehmen und Geschäftsleute, die mehr als 50 Millionen Dollar in Kuba investiert hatten und intensivere Handelsbeziehungen mit der Insel unterhielten als die Spanier, war der Ausgang des Konflikts von nicht geringer Bedeutung. Immer mehr Stimmen sprachen sich deshalb gegen den Isolationismus eines Präsidenten aus, über den der Staatssekretär im Marineministerium und spätere US-Präsident Theodore Roosevelt privat erklärte, er habe «ein Rückgrat wie ein Schokoladen-Eclair». Die diplomatischen Beziehungen zwischen Washington und Madrid hatten sich bereits drastisch verschlechtert, als das amerikanische Schlachtschiff Maine zum Schutz amerikanischer Bürger und ihres Eigentums im Hafen der kubanischen Hauptstadt einlief und am 15. Februar 1898 nach einer Explosion sank. Fast 80 Jahre nach dem Unglück fanden Wissenschaftler heraus, dass ein Maschinenschaden der Auslöser für die Explosion war, die mehr als 250 Matrosen in den Tod riss. Die Zeitgenossen hatten dagegen keinen Zweifel daran, dass die Spanier eine Bombe gelegt hatten. McKinley fürchtete, dass die USA für einen Krieg nicht gerüstet seien, aber die Massenblätter von William Randolph Hearst und Joseph Pulitzer heizten die anti-spanische Stimmung in der amerikanischen Bevölkerung an. Den Zeitungsverlegern war fast jedes Mittel recht, um die Auflagen zu steigern. So zeichnete etwa der Maler Frederick Remington, der für seine Cowboybilder bekannt war, für Hearsts Journal eine fiktive Szene, in der drei kubanische Frauen auf einem beschlagnahmten amerikanischen Schiff dazu gezwungen wurden, sich vor den Blicken spanischer Offiziere zu entkleiden. Besonderer Beliebtheit erfreuten sich die neuartigen, erstmals in Farbe gedruckten Comic-Strips, deren ungezogener kleiner Held – das Yellow Kid – dem «Gossenjournalismus» (yellow journalism) seinen Namen gab. In den Memoiren des Reporters James Creelman findet sich die möglicherweise erfundene, aber symptomatische Geschichte, wonach Frederick Remington dem Zeitungsmagnaten Hearst per Telegramm aus Kuba mitgeteilt habe: «Es wird keinen Krieg geben.» Hearsts Antwort lautete lakonisch: «Bitte bleiben. Sie beschaffen die Bilder, wir beschaffen den Krieg.»

Am 11. April 1898 ließ sich McKinley vom Kongress die Ermächtigung zur Anwendung militärischer Gewalt geben. Als Begründung nannte er die Verletzung der Menschenrechte auf Kuba, die Gefahr für die dort lebenden amerikanischen Staatsbürger, die Schädigung der amerikanischen Wirtschaftsinteressen und die allgemeine Bedrohung des Friedens und der Sicherheit. (Ein Vorstoß Kaiser Wilhelms II., der sich zusammen mit anderen europäischen Mächten auf die Seite Spaniens schlug, blieb ohne Wirkung.)

Mit nur zwölf Kriegsschiffen gelang es den Amerikanern, die gesamte spanische Flotte, die es kaum über den Atlantik geschafft hatte und sich in erbärmlichem Zustand befand, zu zerstören. Nur ein einziger amerikanischer Matrose kam dabei ums Leben. Der Krieg im Atlantik, der bis zum Waffenstillstand im August 1898 insgesamt nur vier Monate dauerte, erwies sich in den Worten US-Außenministers John Hays als ein «glänzender kleiner Krieg». Er war kostengünstig, hatte in krassem Gegensatz zum amerikanischen Bürgerkrieg nur wenige Menschenleben gefordert, und manche Zeitgenossen nannten ihn sogar «zivilisiert». Kuba war frei und die Parole «Cuba libre» wurde bald zur Bezeichnung des populärsten Drinks der westlichen Hemisphäre, einer Mischung von Rum, Colanüssen und Cocablättern. Während sich Spanien vom Schock der Niederlage jahrzehntelang nicht erholte, gewannen die USA, die nicht nur in Kuba einmarschierten, sondern auch einen erfolgreichen Überraschungsschlag gegen die spanischen Philippinen führten, neue Territorien im Atlantik und Pazifik hinzu: Puerto Rico, die Philippinen und Guam. Dies machte die Vereinigten Staaten zu einer Art Kolonialmacht in Asien. 1892 hatte der New York Herald Tribune noch vorgeschlagen, man solle das amerikanische Außenministerium abschaffen, weil es dort so wenig zu tun gäbe. Sechs Jahre später hatte der Spanisch-Amerikanische Krieg das «Vasco da Gama-Zeitalter» – die jahrhundertealte koloniale Dominanz Europas – in Frage gestellt. Die USA hatten sich ohne Zweifel zu einer der «großen Mächte» der Welt entwickelt.

39. Was war Präsident Roosevelts «Big Stick»?

Theodore Roosevelt verkörperte die Diversität der USA und der Amerikaner wie kein anderer Präsident. «He was America», schrieb Time Magazine zum 60. Todestag des Präsidenten im Jahr 1979. Roosevelt entstammte einer angesehenen und wohlhabenden Familie im New Yorker Hudson-Tal. Er wurde von Privatlehrern erzogen, besuchte die Harvard University, reiste durch die Welt, schrieb ein Dutzend Bücher und sammelte Kunst (solange sie naturalistisch war). Aber der untersetzte Mann, der auf den ersten Blick durchaus schwächlich wirkte, war nicht nur ein weltläufiger Gelehrter. Er hatte auch eine raue Seite. «Teddy» Roosevelt war ein leidenschaftlicher Cowboy, Jäger und Soldat. Als er seinen ersten Büffel getötet hatte, tanzte er (zum Befremden seines indianischen Begleiters) wie verrückt um die Leiche herum. Mit ganzer Kraft setzte er sich 1898 für den Krieg gegen Spanien ein. Er meldete sich freiwillig zum Dienst mit der Waffe und führte ein von ihm rekrutiertes Freiwilligenkorps, die Rough Riders (eine bunte Mischung aus Intellektuellen und hartgesottenen Cowboys), nach Kuba ins Gefecht.

Auf dem diplomatischen Parkett bewegte sich Präsident Roosevelt zuweilen klug und vorsichtig – 1906 erhielt er für seine Vermittlung zwischen Japan und Russland den Friedensnobelpreis; zuweilen stilisierte er sich ostentativ als Weltpolizist.

Bekannt wurde Roosevelts Devise, die USA müssten «mit sanfter Stimme sprechen, aber einen dicken Knüppel in der Hand halten». Mit dem dicken Knüppel, dem «big stick», meinte Roosevelt die Flotte. So wichen 1902 Deutsche, Franzosen und Italiener vor Roosevelt zurück, als dieser damit drohte, die Flotte einzusetzen, falls die Europäer die Regierung von Venezuela durch eine gemeinsame Aktion zur Anerkennung ihrer Schulden zwingen wollten. Um weiteren Interventionsversuchen vorzubeugen und den Europäern jeden Vorwand für Sanktionen oder Aktionen auf dem amerikanischen Doppelkontinent zu nehmen, verkündete Roosevelt im Dezember 1904 die sogenannte «Ergänzung» (corollary) zur Monroe-Doktrin. Offiziell war die Erklärung an die Regierungen Lateinamerikas gerichtet: Diese sollten sich «zivilisiert» verhalten; andernfalls, so Roosevelt, müssten die USA als «internationale Polizeimacht» in Mittel- und Südamerika für Ordnung und Stabilität sorgen. In Wirklichkeit waren nicht die lateinamerikanischen, sondern die europäischen Staaten der Hauptadressat des «Roosevelt Corollary». Ihnen signalisierte er, dass die USA bereit waren, die Monroe-Doktrin («Amerika den Amerikanern») notfalls auch mit Gewalt durchzusetzen. Völkerrechtlich ließ sich Roosevelts Drohung nicht legitimieren. Dennoch intervenierten US-Truppen zwischen 1898 und 1920 nicht weniger als 20 Mal in Lateinamerika. In der Tat waren die südlichen Staaten für die USA nicht so sehr gleichberechtigte Nachbarn als vielmehr potenzielle Konfliktherde, in denen es notfalls auch den «big stick» einzusetzen galt.

40. Woher kommt der Teddybär? Präsident Theodore, genannt «Teddy», Roosevelt gilt den meisten Amerikanern nicht nur als Förderer der Nationalparks, sondern auch als Ahnherr der Tierschützer, da er einst, wie es eine Legende will, aus Mitleid einen kleinen Bären aus den Klauen der Jäger befreite. Die Verbreitung dieser Geschichte geht auf einen im November 1902 auf der Titelseite der Washington Post veröffentlichten Cartoon von Clifford Berryman zurück. Auf dem Bild war ein gleichermaßen zorniger wie verängstigter Bär mit einem Strick um den Hals zu sehen, dem Präsident Roosevelt das Leben schenkte. In einer weiteren Version des Cartoons erschien der Bär noch kleiner und liebenswürdiger als in der ersten, und ab diesem Zeitpunkt wurde der goldige «Teddybär» in den Cartoons von Clifford Berryman zum ständigen Begleiter des Präsidenten. Die Popularität des Bären, der die Herzen der Amerikaner für ihren Präsidenten einnahm, veranlasste Präsident William H. Taft dazu, seinen Amtsvorgänger zu kopieren, indem er die Figur des «Billy Possum» schuf. Doch trotz aller Anstrengungen der Werbestrategen im Weißen Haus, die sich mit Spielzeugfabrikanten in Verbindung setzten, blieb der Erfolg von Tafts Opossum aus.

Die Geschichte von der Rettung des Bären durch den Präsidenten hatte einen wahren Kern, und doch verzerrte sie die Realität auf übertriebene Weise. In Wirklichkeit war Theodore Roosevelt ein leidenschaftlicher Jäger. Er gehörte als Gründungsmitglied seit 1888 dem elitären Boone and Crockett Club an, der sich für die Förderung der Großwildjagd in den USA einsetzte und von seinen Mitgliedern verlangte, wenigstens drei Trophäen geschossen zu haben. Bei seinem Eintritt in den Verein besaß Roosevelt derer acht. So wundert es kaum, dass der Präsident auf seinen Reisen durch das Land kaum eine Gelegenheit ausließ, um auf Jagd zu gehen. Als Roosevelt im November 1902 anlässlich eines Grenzdisputs zwischen Mississippi und Louisiana unterwegs war, machte er sich mit den Lokalgrößen aus Smedes, Mississippi, auf die Jagd nach Bären. Das Hundepack wurde von einem ehemaligen Sklaven namens Holt Collier angeführt, der im Bürgerkrieg als Scharfschütze auf Seiten der Südstaaten gekämpft hatte. Trotz der großen Erfahrung Colliers gelang es einem Bären, sich stundenlang vor seinen Verfolgern zu verstecken. Erst am Abend machte er schlapp und erschien plötzlich bei den Jägern, so dass die Hunde anschlugen. Mit einem Schlag auf den Schädel machte Collier das Tier, das zuvor noch einem Hund das Rückrat gebrochen hatte, kampfunfähig und band es an einen Baum. Als dem Präsident angeboten wurde, den Bären zu erschießen, ordnete er stattdessen die Befreiung des Tiers an. Bei Teddys Tier handelte es sich freilich weder um ein kleines Geschöpf noch war es das Mitleid des Präsidenten, das dem Bären sein Leben rettete. Roosevelt sah es vielmehr als unsportlich an, einen gefesselten und erschöpften Bären einfach abzuknallen.

Bis zum heutigen Tag ist nicht geklärt, wer den ersten Teddybär geschaffen hat. War es Morris Michtom, der mit seiner Novelty und Toy Company in New York ab 1907 ein Vermögen mit Teddybären machte, oder waren es Margarete und Richard Steiff aus Giengen an der Brenz? Während es für Michtoms Familienüberlieferung keine schriftlichen Belege gibt, steht fest, dass Steiffs «Bärle» aus braunem Plüsch schon 1903 – bei der Spielwarenmesse in Leipzig – eine Sensation war, und dass gegen Ende der Messe aus den USA eine Bestellung für 3000 Bären eintraf. Ab 1908 betrug Steiffs Jahresproduktion von Teddybären etwa 1 Million.

Innerhalb von fünf Jahren nach seiner Einführung wurde der Teddybär auch zum Spielzeug Nr. 1 für amerikanische Jungs und wenig später zum beliebten Maskottchen für Mädchen. Bald waren Teddybären in den USA in allen Variationen zu haben: im Baseball-Outfit, in der legendären Rough Rider-Uniform Theodore Roosevelts, mit beweglichen Teilen und mit elektrisch leuchtenden Augen. In Musicals wie «Miss Innocence», «Parisian Model» und «Little Nemo» (alle 1908) avancierte der Teddy bald zum Kompagnon und Tröster junger Mädchen. Die Warnungen von Theologen – ein Pfarrer aus Michigan sah im «Teddy-Wahn» eine Gefahr, da er mütterliche Instinkte zerstören und den Niedergang der Amerikaner mit sich bringen könnte – hatten keine Auswirkungen auf die Popularität des neuen Symbols. Elvis Presleys Song «Let Me Be Your Teddy Bear» aus dem Musical «Loving You» erreichte 1957 die Top Ten. Und eine Umfrage unter Studentinnen und Studenten der Ohio State University brachte im Jahr 1950 ans Licht, dass 16 Prozent aller Befragten mit einem Teddybär im Bett schliefen.

Heute erreichen Original-Teddybären aus der Zeit von Roosevelt, die unter anderem im Teddy Bear Museum in Naples, Florida, ausgestellt sind, Höchstpreise von mehr als 250 000 Dollar. Das Geschäft mit massenproduzierten Teddybären und mit «Teddy Art» boomt wie nie zuvor.

41. Warum wollten die USA den Panamakanal? Der Traum einer Wasserverbindung zwischen Atlantik und Pazifik war uralt. Zum geostrategischen Konzept wurde er freilich erst mit dem Erscheinen eines populären Geschichtswerks von Alfred Thayer Mahan («The Influence of Sea Power upon History») im Jahr 1890. Der gelangweilte Marine-Hauptmann Mahan hatte sich, als er in Lima (Peru) stationiert war, mit der Geschichte des Römischen Reichs beschäftigt und war dabei zu der Überzeugung gekommen, dass das antike Rom seine Weltstellung nur der Marine zu verdanken hatte. Mit Eloquenz und Nachdruck forderte er den Ausbau der amerikanischen Handels- und Kriegsflotte und die Schaffung einer Verbindung zwischen Atlantik und Pazifik nach dem Vorbild des 1869 eröffneten Sueskanals. Mahans Ideen faszinierten eine Reihe von jungen Politikern und Beamten in Washington, unter ihnen Theodore Roosevelt, der das Kanalprojekt 1903 ins Zentrum seiner ambitionierten Außenpolitik rückte. Zunächst ließ sich Roosevelt von den Briten, die seit 1850 Anspruch auf Kontrolle einer Atlantik-Pazifik-Verbindung hatten, das alleinige Recht zum Bau und zur Nutzung des Kanals übertragen. Als die kolumbianische Regierung, durch deren Territorium die Kanalroute verlaufen sollte, zögerte, ihr Einverständnis für den Bau des «Jahrhundertprojekts» zu geben, sorgte der US-Präsident kurzerhand dafür, dass ein neuer Staat gegründet wurde, der den amerikanischen Plänen wohlwollender gegenüberstand. Mit Hilfe eines dubiosen französischen Unterhändlers und ohne Rücksicht auf völkerrechtliche Bestimmungen, aber mit der tonnenschweren Unterstützung des Kriegsschiffs Nashville, das seine Kanonen in Richtung Kolumbien richtete, «befreiten» die USA die Provinz Panama von Kolumbien. Innerhalb von kürzester Zeit entstand der «unabhängige» Staat Panama, der für die einmalige Summe von zehn Millionen Dollar und ein jährliches Entgelt von 250 000 Dollar eine 18 Kilometer breite «Kanalzone» auf Dauer an die USA abtrat. Als Präsident Roosevelt die Annexion der Kanalzone verteidigte, fragte er sein Kabinett: «Habe ich mich verteidigt?». «Sicherlich, Mr. President», lautete die Antwort von Kriegsminister Elihu Root. «Sie wurden der Verführung angeklagt und Sie konnten überzeugend zeigen, dass sie der Vergewaltigung schuldig sind.» Die nationale Presse bezichtigte den Präsidenten des «Faulspiels», aber die Bevölkerung liebte das gigantische Projekt, und Roosevelt scheute keinen Aufwand, um die Bauarbeiten schnell zum Abschluss zu bringen. Die General Electric Company und mehr als 50 Stahl- und Ingenieurbetriebe aus Pittsburgh arbeiteten an der größten Baustelle der Welt. Schwere Geschütze verteidigten die Kanalzone, und Naturwissenschaftler machten eine spektakuläre Entdeckung: Sie fanden heraus, wie man die Moskitos finden und töten konnte, die für die Übertragung von Gelbfieber und Malaria verantwortlich waren. Die Eröffnung des 82 Kilometer langen Panamakanals im Jahr 1914 war so sensationell wie die Mondlandung ein halbes Jahrhundert später, auch wenn die geplante bombastische Eröffnungsfeier angesichts des Kriegsausbruchs buchstäblich ins Wasser fiel. Im ersten Jahr der Inbetriebnahme fuhren 1000 Schiffe durch den Isthmus, zehn Jahre später lag die Quote bereits bei 5000 – so hoch wie im Sueskanal. Dass die neue Route den Seeweg von der Ostküste zur Westküste der USA um mehr als 8000 Seemeilen verkürzte, brachte den USA enorme wirtschaftliche Vorteile ein. Noch wichtiger war allenfalls die militärstrategische Bedeutung des Kanals. Innerhalb von wenigen Tagen konnte die Pazifikflotte an die Atlantikküste verlegt werden und umgekehrt. Vor allem aber wurde die Karibik, die zuvor kaum zum Blickfeld der Amerikaner gehört hatte, zu einer Art großen «amerikanischen See».

42. Was veranlasste die USA zum Eintritt in den Ersten Weltkrieg?

Als im August 1914 in Europa ein militärischer Konflikt ausbrach, ahnte kaum ein Zeitgenosse, dass die Krise zum Weltkrieg eskalieren würde. Im Herbst erklärte Präsident Woodrow Wilson die Neutralität der USA und bat die Bevölkerung, «in Gedanken wie in Taten unparteiisch» zu bleiben. Damit befand er sich ganz im Einklang mit der außenpolitischen Tradition seit George Washington und trug darüber hinaus der Sorge vor innerer Zwietracht Rechnung. Es galt zu verhindern, dass sich die antibritischen Ressentiments der deutschen und irischen Einwanderer ausbreiteten, und dass die Gräuelpropaganda der Briten zu antideutschen Übergriffen führte.

Gefühlsmäßig stand Wilson als Progressiver den Westmächten näher als dem Deutschen Reich, das Autokratie und Militarismus verkörperte und auf die Zerstörung des europäischen Mächtegleichgewichts hinarbeitete. Ökonomische Gründe sprachen für eine Bevorzugung der Westmächte – allein im Jahr 1916 exportierte die amerikanische Wirtschaft Rohstoffe und Waren im Wert von 2,75 Milliarden Dollar nach England und Frankreich, während die Ausfuhren nach Deutschland nur noch zwei Millionen Dollar erreichten. Dennoch verhielt sich Wilson, anders als später behauptet wurde, lange Zeit abwartend. Wenn irgend möglich, wollte er eine Kriegsbeteiligung an der Seite des zaristischen Russlands vermeiden. In erster Linie hatte er nicht den Krieg, sondern sein Reformprogramm und die nächsten Wahlen im Auge. An dieser Haltung änderte selbst der schwere Zwischenfall um die Versenkung des britischen Luxusdampfers Lusitania durch deutsche U-Boote im Mai 1915 nichts. Annähernd 1200 Menschen, darunter 128 Amerikaner, kamen ums Leben. Nach dem Krieg sollten sich die Behauptungen des Deutschen

Reiches bewahrheiten, wonach der Dampfer große Mengen an Munition nach England transportierte, doch 1915 brachte der Zwischenfall die antideutsche Stimmung in vielen Regionen der USA zur Weißglut.

Im Wahljahr 1916 überwog noch immer die Friedenssehnsucht in der amerikanischen Bevölkerung. Die Rechnung des Präsidenten war aufgegangen. Mit dem Slogan «He Kept us Out of War» gewann Wilson die Wiederwahl. Im November 1916 warb der amerikanische Präsident für einen «Frieden ohne Sieg», doch die hinhaltende Taktik, mit der das Deutsche Reich auf den transatlantischen Vermittlungsvorschlag reagierte, mündete am Ende in den Kriegseintritt der USA.

Wilsons Dilemma bestand darin, dass er einerseits einen gerechten Frieden, andererseits amerikanische Wirtschafts- und Politikinteressen auszuhandeln suchte. Ersteres glaubte er nur als Neutraler, letzteres nur als Kriegsbeteiligter realisieren zu können. Ab März 1917 war Wilson klar, dass es zur Kriegserklärung keine Alternative gab. Auslöser war unter anderem eine vom britischen Geheimdienst abgefangene Depesche des deutschen Staatssekretärs des Äußeren, Arthur Zimmermann – das sogenannte Zimmermann-Telegramm –, die dem mexikanischen Staatspräsidenten im Kriegsfall ein Bündnis mit dem Deutschen Reich und die Rückeroberung von Texas, New Mexico und Arizona vorschlug. Die amerikanische Bevölkerung reagierte erwartungsgemäß heftig. Im Kongress stemmte sich zwar bis zuletzt eine Gruppe von Abgeordneten gegen den Kriegseintritt. Ihrem Widerstand wurde jedoch der Boden entzogen, als deutsche U-Boote Mitte März 1917 drei amerikanische Handelsschiffe versenkten. Die Kriegserklärung erfolgte am 2. April 1917, wobei 50 Abgeordnete des Repräsentantenhauses (unter ihnen die erste weibliche Abgeordnete, Jeannette Rankin) sowie sechs Senatoren ihre Zustimmung verweigerten.

Wilson begründete seine Entscheidung mit deutschen Rechtsbrüchen, gleichzeitig gab er eine moralische Rechtfertigung, indem er den Krieg zum «Kreuzzug für die Demokratie» und zum «Krieg zur Beendigung aller Kriege» stilisierte.

43. Woran scheiterten Präsident Wilsons Friedensvisionen? Dass die USA mit dem Eintritt in den Ersten Weltkrieg Ende 1917 ihr ganzes Gewicht als Militärmacht und Industrienation in die Waagschale warfen, wirkte sich wenige Monate später entscheidend auf den Verlauf des Weltkriegs aus. Amerikanische Waffen fanden Einsatz auf den Schlachtfeldern Frankreichs, etwa 50 000 Amerikaner wurden dort getötet und 200 000 verwundet. Aus amerikanischer Perspektive waren das schwere Opfer in einem Feldzug, der nur wenige Monate dauerte. Gemessen an den Millionen Toten, die die europäischen Mächte zu beklagen hatten, muteten diese Zahlen jedoch niedrig an. Bei der Entscheidung der Regierung des Deutschen Reiches, ein Waffenstillstandsgesuch an Präsident Woodrow Wilson zu übermitteln, sowie beim Thronverzicht des Kaisers, spielte die trügerische Hoffnung auf eine zuvorkommende Haltung der Amerikaner eine wichtige Rolle. In der Tat hatten die Kriegsziele, die Präsident Wilson am 8. Januar 1917 in den berühmten «14 Punkten» zusammenfasste, eine starke Wirkung auf alle kriegsführenden Parteien. Die «14 Punkte» betrafen im Wesentlichen drei Bereiche: Erstens ging es um die Etablierung neuer Nationen und dabei um die Verwirklichung des Prinzips der nationalen Selbstbestimmung. Zweitens sprach Wilson sich für eine «offene Diplomatie» aus: für die Freiheit der Meere, einen unbehinderten Welthandel und eine unparteiische Regelung der kolonialen Ansprüche. Drittens schließlich plädierte der amerikanische Präsident für die Gründung eines Völkerbundes (die spätere UNO), der dafür sorgen sollte, dass eventuelle Konflikte innerhalb der neuen Friedensordnung gewaltfrei gelöst würden. Diese Botschaft erwies sich als effektive Propaganda, aber sie legte Wilson auf einen Kurs fest, der mit den Realitäten der europäischen Machtpolitik kaum vereinbar war. Als der amerikanische Präsident im Dezember 1918 in Europa eintraf, wo wenige Wochen später die Friedenskonferenz beginnen sollte, wurde der «Idealist aus Amerika» von den Massen in Paris mit Jubel begrüßt und als Friedensprophet gefeiert. Aber der französische Premier Clemenceau, der Wilsons «14 Punkte» bespöttelte, und Englands Premierminister Lloyd George, der die Wahlen mit dem Slogan «Hängt den Kaiser!» gewonnen hatte, waren an Wilsons versöhnlicher Haltung gegenüber Deutschland nicht interessiert. Der Versailler Friedensvertrag, der im Juni 1919 unterzeichnet wurde, blieb weit hinter Wilsons Ideen und Zielvorstellungen zurück. Am Ende saß der amerikanische Präsident zwischen allen Stühlen und wurde von allen Seiten angefeindet. Auch die Deutschen, die illusionäre Erwartungen an die amerikanische Friedenspolitik geknüpft hatten, waren verbittert und bezichtigten

Wilson der Täuschung und Scheinheiligkeit. Hinzu kam, dass viele Amerikaner die Kluft zwischen dem Versprechen einer friedlichen, demokratischen Welt und dem tatsächlichen Ergebnis des Weltkriegs als so groß empfanden, dass sie ernsthaft am Sinn der amerikanischen Kriegsbeteiligung und der erbrachten Opfer zu zweifeln begannen. Wilson tröstete sich mit der Gründung des Völkerbundes, der auf dem Weg der friedlichen Revision die Fehler und Schwächen der Friedensverträge nach und nach beseitigen würde. Aber gerade an der Völkerbundsatzung, die Wilson für das wichtigste Ergebnis des Versailler Friedensvertrags hielt, entzündete sich ein Streit in den USA, der das Scheitern seiner Politik besiegelte. Dass der Präsident auf einer 13 000 Kilometer langen Eisenbahnreise durch die Vereinigten Staaten, auf der er die Öffentlichkeit in täglichen Reden für den Wortlaut des Versailler Vertrags gewinnen wollte, zusammenbrach und einen schweren Schlaganfall erlitt, erschwerte die Aufgabe ebenso wie die Unfähigkeit Wilsons, taktische Zugeständnisse gegenüber seinen politischen Gegnern zu machen. Der Hauptvorwurf der Gegner des Völkerbunds lautete, die Bestimmungen der «kollektiven Sicherheit» würden die USA automatisch in jeden europäischen oder kolonialen Krieg hineinziehen. Bei der Schlussabstimmung im Senat im März 1920 verfehlte der Versailler Vertrag knapp die nötige Mehrheit zur Ratifizierung. Damit war Wilson auch mit demjenigen Ziel gescheitert, das ihm am meisten am Herzen lag. Die USA blieben dem Völkerbund fern und nahmen am Ende auch noch jene Sicherheitsgarantie zurück, die Präsident Wilson den Franzosen auf der Friedenskonferenz gegeben hatte. 1923 mussten die amerikanischen Truppen am Rhein abgezogen werden, die Wilson dort zum Schutze Frankreichs vor den Deutschen abgestellt hatte.

A New Era

44. Wer steckte hinter dem rasanten Aufstieg des Automobils? Die meisten Amerikaner sind der festen Überzeugung, dass Henry Ford das Automobil erfunden hat und dass die Ford Motor Company bis weit ins 20. Jahrhundert hinein den Automarkt dominierte. In Wirklichkeit waren die USA - nach Deutschland, Frankreich und Großbritannien - Späteinsteiger in der Fabrikation von Automobilen. Um 1900 war in

den USA nicht Henry Ford, sondern Ransom E. Olds der erfolg-
reichste Automobilproduzent – der Begründer von Oldsmobile fab-
rizierte ab 1902 mehrere Tausend Autos pro Jahr. Und Mitte der
1930er Jahre avancierte General Motors, nicht die Ford Motor Company, zum größten privaten Fabrikbetrieb der Welt.

Die ersten Autobauer in den USA waren Fahrradhersteller in Neuengland, Pferdekutschenproduzenten in Michigan und Schiffsma-
schinisten aus dem Gebiet der Großen Seen. Zwischen 1893 und 1895
beantragten in Amerika etwa 500 Kleinunternehmer Automobil-
patente. Wenige Jahre später fuhr bereits eine bunte Mischung von
mehreren Tausend Autos über amerikanische Landstraßen. Etliche
der frühen Vehikel verfügten über einen Benzin-Verbrennungsmotor;
daneben erfreuten sich vor allem Elektromotoren und Dampfma-
schinen großer Beliebtheit.

Henry Ford hatte sich zwar schon seit 1896 als Autobastler, -desig-
ner und -rennfahrer betätigt, die Ford Motor Company gründete er
jedoch erst 1903 – mit einem Startkapital von 28 000 Dollar und etwa
einem Dutzend Beschäftigten. Der Sohn irischer Einwanderer setzte
sich zum Ziel, billige, leichte und qualitativ hochwertige «fahrbare
Schachteln» zu produzieren. 1906 erschien das Modell N, das 600
Dollar kostete, zwei Jahre später das legendäre Modell T, das mit seinem, für damalige Begriffe unglaublich leistungsstarken, 20-PS-Mo-
tor ab 825 Dollar zu haben war. «Kein Automobil unter 2000 Dollar
bietet mehr», lautete Fords Werbeparole, «und kein Automobil über
2000 Dollar bietet mehr – von Verzierungen abgesehen.» Während
Henry Ford anfangs mit austauschbaren Teilen und hoch spezialisier-
ten Maschinen arbeitete, führte er ab 1912 die ersten Förderbänder
ein. Etwa ein Jahr später, im Sommer 1913, liefen Motoren, Getriebe
und Magnetzünder vom Band, kurz darauf die ersten Fahrgestelle –
mit einer Montagezeit von nur zwei Stunden und 40 Minuten. Die
Massenfertigung erlaubte es Ford, seine Automobile immer günsti-
ger auf den Markt zu bringen. 1916 kostete ein T-Modell nur noch
360 Dollar, zehn Jahre später – trotz Inflation – bloße 290 Dollar.
Allein in den Jahren zwischen 1908 und 1916 stiegen die Produk-
tionszahlen von jährlich knapp 6000 auf über 577 000 Autos an.
Henry Fords Produktionsweise, der «Fordismus», revolutionierte
nicht nur die Ford Motor Company, sondern die Autofabrikation im
ganzen Land: Ab 1920 boten immer weniger Fabrikanten immer
mehr Automobile zu immer günstigeren Preisen an. Am Förderband

standen bald nicht mehr Ingenieure und Facharbeiter, sondern unge-
lernte billige Arbeitskräfte – Einwanderer aus Osteuropa, Afroamerikaner, ehemalige Sträflinge und Behinderte. Ford, der seinen Betrieb
wie ein Tyrann führte, ließ die Belegschaft systematisch überwachen
und ausspionieren. Ausgegrenzt blieben die politisch aktiven und die
gewerkschaftlich organisierten Arbeiter. Auch wer bei der Konkurrenz sein Auto kaufte, wurde unversehens gefeuert.

In der Organisation seines Betriebs und im Marketing ging General Motors (GM)-Manager Alfred P. Sloan, Jr. radikal andere Wege als
sein Opponent Ford. Die einzelnen Betriebsabteilungen von GM operierten autonom, nicht hierarchisch. Statt nur eines Modells in einer
Farbe und Ausstattung (das Modell T gab es, wie Ford sich ausdrückte, «in jeder Farbe, vorausgesetzt sie ist schwarz»), bot GM eine
breite Palette von Modellen in den unterschiedlichsten Farben an.
Die einfacheren Autos wurden als Chevrolets verkauft, die teuren als
Cadillacs. Sloan sorgte dafür, dass sich die Neuwagen in Design oder
Technik von Jahr zu Jahr von den Modellen des Vorjahres unterschie-
den. In einem Land, in dem Herkunft und die Zugehörigkeit zu einer
sozialen Klasse vermeintlich keine Rolle spielten, und in dem die Bürger Individualismus und freie Wahl über alles schätzten, ging das
Konzept von GM auf. Das Automobil avancierte rasch zum differen-
zierenden Statussymbol. Im Vergleich zu ihrem europäischen Gegenstück waren US-amerikanische Automobile billiger im Erwerb und in
der Unterhaltung; es gab zum Beispiel keine PS-abhängigen Steuern.
Sie waren weiter verbreitet und erreichten höhere Geschwindigkeiten,
hatten größere Motoren (in den 1920er Jahren kamen 6-Zylinder auf,
in den 1930er Jahren 8-Zylinder); und wegen der austauschbaren
Teile waren sie auch leichter zu reparieren. 1920 besaß bereits einer
von 13 Amerikanern ein Automobil, zehn Jahre später war das Verhältnis auf eins zu fünf angestiegen.

45. Woran scheiterte das «noble Experiment» der Prohibition?

Die USA sind das einzige westliche Land, das in seiner Geschichte den
Versuch unternommen hat, den Genuss von Alkohol völlig zu verbie-
ten. 1919 verabschiedete der Kongress den 18. Verfassungszusatz, der
«Herstellung, Verkauf oder Transport von berauschenden Spirituosen, ihren Import in die Vereinigten Staaten und ihren Export» verbot und unter Strafe stellte. Präsident Hoover nannte das Verbot, das
die Ära der Prohibition einläutete, ein «nobles Experiment», und viele

Zeitgenossen stimmten ihm anfangs zu. Manche waren der festen Überzeugung, dass der Genuss von leichtem Bier und Wein erlaubt sein, und – wie schon im Ersten Weltkrieg – nur harter Alkohol verboten würde. Der Kongress, der über das Maximum des erlaubten Alkoholgehalts der Getränke zu entscheiden hatte, setzte den Höchstwert jedoch unerwartet auf nur 0,05 Prozent fest. (Bier hatte damals etwa 100 Mal mehr.) Viele Amerikaner waren überrascht, manche schockiert über die Radikalität der Maßnahme. Eine Umfrage des Literary Digest stellte 1922 fest, dass 40 Prozent der Bevölkerung sich die Legalisierung leichter Spirituosen wünschten; 62 Prozent der arbeitenden Männer sprachen sich für eine weiche Auslegung der Prohibitionsgesetze aus. Daran war allerdings in den 1920er Jahren nicht zu denken. Polizei und Rechtsprechung gingen mit aller Schärfe gegen Gesetzesbrecher vor. Und doch zeigte das «Prohibitions-Experiment» nicht die erwünschte Wirkung. In den 13 Jahren, in denen die USA den Konsum von Alkohol verboten, nahm die Korruption in nie zuvor dagewesenem Maße zu. Die organisierte Kriminalität baute regelrechte Imperien auf, und der Pro-Kopf-Konsum von Alkohol stieg dramatisch an. Wie war es zu dieser Entwicklung gekommen?

Das Alkoholverbot war nicht über Nacht in die USA hereingebrochen. Eine Region und ein Bundesstaat nach dem anderen hatten im Verlauf von etwa 100 Jahren Alkoholgesetze verabschiedet. In den amerikanischen Kolonien war der Alkoholgenuss noch weit verbreitet gewesen – sogar die Puritaner hatten anfangs nichts gegen den Konsum in Maßen einzuwenden. In New York trat 1697 eine Bestimmung in Kraft, die den öffentlichen Alkoholausschank lediglich an Sonntagen einschränkte. Einzelne Gesetze, etwa in New Hampshire im Jahr 1719, richteten sich nicht gegen das Trinken an sich, sondern gegen «Trunkenheit». Und Benjamin Franklin nahm es noch als selbstverständlich hin, dass es in Amerika «mehr alte Trinker als alte Ärzte» gab. Bis weit ins 19. Jahrhundert hinein wurde Abstinenz von den evangelikalen Kanzeln im Land heruntergepredigt, von einer gesetzlichen Verordnung war aber noch keine Rede. Erst in den 1850er Jahren erklärte sich eine ganze Reihe von Staaten, insbesondere in Neuengland, für alkoholfrei oder «trocken», während andere auf die Verfassungswidrigkeit der Prohibition hinwiesen. Die 1893 gegründete Anti-Saloon League, «eine Armee des Herrn, die den Fluch des Trinkens auswischen» wollte, erreichte mit ihren Kampagnen, dass bis 1915 fast alle Staaten nicht nur die Prostitution, sondern insbesondere den Alkoholkonsum, der angeblich die Moral und die Volksgesundheit gefährdete, gesetzlich untersagten. Als im Jahr 1918 eine globale Grippeepidemie ausbrach, der allein in den USA mehr als eine halbe Million Menschen zum Opfer fielen, erhielt die Kampagne der Anhänger der Prohibition einen letzten Schub, denn viele religiöse Amerikaner sahen in dieser Katastrophe Gottes gerechte Strafe für die Trunksucht ihrer Zeitgenossen.

In den ersten Monaten nach Inkrafttreten des 18. Verfassungszusatzes änderte sich noch wenig. Saloons, die von der Polizei geschlossen worden waren, öffneten oft kurz darauf wieder ihre Türen. Aber das Katz-und-Maus-Spiel fand ein Ende, als die Bundesbehörden damit begannen nicht nur den Alkohol zu vernichten, sondern auch die Bars, die Möbel und die übrigen Einrichtungsgegenstände. Die Saloons gingen in den Untergrund und verwandelten sich entweder in die etwas nobleren Speakeasies (illegale Bars, in denen die Kunden «leise sprechen») oder in die primitiveren Blind Pigs (nach einem Slangbegriff für «blinde» Polizisten, die von den Betreibern der geheimen Bars bestochen worden waren). Allein in New York City, wo es um 1920 16 000 Saloons gegeben hatte, wuchs die Zahl der Speakeasies bald auf das Drei- oder Vierfache an. Während die Saloons fast ausschließlich von Männern besucht worden waren, füllten sich die geheimen Bars während der Prohibition rasch auch mit Frauen. Am meisten profitierten Schmuggler und organisierte Banden von den horrenden Preisen, die während der Prohibition für Alkohol verlangt wurden. Von Al Capone heißt es, dass er jährlich etwa 60 Millionen Dollar (heute wären dies mehr als 1,5 Milliarden Euro) an illegalen Alkoholgeschäften verdiente. «Badewannen-Gin» und «Mondscheinschnaps» wurden im ganzen Land produziert; und ein kalifornischer Winzer machte ein Riesenvermögen mit einem Traubensaft namens Vine-Glo, der genaue Instruktionen dafür enthielt, was man unbedingt vermeiden sollte, um nicht innerhalb von 60 Tagen im Besitz von Wein statt von Saft zu sein.

Spätestens nach einem Jahrzehnt zeigte sich, dass die Prohibition nicht funktionierte. Im Präsidentschaftswahlkampf von 1932 sprachen sich beide Kandidaten, Herbert Hoover und Franklin D. Roosevelt, für die Aufhebung des Gesetzes aus. Wie teuer das gescheiterte Experiment in den 13 Jahren seiner Existenz den Staat gekommen war, lässt sich kaum abschätzen. Die Kosten für Polizeirazzien, Gerichtsverhandlungen und Gefängnisse dürften bei knapp einer Mil-

liarde Dollar gelegen haben. Hinzu kam der Ausfall von Steuereinnahmen für Alkohol. Die Prohibition war eine der größten Pleiten
der amerikanischen Geschichte. Statt das Land zur «Moral» zu be-
kehren, führte der 18. Verfassungszusatz dazu, dass Millionen ansonsten gesetzestreuer Bürger gegen die Verfassung verstießen. Die
Prohibition förderte die organisierte Kriminalität und korrumpierte
die Politik, die Polizei und die US-Gerichtsbarkeit auf Dauer. Zu den
Opfern der Prohibition gehörten nicht zuletzt jene kleinen Leute, die
durch den Genuss von selbstgebrauten Alkoholika Schaden nahmen.
Fest steht, dass die Amerikaner nach der Prohibition mehr tranken
als vor 1920. Cocktails und Rauchen waren Mode geworden, Trunkenheit galt als rebellisch und war cooler denn je zuvor.

46. Wie wurde Hollywood zum Zentrum der Weltfilmindustrie?

Dass sich eine Region mit Zitronenhainen und Gerstenfeldern im
Süden Kaliforniens eines Tages in das Zentrum der US-Filmindustrie,
Hollywood, verwandeln würde, hätte zu Beginn des 20. Jahrhunderts
niemand geglaubt. Um 1900 hatte die Gemeinde Cahuenga, die ab
1903 Hollywood hieß, etwa 500 Einwohner. Eine Straßenbahn verband
Cahuenga mit dem elf Kilometer östlich gelegenen Los Angeles (L. A.);
die Fahrt in die Stadt dauerte wenigstens zwei Stunden. Weil weder das
Abwassersystem noch die Frischwasserversorgung ausreichend ausgebaut waren, votierten die Einwohner Hollywoods im Jahr 1910 für
den Anschluss an L. A.. Hollywoods einzige Attraktion war damals ein
Hotel in spanischem Stil mit 33 Zimmern. Die Gemeindeordnung
verbot anfangs ausdrücklich die Einrichtung von Saloons und Kinos.

Dass in Hollywood im Jahr 1908 der erste Film gedreht wurde, war
reiner Zufall. Schneestürme in Chicago hatten William Selig von
den Selig Studios dazu veranlasst, nach einem Ort an der Westküste
Ausschau zu halten, wo er Alexandre Dumas' Roman «The Count of
Monte Cristo» unter passablen Wetterbedingungen verfilmen konnte.
Selig mochte Hollywood so sehr, dass er 1909 dorthin zurückkehrte,
um einen chinesischen Waschsalon in sein Büro umzufunktionieren.
Im gleichen Jahr kam dann mit D. W. Griffith, der 1915 «Birth of a
Nation» drehte, einer der bedeutendsten Regisseure der amerika-
nischen Filmgeschichte nach Hollywood.

Die Bedingungen, die Hollywood der Filmindustrie bot, waren
ideal. Im Gegensatz zu Kuba oder Florida, wo sich verschiedene Regisseure zu Anfang des 20. Jahrhunderts versucht hatten, lag die Luft-

feuchtigkeit in Hollywood angenehm niedrig. Jahraus jahrein boten warme Temperaturen die Möglichkeit zu Außenaufnahmen. Außerdem war Hollywood von einer einzigartigen Naturkulisse umgeben. In unmittelbarer Umgebung fanden sich Berge, Wüsten und Meer. Hier konnten die Produzenten Filme machen, die sowohl Farmen als auch Fabriken, Alpen und Südsee, Palästina und Pakistan darstellten. Am Fuß der Santa Monica Berge drehte Cecil B. DeMille 1914 den ersten Hollywood-Spielfilm («The Squaw Man»), baute Griffith eine «Babylon»-Kulisse auf (für den Film «Intolerance»), richteten Zukor und Fox ihre Studios ein. Nach dem Ersten Weltkrieg folgte dann ein Star dem anderen, unter ihnen Charlie Chaplin, Mary Pickford und Douglas Fairbanks. Spätestens im Jahr 1920 war Hollywood ohne jeden Zweifel zur Filmhauptstadt der Welt geworden.

47. Welche Bedeutung hatten die Flapper Girls für das Image der amerikanischen Frau?

Nach dem Ende des Ersten Weltkriegs und der Verabschiedung des 19. Verfassungszusatzes, der im Jahr 1920 allen Frauen in den USA das Wahlrecht einbrachte, begann sich auch das Selbstwertgefühl der Amerikanerinnen allmählich zu wandeln. Nirgends spiegelte sich dies sinnfälliger wider als im Bild des «flapper girls». Nach F. Scott Fitzgerald, dem Romancier, der wie kein anderer Autor das neue Freiheitsgefühl der 1920er Jahre beschrieben hat, repräsentierten die flapper girls das Ideal der modernen Amerikanerin: «Entzückend» sei sie, «teuer und ungefähr 19 Jahre alt.» Der Begriff «flapper» stammte ursprünglich aus England und bezeichnete «Mädchen in schwierigem Alter». Fitzgerald wandelte den Begriff ins Positive um und machte ihn zum Ausdruck des jugendlichen Geistes der Roaring Twenties, der «stürmischen Zwanziger Jahre». Flapper girls trugen kurze Röcke, zum Bubikopf geschnittene Haare, machten ausgiebig Gebrauch von Kosmetika, und wickelten Tücher um ihre Brüste, um diese abzuflachen und möglichst mädchenhaft jung zu erscheinen.

«Flappertum» (flapperhood) bedeutete aber mehr als nur Mode. Nicht nur das Aussehen der flapper girls galt als dreist, sondern auch ihre Manieren. In den 1920er Jahren begannen mehr und mehr Frauen zu rauchen, zu trinken, Slang zu sprechen und Charleston zu tanzen. Das Image des wilden Mädchens mit roten Lippen, das sich leicht benommen und schwankend zu den anzüglichen Tönen der Jazz-Musik bewegte, wurde nicht zuletzt durch Fitzgerald populär.

«Keine der viktorianischen Mütter», schrieb dieser, «hatte die leiseste Ahnung davon, wie zwanglos sich ihre Töchter daran gewöhnt hatten, einfach geküsst zu werden.»

An der Stellung der Frau in der Gesellschaft änderte sich in den 1920er Jahren jedoch recht wenig. Amerikanerinnen waren noch überwiegend in traditionell «femininen» Berufsfeldern wie Kindergarten, Schule, Sozialarbeit, Krankenhaus und Mode sowie als einfache Arbeiterinnen tätig. Dennoch kam es insgesamt zu einer Art gesellschaftlichen und kulturellen Aufbruchs. Einen wichtigen Anteil daran hatten die Erkenntnisse der modernen Psychologie, die unter anderem darauf insistierte, dass mütterliche Zuneigung keine ausreichende Voraussetzung für die Erziehung von Kindern sei. Mit der Neubewertung der Funktion der Mutter ging eine veränderte Auffassung von Partnerschaft und Sexualität einher. Zunehmend wurde Sexualität auch öffentlich als ein Weg zum Lustgewinn – und nicht nur zur Fortpflanzung – gesehen. Die Krankenschwester und Frauenrechtlerin Margaret Sanger, die sich durch ihr Engagement im Bereich der Aufklärung sowie auf politischer Ebene für die Legalisierung der Geburtenkontrolle einsetzte, propagierte beispielsweise das Diaphragma zur Empfängnisverhütung und gründete 1921 eine Liga zur Geburtenkontrolle, aus der später Planned Parenthood und Pro Familia wurde.

In der Tat beanspruchten Frauen in den 1920er Jahren eine neue Rolle für sich. Dass die Symbole des veränderten Selbstbewusstseins und des flapper chic – wie Rauchen, Schminken oder der Besuch von Tanzparties – aber außerhalb der Reichweite der meisten Amerikanerinnen lag, zeigte sich spätestens Ende der 1920er Jahre im Zuge der Wirtschaftskrise. Der neue Lebensstil hatte viel mit Konsum zu tun. Flapperhood war teuer und für die meisten Frauen unerschwinglich. Denn auch wenn sich in den Roaring Twenties einiges zugunsten der Frauen zu bewegen schien, so waren sie dennoch in hohem Maße von Männern abhängig. Aber das Ideal der «new woman» inspirierte eine Fülle von Aktivistinnen und Frauenrechtlerinnen, die sich – etwa in der Nationalen Frauenpartei – dafür einsetzten, den Mythos von der befreiten Frau in die Realität umzusetzen.

48. Was war der «New Deal»? Als Franklin D. Roosevelt im Juli 1932 in Chicago die Nominierung als Präsidentschaftskandidat der Demokratischen Partei annahm, versprach er seinen Parteigenossen einen «New Deal». Der Begriff, der aus dem Kartenspiel kommt, bedeutete nichts anderes als den Beginn einer neuen Spielrunde. Roosevelt propagierte die Neuverteilung der gesellschaftlichen Chancen zu einem Zeitpunkt, als sich die USA in einer beispiellosen Krise befanden. Das Bankwesen drohte zusammenzubrechen, fast jeder vierte Amerikaner war ohne Arbeit, mancherorts herrschte Hunger, und die Zahl sozialer Unruhen und spontaner Streiks nahm alarmierend zu. In den legendären «ersten hundert Tagen» seiner Präsidentschaft überschwemmte Franklin D. Roosevelt (oder «FDR», wie er bald genannt wurde) das Land mit einer Kaskade von Programmen, Reformen und Maßnahmen. Diesen lag die Überzeugung zugrunde, dass eine Fülle unterschiedlicher Regierungseingriffe die sozialen und ökonomischen Probleme der Nation lösen könnten. FDR ging nicht davon aus, dass alle Maßnahmen des New Deal in gleicher Weise positive Wirkung zeigen würden. Wichtig war ihm vielmehr, dass sich die Menschen und Mechanismen im Land in Bewegung setzen und Amerika aus dem Schock und der Lähmung befreien würden, die sich nach der Großen Wirtschaftskrise von 1929 ausgebreitet hatten. «Nichts sei zu fürchten», erklärte der ebenso ehrgeizige wie schwungvoll-energische Präsident in seiner Rede zum Amtsantritt am 4. März 1933, «als die Furcht selbst.»

Die Neuerungen des New Deal umfassten alle Bereiche der amerikanischen Wirtschaft und Gesellschaft: von der Geld-, Kredit- und Steuerpolitik bis zur Industrieaufsicht, von der Landwirtschaft bis zur sozialen Wohlfahrt, vom Straßenbau bis zur staatlichen Kunstförderung. Die «Buchstabensuppe» neuer Bundesbehörden, die oft nur unter ihren Akronymen bekannt waren – AAA, CCC, TVA, FERA, PWA, WPA etc. – konstituierten ein dem Präsidenten unterstelltes Imperium, das in der Geschichte (und nicht nur in der US-amerikanischen) seinesgleichen suchte. Unmittelbar nach seinem Amtsantritt führte Roosevelt zur Konsolidierung der wirtschaftlichen Lage «Bankfeiertage» ein und veranlasste die Verabschiedung von Gesetzen, die die Kontrolle des Finanzministeriums gegenüber den Banken verstärkten. In der ersten seiner Radioansprachen am Kamin seines Arbeitszimmers (fireside chats), mit denen er mehr als 60 Millionen Amerikaner erreichte und die zur Signatur seiner Präsidentschaft werden sollten, gelang es FDR (mit seiner ruhigen Stimme und einer Mischung aus persönlicher Überzeugung und subtiler Manipulation), das Vertrauen der amerikanischen Kleinsparer zurückzugewinnen. Als die Banken geöffnet wurden, standen Menschen im ganzen Land Schlange, um ihre Ersparnisse einzuzahlen. Ein Kernstück des sogenannten ersten New Deals (1934–35) war die Stützung der Landwirtschaft. Um die Überproduktion und den damit verbundenen Preisverfall zu stoppen, ließ Roosevelt in einer – angesichts des Hungers im Land – nur schwer vermittelbaren Aktion Mais vernichten, Baumwolle unterpflügen und Millionen von Ferkeln abschlachten. Legendär wurde der freiwillige Arbeitsdienst Civilian Conservation Corps (CCC), der innerhalb von nur vier Monaten 300 000 jungen Männern im Alter zwischen 18 und 25 Jahren Jobs zumeist im Landschafts- und Naturschutz (Aufräumarbeiten an Stränden, in der Wiederaufforstung, bei der Anlage von Seen) bot. Zwischen 1933 und 1940 arbeiteten mehr als 2,5 Millionen junger Männer, die nicht weniger als fünf Milliarden Bäume pflanzten, in Lagern des CCC. In noch gigantischere Dimensionen reichte das Projekt Tennessee Valley Authority (TVA), das sich über sieben Bundesstaaten hinweg erstreckte und aus einem Netzwerk staatlicher Dämme, Schleusen, Kanäle, Elektrizitätswerke und Chemiefabriken bestand. Die TVA kontrollierte Hochwasser, sorgte für die Wiedergewinnung von Land, schützte vor Erosionen, produzierte Strom und Düngemittel. (Das TVA-Technologielabor in Oak Ridge, Tennessee, wurde im Zweiten Weltkrieg sogar zum Standort des Manhattan Projects zur Entwicklung der Atombombe.) Die Modernisierungsmaßnahmen der TVA waren alles andere als unumstritten, aber für die Bevölkerung des Tennessee Valley, die zu den ärmsten des Landes gehörte, waren sie ein Lichtblick: Die Malaria, die in den 1930er Jahren noch weit verbreitet war, konnte eingedämmt, die Erosion der Böden weithin gestoppt werden; vor allem aber verbesserten sich die Verdienstmöglichkeiten und die Lebensqualität der Menschen.

Obwohl die Roosevelt-Administration unter wachsenden Druck sowohl von Seiten der Gewerkschafter als auch der Großunternehmer geriet – erstere drängten auf eine zügige Beseitigung der Arbeitslosigkeit, letztere wehrten sich gegen die «sozialistischen» Interventionen des Staates –, war der erste New Deal, wie Arthur Krock 1934 in der New York Times schrieb, der «überwältigendste Sieg in der Geschichte der amerikanischen Politik».

Hatte sich die Regierung zunächst um die Harmonisierung der verschiedenen gesellschaftlichen Interessen bemüht und war dabei den Unternehmern und Bankiers weit entgegengekommen, so war der sogenannte zweite New Deal ab 1935 stärker an den Interessen der breiten Bevölkerung orientiert. Mit dem Sozialversicherungsgesetz von 1935 unternahm die US-Regierung erste Schritte in Richtung Sozialstaat. Und mit der Einrichtung der Works Progress Administration (WPA) betrieb sie ein riesenhaft dimensioniertes Arbeitsbeschaffungsprogramm, das mehr als 8,5 Millionen Amerikanern Arbeit gab. Mit Hilfe der WPA wurden mehr als eine Million Kilometer Autobahnen und Straßen, 78 000 Brücken, 125 000 öffentliche Gebäude und zahlreiche Dämme und Tunnels – darunter der Lincoln Tunnel unter dem Hudson River in New York – gebaut. Sieben Prozent des New Deal Gesamtbudgets ging an die Bildenden Künste. Der Staat finanzierte damit nicht weniger als 475 000 Kunstwerke sowie 225 000 Konzerte, die ein Publikum von 150 Millionen Menschen erreichten.

Für Schwarze und Hispanics, aber auch für Frauen, fiel die Bilanz des New Deal schlechter aus als für weiße Männer. Zwar holte FDR mehr Schwarze in hohe Beamtenpositionen als irgendeiner seiner Vorgänger, und etwa ein Drittel aller Afroamerikaner profitierte von den Regierungsprogrammen des New Deal, doch Rassentrennung und Diskriminierung waren auch in den neuen Einrichtungen an der Tagesordnung. Pächter, Landarbeiter, Haushaltshilfen und Migranten erhielten weder den Mindestlohn noch Arbeitslosenunterstützung, weder Sozialversicherung noch Farmzuschüsse. Ein symbolischer Gewinn für die amerikanischen Frauen war die Ernennung von Frances Perkins zur ersten Bundesministerin in der amerikanischen Geschichte. Doch selbst die New Deal-Gesetzgebung sah für Frauen nicht selten niedrigere Mindestlöhne vor als für Männer.

Im Rückblick und vor dem Hintergrund der Entwicklungen in anderen Ländern (Großbritannien war reformunfähig und in Deutschland, Italien und der Sowjetunion ging die Befreiung aus der Wirtschaftskrise mit totalitären Entwicklungen einher) war der New Deal ein Erfolg. Zwar brachte erst der Zweite Weltkrieg die ersehnte Vollbeschäftigung, aber Roosevelts Programme hatten den Amerikanern das Gefühl vermittelt, ihrem Schicksal nicht hilflos ausgeliefert zu sein. Darüber hinaus war in den USA innerhalb von wenigen Jahren ein enormer Regierungsapparat entstanden, der soziale und wirtschaftliche Aufgaben übernahm, die die private Wirtschaft niemals hätte schultern können.

49. Wer waren die Okies und was vertrieb sie aus der Dust Bowl?

Ein Reporter des Washington Evening Star Press prägte den Begriff «Dust Bowl» (Staubschüssel), als im April 1935 ein schwerer Staubsturm über die südlichen Great Plains von Kansas, Colorado, Oklahoma, Texas und New Mexico hinwegfegte und eine Fläche (fast doppelt so groß wie die Bundesrepublik) in eine trostlose Wüste verwandelte. Selbst im 2500 Kilometer entfernten New York City verdunkelte der Staub fünf Stunden lang die Stadt. «Die schwerste Umweltkatastrophe in der Geschichte der weißen Bevölkerung in Nordamerika», wie sie der Historiker Donald Worster nannte, war zum einen die Konsequenz einer Trockenperiode, die bereits in den 1930er Jahren eingesetzt hatte. Zum anderen resultierte sie aus dem profitorientierten und rücksichtslosen Umgang der Farmer mit ihrem Land. Die Parole «Der Weizen wird den Krieg gewinnen» und die ständig steigenden Preise, die um die Jahrhundertwende – vor allem aber seit dem Ersten Weltkrieg – für Weizen bezahlt wurden, hatten die Great Plains in ein riesiges Getreideparadies verwandelt. Im Zentrum der Dust Bowl waren 1888 nur 3 Prozent Weizen angebaut worden, 1930 machte «King Wheat» über 90 Prozent der Ernte aus. Dass die riesigen Mähdrescher, deren Arbeitsbreite rasch von drei auf über sieben Meter anstieg, die dünne Ackerkrume der Prärie rasch zerstoben oder abtrugen, störte nur wenige der Bauern, von denen in den 1930er Jahren fast ein Fünftel – als Spekulanten und «suitcase farmers» – ihren Hauptwohnsitz in den Städten hatten.

Hunderttausende Menschen verloren als Folge der Dust Bowl-Katastrophe ihre Lebensgrundlage. So wanderten allein aus Oklahoma 15 Prozent der Bevölkerung nach Kalifornien aus. (Bald wurden alle Dust Bowl-Migranten, unabhängig von ihrer Herkunft, «Okies» genannt.) Hilfsprogramme der Bundesregierung, Bewässerungsprojekte und die Einübung von nachhaltigen Formen der Bodenbewirtschaftung konnten die Sandstürme der Prärie nicht völlig eindämmen. Sie verhinderten jedoch eine große Katastrophe vom Ausmaß der Dust Bowl der 1930er Jahre. In den Gedichten von Archibald McLeish, den Fotografien von Dorothea Lange, den Balladen eines Woody Guthrie (der selbst «Okie» war), in John Steinbecks grandiosem Roman «Früchte des Zorns», im gleichnamigen Film von John Ford und in Theaterstücken von Frank Galati lebt die Dust Bowl wie keine andere Naturkatastrophe als kollektive Erinnerung der Amerikaner fort.

50. Waren die Amerikaner über den japanischen Angriff auf Pearl Harbor im Voraus informiert? Am 7. Dezember 1941 flog ein japanischer Flugzeugträgerverband einen Überraschungsangriff auf den Stützpunkt der amerikanischen Pazifikflotte in Pearl Harbor, Hawaii. 18 Schiffe, darunter sieben von acht US-Schlachtschiffen und 188 Flugzeuge, wurden versenkt oder total zerstört. Verschont blieben lediglich drei Flugzeugträger, die sich auf See befanden. Mehr als 2400 Menschen verloren ihr Leben, fast 1200 wurden verwundet. Pearl Harbor war die schlimmste militärische Niederlage der amerikanischen Geschichte. Am 8. Dezember erklärten die USA – im Kongress gab es nur eine einzige Gegenstimme – Japan den Krieg.

Vor der Attacke hatte der amerikanische Außenminister Cordell Hull monatelang mit dem japanischen Botschafter verhandelt. Washington wünschte sich von den Japanern die Aufkündigung des Paktes mit Hitler, den Rückzug aus Indochina (im Gegenzug zur amerikanischen Wiederaufnahme des Öl- und Metallhandels) und den vollständigen Abzug der japanischen Truppen aus China. An der dritten, von den USA mit aller Schärfe vorgetragenen Forderung scheiterten die Verhandlungen. Am 26. November kündigte Tokio die Gespräche auf und rüstete zum Präventivschlag gegen die USA.

Nach dem Krieg kam es in der Frage, ob Präsident Roosevelt über den bevorstehenden Angriff auf Pearl Harbor informiert gewesen war, zu einer der hitzigsten Forschungsdebatten der amerikanischen Geschichte. Hatten die Amerikaner die Japaner bewusst provoziert, um die Isolationisten im Lande von der Notwendigkeit eines amerikanischen Kriegseintritts zu überzeugen? In der Tat war der diplomatische Code der Japaner (mit dem Decknamen MAGIC) bereits 1940 geknackt worden. Seither konnten amerikanische Kryptologen den gesamten Telegrammverkehr zwischen Tokio, Berlin und Washington entschlüsseln und mitlesen. Am 27. November 1941 teilten führende Militärs den Kommandeuren in Pearl Harbor mit, dass Japan die USA innerhalb von wenigen Tagen angreifen würde. War Pearl Harbor, wo fast die gesamte US-Pazifikflotte vor Anker lag, nicht das wahrscheinlichste Ziel für einen japanischen Militärschlag? Warum wurde die amerikanische Kriegsflotte nicht aus der Gefahrenzone herausmanövriert? Aus heutiger Sicht zeigt sich, dass die meisten Militärs in Washington der festen Überzeugung waren, die Japaner würden im Dezember 1941 nicht gegen Hawaii, sondern gegen die Philippinen losschlagen, da sie das 5000 Kilometer entfernte Pearl

Harbor gar nicht treffen könnten. Da die USA zwar den diplomatischen Code, nicht aber den japanischen Flottencode lesen konnten, waren sie über die einzelnen Flottenbewegungen im Pazifik gar nicht informiert. Japanische Täuschungsmanöver und einander widersprechende Geheimdienstinformationen, die zum Teil nicht schnell genug weitervermittelt, zum Teil auch gar nicht ausgewertet wurden, taten ein Übriges. Schlechte Kommunikation und Überheblichkeiten hatten die USA im Dezember 1941 verwundbar gemacht. Eine Reihe von Militärs fand dies beschämend, doch im Tagebuch des Kriegsministers Henry Stimson fand sich ein Eintrag, der die Stimmung vieler Amerikaner widerspiegelte: «Mein erstes Gefühl war das der Erlösung. Die Entscheidungsunfähigkeit (indecision) war vorbei, und die Krise war auf eine Art und Weise über uns gekommen, die unser ganzes Volk vereinen sollte.» Fast zwei Jahre lang hatte sich Roosevelt auf den Krieg gegen Deutschland eingestellt und musste nun ironischerweise zuerst Japan den Krieg erklären. Allerdings ließ auch der Kriegseintritt gegen Nazi-Deutschland nicht lange auf sich warten. Hitler war der Ansicht, dass der Schlag gegen Pearl Harbor die Amerikaner fatal getroffen hatte, und erklärte deshalb am 11. Dezember den USA den Krieg.

51. Wer waren «Wild Bill» Donovan und das OSS? Im Gegensatz zu vielen Ländern in Europa gab es in den USA traditionell tief sitzende Ressentiments gegen Geheimdienste. Zwar kam es seit dem Unabhängigkeitskrieg immer wieder zur Formierung von Spionageringen, nutzte Abraham Lincoln im Bürgerkrieg die Technik der geheimdienstlichen Luftaufklärung per Ballon, und sanktionierte Theodore Roosevelt verdeckte Operationen in Panama. Doch die Einrichtung eines zentralen «Polizei- oder Geheimdienstes» stand lange Zeit in Widerspruch zum Selbsbild eines Landes, das Emigranten aus allen Teilen der Welt aufnahm, unter denen nicht wenige zuvor von geheimen staatlichen Organisationen drangsaliert worden waren. Einer überwältigenden Mehrheit der amerikanischen Bevölkerung galt das «Herumschnüffeln» als «dreckiges Geschäft». Kriegsminister Stimson brachte diese Einsicht auf den Punkt, als er erklärte: «Gentlemen lesen nicht voneinander die Post.» Selbst Präsident Franklin D. Roosevelt, der wie keiner seiner Amtsvorgänger von der Welt der Spionage fasziniert war, hätte es ohne die Geburtshelferrolle der Briten wohl kaum gewagt, einen zentralisierten Geheimdienst einzurichten. Die aus England geschürte Furcht vor einer «Fünften Kolonne der Nazis in den USA» war schließlich der eigentliche Auslöser dafür, dass Roosevelt im Juni 1941 den Geheimdienst Coordinator of Information (COI) und ein Jahr später als Nachfolger das Office of Strategic Services (OSS) einrichten ließ.

Zum Direktor der neuen Einrichtung machte der Präsident William Joseph Donovan, einen im Zivilberuf erfolgreichen Rechtsanwalt der Wall Street und katholischen Republikaner irischer Abstammung. Donovan, der sich als Held im Ersten Weltkrieg den Spitznamen «Wild Bill» erworben hatte, war der höchstdekorierte Offizier der amerikanischen Geschichte. Sein Wunsch Kriegsminister zu werden, ging nicht in Erfüllung, aber als Geheimdienstchef entwickelte er ungeahnte Qualitäten. Dass der COI und dessen Nachfolger OSS sich zwischen 1941 und 1945 trotz der unspektakulären Anfänge zu durchaus neuen Institutionen entwickelten, war nicht zuletzt dem Pioniergeist Donovans zu verdanken und der Tatsache, dass das Budget und das Personal des OSS bald alle Zahlen der Vergangenheit in den Schatten stellten. Fast 12 000 Mitarbeiter zählte der Geheimdienst im Jahr 1944. Das ausgesprochen niedrige Durchschnittsalter der OSS-Agenten und -Analytiker sowie ihr Mangel an Erfahrung trugen gleichermaßen zum Dilettantismus wie zur Dynamik von Amerikas erstem zentralen Geheimdienst bei. Es war ein Novum in der Geschichte, dass Donovan neben einer Riege von Diplomaten auch Einwanderer der unterschiedlichsten politischen Couleur – Faschisten wie Kommunisten – einstellte. Er würde «auch Stalin auf die Lohnliste» des OSS setzen, erklärte «Wild Bill», wenn dies nur kriegsdienlich sei. Unerhört war aber vor allem die Rekrutierung von Professoren aus den besten Universitäten der USA für die Forschungsabteilung, die mit ihren bis zu 6000 Mitarbeitern das «Gehirn» des OSS bildete. Im Zeitalter der totalen und globalen Kriegsführung bedurfte es, nach Ansicht des deutschen Emigranten Franz Neumann, der wie viele seiner exilierten Kollegen für den US-Geheimdienst arbeitete, einer explizit globalen und «totalen Form» der Informationsbeschaffung. Dass Donovan neben der Auswertung offener Quellen und der Beschaffung geheimer Informationen auch die Durchführung von Guerillaaktivitäten zu einer wichtigen Funktion des OSS machte, war ein weiterer Beleg für die unorthodoxe Ausrichtung des Geheimdienstes. Die Palette von Spezialgeräten und -waffen, die er entwickeln ließ – von Spionagekameras, die keine Feineinstellung brauchten, über einen mehlartigen Sprengstoff, aus dem sich Brot herstellen ließ, bis zu einem Baseball, der als Granate eingesetzt werden konnte – übertraf den Phantasiehorizont der meisten James Bond-Filme.

Die Aktivitäten des OSS haben mit Sicherheit zur Verkürzung des Zweiten Weltkriegs beigetragen. Für die USA war es beispielsweise nicht unwichtig, dass Donovans Agenten in Norditalien die Kapitulation deutscher Truppen aushandelten und dass OSS-Analytiker Schwachstellen in der Ökonomie und Infrastruktur des Dritten Reiches identifizierten (etwa die Brücken über die Seine oder die Ölfelder von Baku) und deren Bombardierung veranlassten. Fast noch bedeutender war freilich, dass die «Erfolge» des OSS die Einrichtung einer Central Intelligence Agency (CIA) im Jahr 1947 unmittelbar nahelegten. In Washington war man nach dem Zweiten Weltkrieg davon überzeugt, dass Geheimdienstkriege eine effektive und kostengünstige Alternative zur konventionellen Kriegführung darstellten.

52. Welchen Einfluss hatte der Zweite Weltkrieg auf den amerikanischen Westen? Nie zuvor und nie danach in der amerikanischen Geschichte wandelte sich der amerikanische Westen schneller und tiefgreifender als in den Jahren 1941 bis 1945. Die japanische Attacke auf Pearl Harbor bildete den Auftakt für den Krieg im Pazifik und zugleich die Begründung für den Aus- und Aufbau der Flottenrüstungs- und Flugzeugindustrie an der Westküste. Wenn im Pazifik Krieg geführt würde, so argumentierte man in Washington, dann sollte dorthin auch ein Großteil der Rüstungsproduktion verlagert werden. William Boeing hatte bereits 1915 im amerikanischen Westen (in Seattle, Washington) eine kleine Flugzeugfirma gegründet, doch gab es in der ganzen Region weder große Rüstungsbetriebe noch ausreichend Kapital für die gigantischen militärischen Herausforderungen des Zweiten Weltkriegs. Dass sich Boeing im Krieg enorm ausdehnte – aus den 4000 Beschäftigten wurden 1945 50000 – und im Laufe des 20. Jahrhunderts zur finanzstärksten Flugzeugfirma und zum zweitgrößten Rüstungskonzern der Welt entwickeln würde, hätte sich 1941 kein Mensch träumen lassen. Zwischen 1929 und 1939 hatten die Schiffswerften an der Westküste nicht ein einziges Handelsschiff gefertigt. Im Zweiten Weltkrieg produzierte der amerikanische Westen dagegen mehr als die Hälfte aller Kriegsschiffe der US-Flotte. Eine Schlüsselfigur der Kriegsindustrialisierung war der

Unternehmer Henry J. Kaiser, der «Vater des modernen Schiffsbaus». Kaiser, der aus einer einfachen Familie in Utica, New York, stammte, hatte das große Geld zuerst mit dem Bau von Dämmen gemacht. Nach Kriegsausbruch schwenkte er auf Schiffsbau um und wenig später auf Aluminium. Wir bieten «die Gehirne und die Produktion», erklärte der Unternehmer selbstbewusst der amerikanischen Öffentlichkeit, und die «Bundesregierung gibt uns die Fertigungsanlagen». Alle 30 Tage produzierten die Kaiser Shipyards in Richmond, Kalifornien, ein Kriegsschiff.

Vor dem Krieg hatten die Besonderheiten des Westens – große Distanzen, geringe Bevölkerungsdichte und ein trockenes und heißes Klima – als Nachteile gegolten. Mit Kriegsbeginn wurde die relative Isolierung dagegen zum Standortvorteil, da die bestehenden Rüstungsbetriebe an der Ostküste als besonders verwundbar galten. Die Wetterverhältnisse erlaubten es den Arbeitern, selbst im Winter im Freien oder in provisorischen Hallen zu arbeiten. Neben Rüstungsbetrieben wurden, oft innerhalb von wenigen Wochen, zahlreiche neue Militärstützpunkte aus dem Boden gestampft. Allein im Bundesstaat Utah entstanden 1942 zehn neue Militärbasen, in denen etwa 60000 Zivilisten Arbeit fanden. Mehr als alle anderen Staaten profitierte Kalifornien von den immensen Militärinvestitionen der Bundesregierung. Allein die kalifornischen Werften erhielten im Laufe des Krieges Produktionsaufträge in Höhe von fast fünf Milliarden Dollar und beschäftigten 1943 280000 Arbeiter. Im kalifornischen Süden waren zur gleichen Zeit mehr als 240000 Arbeiter in der Flugzeugindustrie tätig. Los Angeles avancierte noch vor Ende des Zweiten Weltkriegs zur zweitgrößten (hinter Detroit) Industriestadt der Vereinigten Staaten. Auch die (kriegsrelevante) Forschung wurde im Zweiten Weltkrieg von der Bundesregierung gehörig unterstützt. Zwischen 1941 und 1945 pumpte die Bundesregierung 99 Millionen Dollar in die Universitäten im Westen. Diese Summe überstieg den gesamten Forschungsetat aller amerikanischen Universitäten im Westen seit ihrer Gründung. Noch mehr Bundesmittel als an die Universitäten ging unterdessen an die geheimen nuklearen Forschungszentren in Los Alamos, New Mexico, und Hanford, Washington, wo Zehntausende von Ingenieuren und Physikern an der Entwicklung der Atombombe arbeiteten.

Als der Krieg zu Ende war, verfügte der Westen der USA über ein Netzwerk von Industrien, Militär- und Forschungseinrichtungen, das weder Politiker noch Forscher abbauen wollten. Die Abhängigkeit der westlichen Bundesstaaten von Geldern aus Washington ist bis heute ein Erbe des Zweiten Weltkriegs.

53. Wer war Rosie the Riveter? Im Zweiten Weltkrieg war die Rüstungsarbeiterin Rosie the Riveter die Hauptfigur eines Propagandafilms der US-Regierung und die Titelheldin eines der populärsten amerikanischen Popsongs. Im Jahr 2000 wurde in Richmond, Kalifornien, ein Nationalpark samt Gedenkstätte für Rosie the Riveter eingerichtet. Kaum eine Amerikanerin hat sich ins kulturelle Gedächtnis des Landes stärker eingeschrieben als Rosie the Riveter, aber die Heldin des Zweiten Weltkriegs hat es als historische Person nie gegeben.

Rosie war eine Erfindung der amerikanischen Regierung. Als man in Washington Ende 1941 bemerkte, wie wichtig die Rekrutierung von Frauen für kriegswichtige Betriebe sein würde, entwickelte das neu gegründete US-Kriegsinformationsamt (Office of War Information) eine Propagandakampagne, die den jungen Amerikanerinnen die Arbeit in der Kriegsindustrie schmackhaft machen sollte. Rosie the Riveter wurde zur Ikone dieser Kampagne. Sie war die personifizierte Patriotin – «das Mädchen hinter dem Mann hinter der Kanone», nicht die zum Opfer bereite «deutsche Mutter» der nationalsozialistischen Propaganda, sondern eine attraktive junge Frau, die in der Rüstungsindustrie als Punktschweißerin arbeitete.

Das Bild, das sich für die meisten Amerikaner mit Rosie the Riveter verbindet, ist das Poster J. Howard Millers mit dem Titel «We Can Do It!» von 1942, das bis heute millionenfach – auf Papier, Streichholzschachteln und Kaffeetassen – reproduziert worden ist. Die vielen Rosies der amerikanischen Propaganda waren fast ausnahmslos Reklameschönheiten. Eine Ausnahme bildete allenfalls das Rosie-Porträt des berühmten amerikanischen Malers Norman Rockwell, das im Mai 1943 auf dem Cover der Saturday Evening Post erschien: Rockwells Rosie war eine robuste Frau, die den Niethammer in der Hand hält und mit ihren Füßen Hitlers «Mein Kampf» zertritt. (2002 wurde das Gemälde übrigens vom Auktionshaus Sotheby's für annähernd fünf Millionen Dollar versteigert.)

Mit Beginn des Zweiten Weltkriegs änderte sich das Leben für fast alle Amerikanerinnen und Amerikaner. Die Regierung zog junge Männer zum Wehrdienst ein, und die Fabriken suchten nicht zuletzt für die Rüstungsindustrie neue Arbeitskräfte. Zwischen Januar und Juli 1942 erhöhte sich die Zahl der für Frauen ausgeschriebenen Positionen von 29 auf 55 Prozent. Bald wurden nicht nur unverheiratete Frauen, sondern auch Hausfrauen und Mütter rekrutiert. Zwischen 1940 und 1945 stieg die Zahl amerikanischer Arbeiterinnen um über 50 Prozent an – von weniger als zwölf auf über achtzehneinhalb Millionen. Und bei Kriegsende überstieg die Zahl der verheirateten Arbeiterinnen erstmals in der amerikanischen Geschichte die Zahl der ledigen Arbeiterinnen. 1945 war eine von vier Ehefrauen berufstätig. Ohne die subtilen Propagandamaßnahmen der US-Regierung hätten sich diese Entwicklungen nicht durchsetzen lassen. Sie boten eine effektive Alternative zur Arbeitsverpflichtung von Frauen, die bis 1943 ernsthaft im Kongress diskutiert worden war.

Nach dem Krieg blieb die Erinnerung an die gleichermaßen glamouröse wie patriotische Rosie zunächst ungebrochen erhalten. Erst in den 1970er Jahren zeigten Historiker in Dokumentarfilmen und Publikationen, wie hart der Alltag der Kriegsheldinnen gewesen war und wie schnell Amerikas Rosies nach dem Krieg ihre Jobs an die Kriegsheimkehrer verloren.

54. Wer waren die «No-Nos»? Die Ersten, die den Zorn und die Hysterie zu spüren bekamen, die sich in den USA nach dem japanischen Angriff auf Pearl Harbor im Dezember 1941 ausbreiteten, waren die Amerikaner japanischer Abstammung. Obwohl es keine Indizien dafür gab, dass die Regierung in Tokio ihren Angriff auf Pearl Harbor im Zusammenspiel mit den Japanern in Amerika geplant hatte, ging die amerikanische Regierung mit der asiatischen Minderheit aufs Härteste ins Gericht. Im Februar 1942 unterzeichnete Präsident Franklin D. Roosevelt eine Verordnung, die es der US-Armee erlaubte, Japanerinnen und Japaner, die nunmehr offiziell als «enemy race» galten – ohne Haftbefehl, Anklage und Anhörung – in Haft zu nehmen. Annähernd 120 000 Japaner – Einwanderer der ersten Generation (Issei) wie deren Kinder, die mit der Geburt in den USA automatisch die amerikanische Staatsbürgerschaft erhalten hatten (Nisei) – wurden ins Innere der USA verbracht und in Lagern interniert, die anfangs eher Kriegsgefangenenlagern, später Indianerreservaten glichen.

Im Februar 1943, als die «Umsiedlung» der Japaner abgeschlossen war, wurden alle Internierten im Alter von mehr als 17 Jahren dazu verpflichtet, einen Fragebogen des Kriegsministeriums auszufüllen, der als Barometer für die Loyalität gegenüber dem Gastland fungierte. Zwei Fragen erwiesen sich als besonders prekär, nämlich Frage 27: «Sind Sie bereit, in der US-Armee zu dienen, wo auch immer Sie hinbeordert werden?», und Frage 28: «Schwören Sie den USA unumschränkte Treue im Kampf gegen alle denkbaren Angriffe von fremden und einheimischen Truppen; und entsagen Sie feierlich jeder Untertanenpflicht gegenüber dem japanischen Kaiser oder irgendeiner fremden Regierung, Herrschaft oder Organisation?» Wer beide Fragen mit «ja» beantwortete, wurde zum Wehrdienst eingezogen. Wer aber aus Gewissensgründen den Dienst mit der Waffe verweigerte oder beide Fragen mit «nein» beantwortete, wurde als «No-No» und damit als potenzieller Feind Amerikas eingestuft und ins größte der zehn neu geschaffenen Lager für Japaner verbracht: nach Tule Lake im äußersten Nordosten Kaliforniens, einem detention center, das bis zum 28. März 1946 bestand und das in Spitzenzeiten mehr als 18 000 Japaner in Gewahrsam nahm.

Der Oberste Gerichtshof der USA bestätigte die Massendeportation in mehreren Urteilen als verfassungskonform, obwohl eine Minderheit von Richtern sie kritisierte und sogar mit Hitlers Rassenpolitik verglich. Als die Japaner 1945 und 1946 wieder an ihre Wohnorte entlang der Pazifikküste zurückkehren konnten, fanden sich viele von ihnen rassistischen Schikanen und antijapanischen Hasstiraden ausgesetzt. Einige Japaner zogen es vor, im Mittleren Westen zu bleiben, und 4000 Japaner verließen die USA nach dem Zweiten Weltkrieg für immer. Erst im Jahr 1988 gestand der US-Kongress den Überlebenden der Lager einen Anspruch auf Kompensationen zu: Den Internierten sei durch «Rassenvorurteile, Kriegshysterie und Versagen der politischen Führung schweres Unrecht angetan worden».

55. Woher kommt der Jeep? Der Jeep ist das amerikanischste aller Autos. Er ist ein Kind des Zweiten Weltkrieges und der US-Armee. 1941 lief das erste von Colonel Arthur William Sidney Herrington konzipierte Jeep-Fahrzeug in der Marmon Motor Corporation vom Band. In den darauffolgenden vier Jahren wurden in den USA, unter anderem in Lizenz von American Bantam und Ford, nicht weniger als eine Million Jeeps produziert. Das kleine Fahrzeug sollte die Robustheit eines Lastkraftwagens mit der Beweglichkeit einer Limousine verbinden und eine Viertel Tonne Fracht oder vier Personen transportieren können. In Wirklichkeit waren die ersten Jeeps keine besonders beeindruckenden Autos. Sie brachten ein hohes Gewicht auf die Waage, verfügten über miserable Fahreigenschaften und über ein notorisch unkontrollierbares Kurvenverhalten. Die Wasserpumpe tropfte permanent, der Zylinderkopf schlug Leck, und die Höchstgeschwindigkeit lag bei maximal 100 Stundenkilometern. Außerdem lief das Auto nicht einmal vier Stunden am Stück. Aber die vielfältige Einsatzfähigkeit des Jeeps machte das unorthodoxe schachtelartige Vehikel zum großen Erfolg. Im Zweiten Weltkrieg kamen Jeeps nicht nur in der US-Army, sondern auch bei Briten, Franzosen, Sowjets, Australiern und Neuseeländern zum Einsatz. Der Kriegskorrespondent Ernie Pyle fand den Jeep tierisch gut: «So treu wie ein Hund», sei er, «so stark wie ein Maultier und so agil wie eine Ziege».

Über die Herkunft des Namens Jeep ist viel spekuliert worden. Die gängigste Variante behauptet, Jeep käme von der schnell hintereinander ausgesprochenen Buchstabenfolge GP für general purpose (Allzweck). Auch der Dokumentarfilm des amerikanischen Kriegsinformationsamtes aus dem Jahr 1943, «Autobiography of a Jeep», in der ein Jeep auf rührende Weise seine eigene Lebensgeschichte und seine Rolle in der Weltgeschichte – in Afrika, Italien und mit Churchill und Roosevelt auf der Kriegskonferenz in Casablanca – erzählt, legt diese Etymologie nahe. Tatsächlich kommt die Bezeichnung GP jedoch von der Modellbezeichnung der Ford Motor Company: G stand für government vehicle (Regierungsfahrzeug) und P für den Radstand von 80 Zoll. Dass GP schnell zu Jeep wurde, hatte sicher nicht zuletzt mit dem übermenschlichen Comic-Helden Eugene the Jeep zu tun, der seit 1936 in Popeye-Bildheftchen auftauchte und sich immenser Beliebtheit erfreute.

Am Ende des autobiografischen Jeep-Films hieß es prophetisch: «Das Gerücht geht um, dass der Jeep bleiben soll.» Die ausgedienten Fahrzeuge von Übersee bot die US-Army den zurückkehrenden Soldaten als Baustellenfahrzeuge und PKWs für die Landwirtschaft an. Wenige Wochen nach Kriegsende liefen dann die ersten speziell für den zivilen Markt gefertigten Jeeps vom Band. Dabei handelte es sich um Vierradfahrzeuge mit sechs Zylindern für Sportnutzer (Fischer, Jäger, Skifahrer), die ihr Fahrzeug auf Feldwegen oder im Gelände zum Einsatz brachten. Zum durchschlagenden Erfolg wurde schließlich der etwas breitere Willys Jeep von 1953, der einem für den Koreakrieg entwickelten Armeefahrzeug nachgebildet war. 30 Jahre lang wurde das Modell in 30 verschiedenen Ländern gebaut und in 150 Ländern der Erde verkauft.

Die viel Benzin schluckenden sportlichen Geländewagen, die seit den 1980er Jahren als SUVs (Sports Utility Vehicles) oder ORVs (Off-road Vehicles) auf den amerikanischen Markt drängten, werden nicht nur von Jeep (seit 1987 zu Chrysler gehörig), sondern in der Mehrzahl von Ford, Chevrolet, Toyota, Honda und Rover produziert. Sie alle sind vom Konzept des Jeeps – einem geräumigen, sportlichen, geländegängigen Auto mit rauem Erscheinungsbild – inspiriert.

56. Warum warfen die Amerikaner Atombomben auf Hiroshima und Nagasaki? Am 6. August 1945 warf der amerikanische B-29-Bomber Enola Gay eine Atombombe (mit dem Namen «Little Boy») über der japanischen Industriestadt Hiroshima ab. Drei Tage später wurde eine zweite Bombe («Fat Man») über Nagasaki gezündet. Mehr als 210 000 Japaner, in der Mehrzahl Zivilisten, kamen 1945 infolge der Explosionen in den beiden Städten ums Leben. Der drastische Schritt verfehlte die beabsichtigte Wirkung nicht. Am 10. August kapitulierten die Japaner; der Zweite Weltkrieg war zu Ende. Churchill sprach mit Blick auf die Atombombe vom «Wunder der Erlösung», und viele Zeitgenossen waren überzeugt, dass der Abwurf der Bombe den Amerikanern eine Invasion des japanischen Festlandes erspart hatte. «I believe the bomb that struck Hiroshima/ was the answer to a fighting boy's prayers», lautete der Refrain eines der populärsten Country-Songs von 1946, der die Atombombe als Ausdruck von Gottes Zorn gegen die grausamen Japaner feierte.

Die Frage, die Albert Einstein und der Weltrat der Kirchen unmittelbar nach Kriegsende stellten – und die uns noch heute bewegt –, ob der Einsatz der Atombombe moralisch gerechtfertigt war, hatte für die meisten Zeitgenossen keine Bedeutung. Für Präsident Truman gab es, wie er in seinen 1955 erschienenen Memoiren betonte, «nie Zweifel, dass die Bombe als militärische Waffe eingesetzt werden sollte». Erst nachdem das Ausmaß der Zerstörung Hiroshimas und Nagasakis bekannt wurde und nachdem das atomare Wettrüsten die Angst vor einem Nuklearkrieg verstärkte, kamen in den USA (und anderen Ländern) zunehmend Zweifel daran auf, ob der amerikanische Ersteinsatz der Atombombe moralisch gerechtfertigt war. Hätte der Krieg nicht ohne den Abwurf der Atombombe beendet werden können? Hätte die Detonation einer Bombe auf einer unbewohnten Pazifikinsel und in Gegenwart internationaler Beobachter nicht als Abschreckung ausgereicht? War es wirklich nötig, eine zweite Bombe auf Nagasaki abzuwerfen? Und hätten die Amerikaner nicht sofort nach Kriegsende die Atomforschung einstellen und nukleare Waffen für immer ächten sollen?

Im Sommer 1945 war Japan ein geschlagenes Land, das den Großteil seiner Territorien verloren hatte. Aber die sieben Millionen japanischen Soldaten und die fanatischen Kamikaze-Flieger, die der US-Flotte erheblichen Schaden zufügten, galten zu Recht als unberechenbar. Im japanischen Kabinett gab es Zivilisten, die Friedensfühler ausstreckten, aber ohne die Zustimmung der Militärs, die in Japans konstitutioneller Monarchie eine dominante Rolle spielten, konnte offiziell kein Waffenstillstand ausgehandelt werden. Die Schlacht von Okinawa, bei der noch acht Wochen vor Kriegsende 120 000 Japaner und 18 000 Amerikaner ums Leben gekommen waren, zeigte, wie entschlossen die japanische Kriegsfraktion zum militärischen Durchhalten war. Es sei erst die Atombombe gewesen, erklärte 1945 der japanische Kabinettschef Hsatsune Skomizu, die den Japanern «eine goldene Gelegenheit zur Beendigung des Krieges geliefert» habe.

Nach dem Krieg erklärten mehrere Kritiker, zu denen auch General Eisenhower gehörte, dass der Einsatz der Atombombe aus militärtaktischen Gründen nicht nötig gewesen wäre. Im offiziösen United States Bombing Survey aus dem Jahr 1946 hieß es: Japan hätte selbst dann noch vor dem 1. November kapituliert, «wenn die Atombomben nicht zum Einsatz gekommen wären, wenn Russland nicht in den Krieg [gegen Japan] eingetreten wäre und wenn keine Invasion geplant gewesen wäre».

Befürworter des Atomeinsatzes führten immer wieder die hohe Zahl von Menschenleben an, die der Abwurf der Bombe gerettet habe. Je höher die Zahl, desto besser ließ sich der Waffeneinsatz im Rückblick rechtfertigen. Truman, der die Zahl potenzieller Opfer in den verschiedenen Fassungen seiner Memoiren beständig nach oben korrigierte, schrieb 1955, dass «eine halbe Million Menschenleben gerettet worden seien». Diese Zahl erscheint im Rückblick als zu hoch. Im Frühjahr 1945 waren die amerikanischen Militärs davon ausgegangen, dass die für den 1. November 1945 geplante US-Invasion Japans in den ersten 30 Tagen 31 000 amerikanische Opfer (Verletzte und Tote) fordern würde. Der Angriff auf Tokio, der für März

1946 geplant war, hätte den gleichen Schätzungen zufolge, weitere 15 000 bis 21 000 amerikanische Todesopfer gefordert. Dass man durch den Einsatz von Atombomben womöglich eine halbe Million amerikanischer Menschenleben würde retten können, glaubte 1945 kein hochrangiger Politiker oder Militär in Washington.

Ein wichtiger Faktor, der nach der Fertigstellung der Bombe für ihren Einsatz sprach, war innenpolitischer Natur. Annähernd zwei Milliarden Dollar hatte das vom Physiker J. Robert Oppenheimer geleitete, 1941 in Los Alamos, New Mexico, begründete, streng geheime Manhattan Project zur Entwicklung von Nuklearwaffen verschlungen. Ursprünglich war es eingerichtet worden, um den deutschen Atomforschern zuvorzukommen. (Hitler hätte die Atombombe fraglos eingesetzt.) Nur wenige Kabinettsmitglieder und kaum ein Kongressabgeordneter wussten von der Existenz des Unternehmens. «Wenn das Projekt Erfolg hat, wird es keine Untersuchung geben», hieß es in einem geheimen Bericht des US-Kriegsministeriums, «wenn nicht, dann wird nichts anderes mehr untersucht werden.» Die Überlegung, dass ein Nichteinsatz der Bombe enorme Kritik auf sich ziehen könnte, fand weitere Bestätigung in der Einsicht, dass die neue Waffe die Sowjetunion einschüchtern und, wie Trumans politischer Berater Byrnes sich ausdrückte, «gefügiger machen» könnte.

Bis heute ist die emotionale Debatte um den Atombombeneinsatz von 1945 nicht abgeebbt. Die Wut, die eine 1994 geplante Ausstellung der Smithsonian Institution zum Jahrestag von Hiroshima auslöste, ist ein Indiz dafür. Amerikanische Militärverbände störte es, dass neben dem militärischen Effekt der Bombe auch die Opfer in den Blick kommen sollten. 1995 musste die Ausstellung abgesagt werden. Heute ist eine (durch Spezialmaßnahmen vor Vandalismus geschützte) Reproduktion des Bombers Enola Gay neben vielen anderen Flugzeugen, aber ohne Hinweis auf die Kontroverse um Hiroshima und Nagasaki, in der Dauerausstellung des Air and Space Museums in Virginia, nicht jedoch in Downtown Washington, zu sehen.

Brüchiger Konsens

57. Wie kam es zum Kreuzzug gegen die «Hollywood Ten»? Der Feindbildwechsel vom Zweiten Weltkrieg zum Kalten Krieg, der unversehens anstelle von Deutschen und Japanern nun Russen und Chinesen ins Fadenkreuz der amerikanischen Politik und Propaganda brachte, wirkte auch nach innen, indem er antikommunistische Emotionen entfachte, die sich zu hysterischen Verleumdungs- und Verfolgungswellen steigerten. Die Jagd galt nicht nur Spionen, die wie das jüdisch-amerikanische Ehepaar Julius und Ethel Rosenberg Atomgeheimnisse an die Sowjets verraten hatten und 1953 auf dem elektrischen Stuhl landeten. Sie wuchs sich vielmehr zu einem komplexen System der Gesinnungsschnüffelei und -kontrolle aus, das nicht zuletzt Staatsbedienstete und Intellektuelle umfasste. Bereits 1947 hatte Truman eine Loyalitätsüberprüfung für Bundesangestellte eingeführt, von der gut drei Millionen Menschen betroffen waren und die 3000 von ihnen den Job kostete. Im gleichen Jahr gerieten Filmemacher und Schauspieler in die Fänge des im Kongress angesiedelten «House Un-American Activities Committee» (HUAC). Zu diesem Zweck wurden 24 «wohlgesinnte» (friendly) und 11 «unfreundlich gesinnte» (unfriendly) Zeugen nach Washington geladen. Zu den kooperationswilligen Zeugen gehörten Ronald Reagan, Robert Taylor, Robert Montgomery und Gary Cooper sowie die Regisseure Walt Disney und Sam Wood. Zur Gruppe der «Unfreundlichen» zählte u. a. der exilierte Dramatiker Bertolt Brecht. Brecht hielt dem Gesinnungsverhör der Inquisitoren mit Schlagfertigkeit, Humor und List stand, verneinte die Frage «Waren Sie jemals Mitglied der Kommunistischen Partei?» rundweg und machte sich am Tag nach dem Verhör mit einem Flugzeug in Richtung Schweiz aus dem Staub. Die übrigen zehn «unfreundlichen Zeugen» erklärten das Verfahren im Untersuchungsausschuss wegen der Unterbindung «freier Rede» für verfassungswidrig, wurden daraufhin wegen Missachtung des Kongresses belangt und landeten, nach vergeblicher Revision, für sechs bis zwölf Monate im Gefängnis. Als «Hollywood Ten» gingen die heute namentlich völlig Vergessenen in die Geschichte ein.

Wenige Wochen nach den Sitzungen des Untersuchungsausschusses trafen sich mehr als 50 Chefs amerikanischer Filmstudios im Waldorf-Astoria Hotel in New York, um eine Strategie gegen weitere Übergriffe auf die US-Filmindustrie zu entwickeln. Aus Furcht vor der patriotischen Presse und vor den Streikposten der «American Legion», einer Veteranenorganisation der US-Armee, die ein aktives Vorgehen gegen «kommunistenfreundliche Kinos» angekündigt hatte, erklärten die Filmproduzenten im sogenannten «Waldorf Statement» vom November 1947: «Wir werden wissentlich keinen Kommunisten oder kein Mitglied einer Partei oder Gruppe einstellen, die für den gewaltsamen, illegalen oder verfassungswidrigen Sturz der Regierung der USA eintritt.» Der Schaden, den die amerikanische Filmkultur infolge der politischen Einschüchterungen nahm, war nahezu fatal. Im ersten halben Jahrhundert ihrer Existenz hatte die in allen gesellschaftlichen Kreisen populäre amerikanische Filmindustrie unkonventionelle Ausdrucksmittel und Fantasien geschaffen, die die Kultur der traditionellen Eliten experimentell erweiterte, ohne subversiv oder radikal zu sein. Nach der antikommunistischen Kampagne, die mit den «Hollywood Ten» begann und mit weiteren HUAC-Verhören 1951 fortgesetzt wurde, verlor sie das Merkmal unbekümmerter künstlerischer Kreativität und Imagination. Denunziationen, Berufsverbote und ein Klima der Angst überzogen Hollywood. Neben dem Aufkommen des Fernsehens war es die kleinkarierte, kunstfeindliche Ideologie des Antikommunismus, die das Ende des «goldenen Zeitalters» des amerikanischen Kinos einläuten sollte.

58. Wie glücklich waren die 1950er Jahre? Im Rückblick erscheinen die 1950er Jahre den meisten Amerikanerinnen und Amerikanern als Ära grenzenlosen Wohlstands, gesellschaftlicher Stabilität und nationaler Zuversicht. Das Schlagwort von der «Wohlstandsgesellschaft» («The Affluent Society»), das der Wirtschaftswissenschaftler John Kenneth Gailbraith 1958 prägte, hat sich tief ins kollektive Gedächtnis der Amerikaner eingeschrieben. Unter anderem weil die USA im Zweiten Weltkrieg keine Zerstörung im eigenen Land zu beklagen hatten, spielten sie nach 1945 als internationale Wirtschaftsmacht eine dominierende Rolle beim Wiederaufbau der «freien Welt». Im Kontrast zu den kommunistischen Staaten erschien Amerika – in den Worten des Historikers David Potter – als ein «Volk des Überflusses» («People of Plenty»). Eine Ausgabe der Zeitschrift *Newsweek* aus dem Jahr 1972, mit Marilyn Monroe auf dem Titelbild, untersuchte das Phänomen der amerikanischen «Wunderjahre» unter dem Titel «Sehnsucht nach den Fünfzigern: Die gute alte Zeit». Aber wie gut waren die Fifties wirklich?

Nach dem Krieg wuchs die amerikanische Wirtschaft fast 20 Jahre lang stetig an. Das Bruttosozialprodukt, der wichtigste Indikator wirtschaftlicher Stärke, stieg zwischen 1949 und 1960 von 206 auf mehr als 500 Milliarden Dollar, also um fast 150 Prozent an. Die ökonomische Macht, die sich hinter diesen Zahlen verbarg, erlaubte es den USA, die eigenen Handelsvorstellungen und -bedingungen global durchzusetzen. Sie konnten daher Rohstoffe zu günstigen Preisen einführen und Konsumgüter teuer verkaufen. Während die alten Industriesektoren – Kohle, Bergbau und Textilien – in den 1950er Jahren schrumpften, kam es bei der Herstellung von synthetischen Produkten zu einem nie zuvor dagewesenen Boom. Innerhalb von wenigen Jahren wandelten sich die USA in eine «Plastikgesellschaft». Die Autoindustrie rüstete die Wagen mit synthetischen Reifen aus, die Uhrenindustrie ersetzte Holz und Metall durch Plastik, Frauen trugen Nylonstrümpfe und Geschäftsleute tauschten ihre Baumwollhemden gegen Dacron-, Nylon- und Orlonhemden ein. Thermostate und elektrische Garagenöffner, Kühlschränke und Spülmaschinen gehörten zunehmend zur Standardausstattung der Vorstadt-Bungalows. Der Stromverbrauch privater Haushalte verdreifachte sich in den 1950er Jahren. Tragbare Transistorradios ersetzten die alten Röhrengeräte. Der Stereo- (bald auch Quadro-) Sound löste die Monofonie ab, und Fernsehapparate wurden zum selbstverständlichen Bestandteil des amerikanischen Wohnzimmers. Hatte es Anfang 1946 in den USA nur 7000 Fernsehgeräte gegeben, so waren es Ende der Fünfziger Jahre bereits um die 50 Millionen. Damit verfügten amerikanische Haushalte in dieser Zeit über mehr Fernsehgeräte als Innentoiletten oder Kühlschränke. Neben Haushaltsgeräten feierten vor allem Büromaschinen ihren Siegeszug. Ford und General Electric waren die Symbole des industriellen Amerikas der Zwischenkriegszeit gewesen; nach dem Krieg verkörperten IBM und Xerox – weltweit sichtbar – den Vorsprung der amerikanischen Technik.

Einer der Gründe für den Wirtschaftsboom der Fünfziger Jahre lag in der engen Verbindung des US-Verteidigungsministeriums (des größten Vertragslieferanten Amerikas) zur Elektro- und Chemieindustrie. Militär und Raumfahrt benötigten chemische Treibstoffe, elektronische Steuermechanismen, intelligente Computer und synthetische Materialien (wie Teflon). Während des Koreakriegs stieg das jährliche Wirtschaftswachstum vorübergehend auf 4,7 Prozent an. Außerdem zeitigte die Politik hoher Staatsausgaben, die die wirtschaftliche Depression der Vorkriegszeit zum Stillstand gebracht hatte, auch in den 1950er Jahren einigen Erfolg. Mehr als 100 Milliarden Dollar gaben die USA in den zwei Jahrzehnten nach der Verabschiedung des Interstate Highway-Gesetzes im Jahr 1956 allein für den Bau neuer Bundesautobahnen aus.

Ein weiterer Grund für die positive Wirtschaftsentwicklung lag in dem spannungsfreien Verhältnis zwischen Unternehmern und Gewerkschaftern. Mehr als 4000 Firmen schlossen sich in den 1950er Jahren zu Großkonzernen zusammen. (Im Jahr 1959 ging zum Beispiel die Hälfte aller Rüstungsaufträge an nur 20 Firmen.) Damit wiederholte sich eine generelle Entwicklung der Zwischenkriegszeit, doch im Gegensatz zur Ära der 1920er Jahre gewannen nach dem Krieg nicht nur die Arbeitgeber, sondern auch die Arbeitnehmer Gewicht. Um Streiks der Gewerkschaften zu vermeiden, machten einige der großen US-Konzerne ihren Mitarbeitern weit reichende Zugeständnisse. General Motors akzeptierte schon ab 1948 eine Klausel, wonach die Gehälter der Automobilarbeiter automatisch den Lebenshaltungskosten angepasst würden; und die Ford Motor Company führte die Lohnfortzahlung auch bei Kurzarbeit ein. Diese Verbesserungen konnten jedoch nicht darüber hinwegtäuschen, dass sich für die unorganisierten Arbeiter kaum etwas verbesserte. Darüber hinaus dehnte sich in der Gesellschaft zunehmend das Gefühl aus, dass die (zum Teil in Skandale verwickelten) Gewerkschaftsbosse den Kontakt zur Basis verloren hatten.

In den 1920er Jahren hatte Präsident Hoover den Amerikanern «ein Auto in jeder Garage und ein Hühnchen in jedem Suppentopf» versprochen; in den 1950er Jahren kamen dann Beefsteak und Farbfernseher sowie eine Fülle von Konsumgegenständen hinzu – von der gestreiften Zahnpasta über das Deodorant bis zum zweifarbigen Straßenkreuzer mit Vinyldach und Heckflossen. Die Werbefirmen, die ihre Ausgaben zwischen 1946 und 1957 vervierfachten und auf unerhörte zehn Milliarden Dollar pro Jahr steigern konnten, suggerierten den Konsumenten immer neue Bedürfnisse und käufliche Formen der Befriedigung. Kein Wunder, dass die Verschuldung der privaten Haushalte im gleichen Zeitraum um 360 Prozent zunahm. In Amerika waren es bereits zu Anfang der 1950er Jahre Kulturkritiker wie David Riesman («The Lonely Crowd») und C. Wright Mills («White Collar»), die ihre Leser vor den Gefahren der Konsumsucht und der kulturellen Vermassung warnten, vor Anonymität und Einsamkeit, Orientierungslosigkeit und Manipulierbarkeit. Angst, Glück und Hoffnung lagen in den Fünfziger Jahren eng beieinander. Letztere, so lautete der konservative Konsens, seien in der Familie und in der Religion zu finden. Ein erfolgreicher Popsong von 1950 – «Jesus is God's Atomic Bomb» – brachte dies einprägsam auf den Punkt.

Im nostalgischen Rückblick sah das Jahrzehnt Elvis Presleys, Chuck Berrys und Bill Haleys golden aus. Dass die Preise für Farmprodukte allein zwischen 1948 und 1956 um ein Drittel zurückgingen, dass die Baumwoll-, Woll- und Schuhindustrie Zehntausende ihrer Beschäftigten in die Arbeitslosigkeit schickte, dass Eisenbahnen rote Zahlen schrieben, dass die Unterschichten in den schwarzen Ghettos der Großstädte vom Überfluss der weißen Mittelschicht völlig ausgeschlossen blieben, dass der Koreakrieg die Inflation beförderte und dass Angst vor den um die Wette forschenden und rüstenden Russen (die Nachricht vom ersten sowjetischen Weltraumsatelliten löste den Sputnik-Schock aus) weite Teile der Gesellschaft ergriff, bleibt in den rosigen Bildern der Ära Eisenhower ausgeblendet. Die strahlenden Fifties hatten auch ihre Schattenseiten.

59. Was machte Frank Lloyd Wright so berühmt? Der aus Wisconsin stammende Frank Lloyd Wright (1867–1959) gehörte nicht zu den populärsten oder erfolgreichsten Architekten der USA. Und doch ist er ohne Zweifel und mit großem Abstand der berühmteste Architekt, den die Vereinigten Staaten hervorgebracht haben. Wrights Klienten waren in ihrer Mehrzahl Geschäftsleute aus dem Mittleren Westen. Weder die großen Unternehmen der USA noch die amerikanische Regierung erteilten Frank Lloyd Wright je einen Auftrag. So sprach sich Franklin D. Roosevelt in den 1930er und 1940er Jahren, als die Bundesregierung in Washington schneller wuchs als je zuvor, ausdrücklich gegen einen Vertrag mit Wright aus. Im klassischen Stil sollte Amerikas Hauptstadt gebaut und ausgebaut werden, nicht in der modernen und eigenwilligen Formensprache eines Frank Lloyd Wright. Auch auf der fast zwei Kilometer langen National Mall in Washington mit ihren zahlreichen Museumsgebäuden findet sich kein einziges Gebäude von Amerikas berühmtestem Architekten. Dies ist verwunderlich, wenn man bedenkt, dass kein anderer Architekt in den USA sich so konsequent wie Wright darum bemüht hat, einen genuin amerikanischen Stil zu entwickeln.

Konkret setzte sich Wright die Aufgabe, für die unterschiedlichen

Regionen und Landschaften der USA – mit ihren Bergen und Tälern, Wüsten und Wäldern – jeweils spezifische Gebäudekörper aus Metall und Stein, Leinwand und Holz zu entwickeln. Die Architektur sollte, völlig losgelöst von den kolonialen Traditionen Englands und Spaniens sowie vom Neoklassizismus, die die Architektur der USA bis ins frühe 20. Jahrhundert hinein prägten, Ausdruck ihrer Zeit und ihrer neuen Umgebung sein. Aus einer Hegelianischen Position heraus argumentierte Wright in seinen theoretischen Schriften, dass die USA als junge demokratische Nation den gesellschaftlichen und technologischen Aufbruch auch architektonisch dokumentieren sollten. Dem entsprach die Faszination, die Wright schon im 19. Jahrhundert für neue technische Ressourcen wie elektrisches Licht, Stahlskelette und Aufzüge entwickelte.

«Usonian» (sprachlich von United States' own oder U. S. onian abgeleitet) nannte Wright eine Reihe von modernen, erschwinglichen Wohnhäusern mit zum Teil vorgefertigten Teilen, die er – in das jeweilige Terrain eingepasst – in verschiedenen Gegenden der USA erbauen ließ. Das Grundmodell des Usonian house griff einerseits auf die architektonischen Elemente und Traditionen amerikanischer Blockhütten und Prärieháuser zurück; andererseits orientierte es sich am Design von Eisenbahnwagen: Der Baukörper war schmal und lang, die Küche winzig und funktional. Manches spricht dafür, dass Wrights Usonian houses einen nicht unbeträchtlichen Einfluss auf das Design suburbaner Bungalows hatten, die nach dem Zweiten Weltkrieg in allen Teilen der USA aus dem Boden schossen.

In seiner Autobiografie hat Frank Lloyd Wright hervorgehoben, dass seine Kindheitserfahrung in einem Kindergarten nach Fröbelschem Vorbild und das dort praktizierte Spielen mit Holzbausteinen einen enormen Einfluss auf seine Vorstellungswelt hatten. Neben der Faszination für Farbe, für kubistische Riegel, für die Textur von Natursteinen, Ziegeln und Kupfer sowie für ornamentlose Fenster, entwickelte Wright schon bald eine charakteristische Leidenschaft für offene Räume und fließende Übergänge. Nicht Decken und Wände, sondern fluktuierende (sich erweiternde und verengende) Räume definierten Frank Lloyd Wrights Gebäude. Die Individualität der Gestaltung bis hin zu kleinsten Details – Wright schuf Drehstühle und Heizkörper, Sitzbänke, Einbauregale und Lampen – und die Asymmetrie der Komposition machten jedes Gebäude zu einem unverwechselbaren Gesamtkunstwerk. Wenn Gropius und Mies van der

Rohe (in Deutschland) und Mitglieder von De Stijl (in den Niederlanden) nur in ihren frühen Arbeiten von Frank Lloyd Wright inspiriert waren und danach ihre eigenen planerischen Wege gingen, hatte dies unter anderem damit zu tun, dass sich Wrights individuelle Architektur gegen Nachahmung und Serielles sperrte. So reflektierte beispielsweise das extravagante, über einen Wasserfall hinweg gebaute Wohnhaus Falling Water (1935–1948) in Connelsville, Pennsylvania, einerseits die Tendenzen der Internationalen Moderne; andererseits war es in seiner handwerklichen Detailorientierung eher der Arts-and-Crafts-Tradition verpflichtet. Mit seinen freitragenden Auslegern aus rohem Kalkstein für Balkone und Terrassen fügte es sich unverwechselbar und aufs Engste in seine natürliche Umgebung ein. Als ein weiteres Meisterstück Frank Lloyd Wrights gilt das Solomon R. Guggenheim Museum (1956–1959) für moderne Kunst in New York City, das über keine separaten Geschosse verfügt, sondern den Besucher über eine helixförmige Rampe führt und damit die Illusion eines kontinuierlich fließenden Raumes erzeugt.

Wright hat eine Fülle architektonischer Innovationen hervorgebracht oder popularisiert, so zum Beispiel die Flächenheizung, rahmenlose Eckfester, dekorierte Betonblocks und den überdachten Autostellplatz (carport). Sein Erbe besteht darüber hinaus in der «organischen Architektur» oder «Architektur der Demokratie», wie er sie nannte. Diese war von dem Grundgedanken getragen, dass die Gebäude sowohl mit ihren Bewohnern als auch mit ihrer natürlichen Umgebung harmonieren sollten. Die enge Verbindung zur amerikanischen Landschaft und die Innovation und Unverwechselbarkeit der mehr als 360 Gebäude, die Frank Lloyd Wright in seiner etwa siebzigjährigen Berufskarriere schuf, machten ihn zum amerikanischen Architekten par excellence.

60. Warum schlug der Fall Roe versus Wade so hohe Wellen?

Im Jahr 1970 erhob eine unverheiratete Frau namens Norma McCorvey (unter dem Gerichtspseudonym «Jane Roe») Anklage gegen den Staat Texas (vertreten durch den Distriktsanwalt Henry Wade), der ihr das Recht auf legale Abtreibung absprach. Ihr Kind, das angeblich durch Vergewaltigung gezeugt worden war – später dementierte McCorvey ihre eigene Geschichte –, gab sie damals zur Adoption frei. Der Fall Roe versus Wade erreichte 1973 den Obersten US-Gerichtshof, wo «Jane Roe» Recht gegeben und der Schwangerschaftsabbruch während der ersten drei Monate frei gegeben wurde. Aus Sicht der Frauenbewegung war die Entscheidung Roe versus Wade ein großer politischer Durchbruch. Abtreibung war einst in den Vereinigten Staaten legal gewesen, aber Anfang des 20. Jahrhunderts hatten die meisten Bundesstaaten «anti-abortion laws» verabschiedet. Wie groß die historische Tragweite des Washingtoner Gerichtsurteils war, lässt sich nicht zuletzt daran ermessen, dass in den 1960er Jahren in mehreren Bundesstaaten selbst der Verkauf von Verhütungsmitteln noch verboten war. Die Verfügbarkeit der Pille und die Fristenregelung für den Schwangerschaftsabbruch erlaubten es Amerikanerinnen und Amerikanern mit einem Mal, zentrale Entscheidungen über Sexualität und Reproduktion ohne staatliche Intervention zu treffen. Kleinere Familien wurden zur Norm, die Rate legaler Abtreibungen nahm zu und erreichte im Jahr 1980 (mit 29 Abtreibungen auf 1000 Frauen) ihren Höhepunkt.

Die Wahl von Ronald Reagan zum Präsidenten im November 1981 symbolisierte einen konservativen Umschwung in der amerikanischen Gesellschaft. Die «Neue Rechte» betonte die Bedeutung «traditioneller Familienwerte». Damit war nicht nur die Opposition gegen Abtreibung, sondern auch gegen die Berufstätigkeit von Müttern mit kleinen Kindern gemeint. 1989 wurde zwar die Gültigkeit der Gerichtsentscheidung Roe versus Wade im Obersten Gerichtshof mit fünf zu vier Stimmen bestätigt. Gleichzeitig jedoch wurde die Autorität der Bundesstaaten ausgeweitet, die Abtreibungsgesetze individuell einschränken konnten. Ein Vierteljahrhundert nach dem Durchbruch der 1970er Jahre ist die amerikanische Gesellschaft in der Abtreibungsfrage gespaltener denn je. 2006 sprachen sich in Meinungsumfragen nur 49 Prozent der Amerikanerinnen und Amerikaner für die liberale Rechtssprechung von Roe versus Wade aus, während die Zahl der Abtreibungsgegner mit 47 Prozent um fünf Punkte höher lag als 1973. Ironischerweise wurde Norma McCorvey nach ihrer Bekehrung zur gläubigen Christin im Jahr 1998 selbst zur lautstarken Fürsprecherin der konservativen «pro-life»-Bewegung. Der Versuch, die von ihr selbst initiierte Rechtssprechung wieder rückgängig zu machen, scheiterte allerdings im Februar 2005.

61. Wer war Betty Friedan und was verstand sie unter «Weiblichkeitswahn»? Um 1960 waren 36 Prozent aller amerikanischen Frauen berufstätig, aber die Diskriminierung von Frauen reichte weit. Im Jahr 1967 hatten Amerikas Frauen lediglich vier Prozent der Parlamentssitze in den Bundesstaaten inne und nur zwei Prozent der Richterämter. Das Durchschnittseinkommen von Frauen lag bei einem Drittel des Einkommens der Männer. Kindergartenplätze gab es nur für zwei Prozent der Kinder von berufstätigen Müttern. Von einer starken politischen Bewegung, die für die Rechte von Frauen kämpfte, konnte dagegen keine Rede sein.

Dass der Feminismus sich von einem nahezu unsichtbaren Phänomen in eine mächtige gesellschaftliche Bewegung verwandeln würde, hätte 1960 keiner zu prophezeien gewagt. Niemand hatte einen größeren Anteil daran, dass der Kampf der Frau um die Befreiung aus der häuslichen Enge zum Politikum wurde, als Betty Friedan, die 1921 als Betty Naomi Goldstein geboren wurde. Ihr 1963 veröffentlichtes Buch «The Feminine Mystique» (deutsch: «Der Weiblichkeitswahn»), das bis zu Friedans Tod im Jahr 2006 mehr als drei Millionen Mal verkauft wurde, rüttelte die amerikanische Gesellschaft auf wie nur wenige Bücher des 20. Jahrhunderts. Während es für die einen zum Fanal einer neuen Befreiungsbewegung wurde, fürchteten die anderen den intellektuellen Sprengstoff, den das Werk in sich barg. Die rechtskonservative Zeitschrift *Human Events* setzte das Buch sogar auf die Liste der «Zehn gefährlichsten Bücher des 19. und 20. Jahrhunderts». Im Rückblick erscheinen Friedans Gedanken weder kämpferisch noch radikal, aber in ihrem Erscheinungsjahr wirkten sie wie eine Schocktherapie.

In ihrem Buch entlarvte Friedan die Reduktion der Frauen auf ihre Rolle in der Familie und im Haushalt. Als Journalistin für ein Frauenmagazin hatte sie ihre ehemaligen Kommilitoninnen aus dem renommierten Smith College landauf landab besucht und interviewt. Die meisten lebten das Leben, das die Nachkriegsgesellschaft ihnen als den schönsten aller Träume vorgegaukelt hatte: Sie waren Ehefrauen und Mütter und wohnten in reichen Vororten. Und doch schienen sie zutiefst unglücklich. Sie hatten sich zu Expertinnen im Kochen und Saubermachen entwickelt und ließen sich durch die Werbe- und Konsumgüterindustrie zum Kauf unsinniger Produkte (wie Unmengen von chemischen Putzmitteln) hinreißen. Für ihre intellektuellen Fähigkeiten und sonstigen Talente fehlte Friedans Interviewpartnerinnen hingegen jedwede Betätigungsmöglichkeit. Ihre Chronik des mittelständischen Vorstadtlebens in den USA war empathisch und intim. Genau deshalb ging «Der Weiblichkeitswahn» den Zeitgenossinnen so sehr unter die Haut. Betty Friedan, die im Nachruf der New York Times als «Kreuzritterin des Feminismus» bezeichnet wurde, wurde zum wichtigsten Sprachrohr einer feministischen Bewegung, die sich seit Beginn der 1960er Jahre zunächst nur langsam rührte, aber danach blitzschnell ausbreitete. Im Jahr 1963 wurde der Equal Pay Act verabschiedet, der Frauen für die gleiche Arbeit gesetzlich den gleichen Lohn zusicherte. Ein Jahr später dehnte der Kongress viele der Anti-Diskriminierungsgesetze, die für Afroamerikaner galten, verfassungsrechtlich auch auf amerikanische Frauen aus. 1968 rief Friedan zusammen mit anderen Frauen die «National Organization for Women» (NOW) ins Leben, deren erste Präsidentin sie wurde, und die zwei Jahre später bereits 15 000 Mitglieder hatte. Im gleichen Jahr protestierte eine radikale Frauengruppe gegen die Wahl der Miss America, weil die Inthronisierung einer Schönheitskönigin Frauen zu Glamour-Objekten reduzierte.

Der Feminismus der 1970er Jahre war breiter und aktionistischer, radikaler und obsessiver als die Denk-Bewegung, die Betty Friedan 1963 angezettelt hatte. Zehn Jahre nach dem Erscheinen des «Weiblichkeitswahns» gab es bereits Dutzende von feministischen Zeitschriften und Zentren für Opfer von Vergewaltigung und häuslicher Gewalt. Mitte der 1970er Jahre waren fast 50 Prozent aller Amerikanerinnen und 90 Prozent der amerikanischen College-Absolventinnen berufstätig. Von nun an behielten Frauen nach ihrer Heirat immer häufiger den Mädchennamen, und Mrs – so wurden zuvor nur verheiratete Frauen angesprochen – wurde durch Ms (Miss) ersetzt. Der Wandel mochte symbolisch sein. Aber der Umstand, dass der Familienstand keine Bedeutung mehr für die berufliche Karriere hatte, war ein sinnfälliger Ausdruck für die neue gesellschaftliche Rolle der Frau, zu der Friedans couragierte Schrift einen entscheidenden Anstoß gegeben hatte.

62. Wie wurde die Verhaftung einer Näherin in Alabama zum Motor von Reformen in Amerika? Im Dezember 1955 wurde die schwarze Näherin Rosa Parks in Montgomery im Bundesstaat Alabama verhaftet, weil sie sich geweigert hatte, ihren Sitzplatz in einem städtischen Omnibus für einen weißen Passagier zu räumen. Im Gerichtsprozess, der drei Monate nach dem Vorfall stattfand, erklärte die 43-jährige Afroamerikanerin lapidar: «Ich war ziemlich müde, nachdem ich einen ganzen Tag lang gearbeitet hatte. Ich fertige oder arbeite an Kleidern, die weiße Leute tragen. ... Ich wollte wissen: Wann und wie werden wir je herausfinden, was unsere Rechte als menschliche Wesen sind? Der Zufall wollte es, dass der Busfahrer eine Forderung stellte, und ich fühlte mich nicht danach, dieser Forderung nachzukommen. Er rief die Polizei und ich wurde verhaftet und ins Zuchthaus gesperrt.»

Die Schwarzen in Montgomery nahmen die Verhaftung von Rosa Parks zum Anlass für eine Massenversammlung, auf der sie für den Boykott aller städtischen Busse stimmten. Sie bildeten Fahrgemeinschaften oder gingen demonstrativ zu Fuß zur Arbeit. Die Stadt rächte sich, klagte 100 Führer des Busboykotts an und ließ mehrere von ihnen verhaften. Rosa Parks wurde ein zweites Mal eingesperrt, nachdem sie sich geweigert hatte, das geforderte Bußgeld zu zahlen. In vier schwarzen Kirchen sowie in der Nähe des Wohnhauses des 27-jährigen Baptistenpfarrers Martin Luther King Jr. (1929–1968), dessen Kirchengemeinde Rosa Parks angehörte, gingen Bomben hoch. King, der bald zum Führer der Boykottbewegung avancieren sollte, wurde ebenfalls verhaftet. Zuerst lautete die Anklage auf Alkohol am Steuer, danach auf Konspiration und Organisation eines illegalen Boykotts. Auch der Ku-Klux-Klan machte seine Aufwartung und marschierte durch die Straßen Montgomerys, um die «Nigger» einzuschüchtern.

Trotz der Eskalation ließen sich die Schwarzen in Montgomery nicht zur Gegengewalt provozieren. Der charismatische Martin Luther King verstand es, die Menge zum gewaltlosen Widerstand anzustiften: «Es gehört zu den größten Zierden Amerikas, dass wir das Recht auf Protest haben», erklärte er in einer seiner mitreißenden Reden. «Und wenn wir auch jeden Tag verhaftet werden sollten, wenn wir jeden Tag ausgebeutet werden, wenn man uns jeden Tag anrempelt, so lasst Euch nie so weit nach unten ziehen, dass Ihr die Anderen hasst.» Rosa Parks Mut und Martin Luther Kings versöhnliche Rhetorik trugen dazu bei, dass das ganze Land auf Montgomery blickte und zunehmend Sympathie für die Gleichstellung der Schwarzen entwickelte.

Das Oberste Gericht in Washington, das bereits 1954 – den Argumenten des schwarzen Anwalts und späteren Bundesrichters Thurgood Marshall folgend – die Rassentrennung im Bildungswesen für gesetzeswidrig erklärt hatte, da diese das Selbstwertgefühl der afroamerikanischen Kinder mindere, erklärte zwei Jahre später auch die

Segregation in öffentlichen Verkehrsmitteln für verfassungswidrig. In das Urteil flossen nun modernes Rechtsdenken und neue soziologische Erkenntnisse ein, die das bisherige Rassenverständnis radikal in Frage stellten. Am 21. Dezember 1956, mehr als ein Jahr nach Rosa Parks Verhaftung, fuhren die schwarzen Einwohner von Montgomery erstmals wieder mit dem städtischen Bus zur Arbeit. Der friedvolle Boykott wurde an anderen Orten in den Südstaaten imitiert und markierte den Beginn einer afroamerikanischen Protestbewegung, die ihre Forderungen nach rechtlicher und sozialer Gleichheit mit zunehmend großem Nachdruck in die amerikanische Gesellschaft einbrachte.

63. Was wollte Präsident Johnson mit seiner Great Society erreichen? Als Vizepräsident Lyndon B. Johnson, ein mit allen Wassern gewaschener Texaner, unmittelbar nach dem Attentat auf Präsident John F. Kennedy ins Weiße Haus überwechselte, machte er sich die tiefe Betroffenheit der Stunde und die Stimmung der nationalen Solidarität zu Nutze, um ein großangelegtes innenpolitisches Reformprogramm auszurufen. Johnsons sozialdemokratische Vision der Great Society forderte «Wohlstand und Freiheit für alle» sowie «ein Ende der Armut und der rassischen Ungerechtigkeit». Die Great Society sollte modern, gerecht und harmonisch sein und dem Rest der Welt als Vorbild dienen. Im Zentrum von Johnsons Sozialprogramm, das den von Franklin D. Roosevelt mit dem New Deal begonnenen Aufbau eines Wohlfahrtsstaates vollenden sollte, standen eine bundesstaatliche Krankenversicherung für ältere Amerikaner (Medicare) und ein Programm für Wohlfahrtsempfänger (Medicaid). Eines der Instrumente im «bedingungslosen Kampf gegen die Armut» waren Lebensmittelmarken (food stamps). Ferner folgte der Kongress der Führung des Präsidenten, als dieser 1,5 Milliarden Dollar für die seit den 1940er Jahren vernachlässigten staatlichen Schulen forderte. Ein weiteres Gesetz, das 1965 verabschiedet wurde, veranlasste den Bau von 240 000 Häusern und sah drei Milliarden Dollar für die Sanierung der heruntergekommenen Innenstädte vor. 1966 wurde ein Mietgeld-Fonds für Familien mit niedrigem Einkommen eingerichtet. Und im gleichen Jahr erfolgte die Gründung eines Bundesministeriums für Wohnungs- und Städtebau, das von Robert C. Weaver, dem ersten schwarzen Bundesminister in der Geschichte der USA, geleitet wurde.

Im Rahmen des Great Society-Programms verabschiedete der Kongress nicht weniger als 435 Gesetze. Die Bundesausgaben stiegen im Laufe der 1960er Jahre drastisch an – von 94,4 Milliarden Dollar im Jahr 1961 auf 196,6 Milliarden Dollar im Jahr 1970. Johnsons Absicht, sowohl das «Miststück des Krieges» in Vietnam (wie er es nannte) zu finanzieren als auch seine «Liaison zur Great Society» – «die einzige Frau, die ich wirklich liebte» – zu halten, erwies sich am Ende als undurchführbar. Ein großer Teil von Johnsons Wünschen blieb unerfüllt. Doch gemessen an seinen Vorgängern und Nachfolgern im Weißen Haus kam der Mann aus Texas dem Ideal einer sozialen und gerechten US-Gesellschaft durchaus nahe. Die Zahl der unter dem statistischen Existenzminimum lebenden Amerikaner reduzierte sich von 22,4 auf 12,6 Prozent, bei den Afroamerikanern von 55,1 auf 31 Prozent. Insgesamt verbesserten sich das Bildungswesen, die Zukunftschancen von Jugendlichen und Minderheiten, der Verbraucherschutz, das öffentliche Verkehrswesen, die staatliche Kunst- und Kulturförderung sowie die Quoten für Einwanderer in die USA.

64. Warum kam es 1965 zu einer Zäsur in der amerikanischen Einwanderungsgeschichte?

Im großen Strom der Reformen der 1960er Jahre ging ein Gesetz zunächst völlig unter, das in den darauffolgenden Jahrzehnten unerwartete und durchaus gravierende Auswirkungen entfalten sollte: der Immigration Act des Jahres 1965, der von Präsident Lyndon B. Johnson realisiert wurde, aber bereits von John F. Kennedy ins Auge gefasst worden war. 1958 hatte Kennedy, zusammen mit der Anti-Defamation League, eine Flugschrift mit dem Titel «A Nation of Immigrants» publiziert, die die essenzielle Rolle der Einwanderer in der amerikanischen Geschichte pries und eine liberalere Handhabung der Einwanderungsregeln propagierte. Ein von Kennedy veranlasster Gesetzesentwurf zur Einwanderung blieb jahrelang in Unterausschüssen im Kongress stecken, aber 1965 konnte Präsident Johnson eine modifizierte Fassung des Gesetzes publikumswirksam – vor der fotogenen Kulisse der «Einwanderer-insel» Ellis Island im Hafen von New York – unterzeichnen. Das neue Gesetz ersetzte das aus den 1920er Jahren stammende Quotensystem, welches die Einwanderung aus bestimmten Nationen beschränkt hatte und dadurch, wie Johnson hervorhob, gegenüber den Ländern «Süd- und Osteuropas» und den «Entwicklungsländern» ungerecht gewesen war. Im Rahmen von Obergrenzen für die westliche und östliche Hemisphäre – für den Westen (Nord- und Südamerika) lag sie bei 120 000 Immigranten, für den Osten bei 170 000 Immigranten jährlich – sollte kein einzelnes Land in Zukunft mehr als 20 000 Auswanderer pro Jahr schicken. Das neue Gesetz erlaubte das Nachkommen von engen Verwandten ohne Limit, und nur etwa zehn Prozent erhielten ein Visum aufgrund besonderer beruflicher Befähigung. Wenn man diese Zahlen in der Folgezeit auch häufig veränderte, so stand doch die gesamte Einwanderungsregulierung von nun an auf einer neuen Grundlage: Die rassisch motivierten Privilegien für West- und Nordeuropäer entfielen, das Tor für Neuankömmlinge aus den nur wenig industrialisierten Regionen der Erde öffnete sich ein Stück weit, und der Strom der Einwanderung wurde insgesamt breiter und ethnisch wie religiös vielfältiger.

Dass das neue Einwanderungsgesetz ohne große Opposition verabschiedet werden konnte, hatte ohne Zweifel damit zu tun, dass sich kein Politiker der 1960er Jahre vorstellen konnte, welche radikalen Folgen es zeitigen würde. Generalstaatsanwalt Robert Kennedy hatte noch 1965 in einer Rede vor dem Senat erklärt, dass im ersten Jahr nach der Verabschiedung des Gesetzes etwa 5000 Asiaten zu erwarten seien und «danach diese Einwandererquelle praktisch versiegen würde». In Wirklichkeit ging die Zahl von Einwanderern aus Europa nach dem Zweiten Weltkrieg drastisch zurück: Durch den steigenden Wohlstand in den westeuropäischen Gesellschaften verloren die USA einen Teil ihrer Anziehungskraft; die Menschen aus dem Ostblock konnten ihre Länder gar nicht verlassen. Es blieben Asiaten, Süd- und Mittelamerikaner (etwa aus Mexiko, den Philippinen, Korea und der Dominikanischen Republik), die sich in großer Zahl erfolgreich um US-Visa bemühten, bald schon ihre Verwandten nachholten und damit eine immense Kettenwanderung auslösten.

65. Wie hat Woodstock die Welt verändert? Ende der 1960er Jahre hatten sich mehrere Folk- und Rockmusiker in die idyllisch gelegene Gemeinde Woodstock, 70 Kilometer nördlich von New York City, zurückgezogen. Unter ihnen waren Bob Dylan, Jimi Hendrix, Janis Joplin, Van Morrison und The Band. Den Musikern folgte der Rockband-Manager Michael Lang, der in Woodstock ein Aufnahmestudio einrichten und zu dessen Eröffnung ein kleines Rockfestival und einen Kunstbasar organisieren wollte. Am Ende wurde aus dem Woodstock Music and Art Fair, der an einem langen Wochenende im August 1969 32 der bekanntesten Musiker der USA und Großbritanniens zusammenbrachte, ein historisches Ereignis. Michael Langs Aufnahmestudio wurde nie eingerichtet, der Kunstbasar geriet in Vergessenheit und das Woodstock-Festival fand nicht in Woodstock, sondern im 90 Kilometer entfernten Bethel, New York, statt. (Den Namen behielten die Veranstalter wegen seines bukolischen Klangs bei.)

Die Veranstalter des Festivals sparten weder Mühen noch Ausgaben, um ein großes Spektakel zu produzieren. Die Natur von Woodstock galt den Zeitgenossen (ähnlich wie die Weite des Westens, die im Film «Easy Rider» von 1968 zelebriert wurde) als Gegenbild zur Kultur des politischen Establishments, das die Nation in den Vietnamkrieg verwickelt hatte. Der Event wurde dann auch nicht über die etablierten Medien, sondern über Untergrundzeitungen angekündigt. Die Hog Farm, eine Hippie-Kommune aus New Mexico, konnte dafür gewonnen werden, Zeltplätze herzurichten, kostenlose Verpflegung für die Festivalbesucher zur Verfügung zu stellen und ein Obdach für ausgeflippte Freaks aufzubauen. Außerdem wurden Indianer aus Arizona eingeflogen, die Kunst und Kunstgewerbe zum Verkauf anboten.

Die Veranstalter hatten mit 50 000 Besuchern gerechnet. Als stattdessen eine halbe Million Menschen beim Festival eintrafen, brach ein unvorstellbares Chaos aus. Die Straßen waren verstopft; selbst einige Musiker gelangten nicht rechtzeitig oder gar nicht ans Ziel. Die Sicherheitskräfte waren nicht in der Lage, die Eintrittskarten zu überprüfen – der Eintritt galt deshalb als «frei». Die Essensvorräte waren bald aufgebraucht, und die sanitären Anlagen erwiesen sich als unzulänglich. Zu allem Übel verwandelten heftige Regenfälle das Weideland von Bethel in einen großen Acker aus feuchtem Lehm. Auch die Drehbühne für die Stars, die teuerste in der Geschichte der Rockmusik, erwies sich als Flop: Nachdem die Technik aufgebaut war, ließ sie sich nicht mehr bewegen.

Die Bilder, die die Massenmedien im ganzen Land vom Woodstock Festival verbreiteten, zeigten junge Männer und Frauen mit langen Haaren, lehmbedeckt, mit nackten Oberkörpern oder Haschisch rauchend. Sie definierten für viele Amerikaner jene «Make love not war»-Kultur, die Ende der 1960er Jahre ihren Höhepunkt erreichte. Für Rockgrößen wie Carlos Santana, der «Soul Sacrifice» spielte; für Jimi Hendrix, der mit einer Variante der amerikanischen Nationalhymne einen wütenden Aufschrei und eine bittere Anklage gegen den Krieg in Vietnam lieferte; und für Pete Townshend, der seine Gitarre auf der Bühne zertrümmerte und anschließend in die Menge warf, brachte Woodstock den endgültigen Durchbruch zum internationalen Ruhm.

Kurz nach dem Festival erschien Abbie Hoffmans Buch «Woodstock Nation», das die Subkultur von Woodstock zum Gegenstück der «Pig Nation» (also von Mainstream Amerika) stilisierte. Hoffman kontrastierte die nur drei Wochen zuvor erfolgte «erste menschliche Mondlandung» mit Woodstock, «dem ersten Versuch einer menschlichen Erdlandung». Das Dionysische, Ursprüngliche von Woodstock galt ihm als Gegenstück zum Apollonischen, Rationalen der Raumfahrt; dass die amerikanische Raumfähre Apollo hieß, verstärkte die Überzeugungskraft von Hoffmans Interpretation. Darüber hinaus war es vor allem der von Michael Wadleigh produzierte und von Thelma Schoonmaker und Martin Scorsese bearbeitete, preisgekrönte Dokumentarfilm «Woodstock» (1970), der das Festival zur großen amerikanischen Legende machte. Eine Fülle von Geschichten und Anekdoten haben sich im globalen Gedächtnis nicht nur der Amerikaner eingeprägt. Menschen, die sich zuvor nie gesehen hatten, tauschten Essen, Drogen, Alkohol und Partner miteinander. Drei Männer starben – einer wurde im Schlafsack von einem Traktor überfahren, einer erlitt eine schwere Blinddarmentzündung und ein dritter starb an einer Heroinüberdosis –, und angeblich wurde auch ein Baby geboren. Woodstock war ein phänomenaler Musik-Event, die größte Versammlung junger Leute in der Geschichte Amerikas. Im Rückblick markiert das Festival den Höhepunkt der amerikanischen Hippie- und Gegenkultur der 1960er Jahre, eine Ära, in der der Idealismus vielleicht noch stärker war als die Kommerzialisierungstendenzen, die die Musikkultur seit den 1970er Jahren dominierten.

66. Was bewirkte der «Stumme Frühling»? Rachel Carsons 1962 veröffentlichtes Buch «Silent Spring» («Der Stumme Frühling») hat die amerikanische Gesellschaft aufgerüttelt wie kaum ein anderes Sachbuch in neuerer Zeit. In seiner Bewusstsein bildenden, mobilisierenden Wirkung lässt sich der Stumme Frühling durchaus mit Onkel Toms Hütte vergleichen. Innerhalb von zehn Jahren erschien der Band in 16 Sprachen, und Ende des 20. Jahrhunderts waren bereits mehr als zwei Millionen Exemplare verkauft. Nach Ansicht des

Time Magazine gehört Rachel Carson zu den 100 wichtigsten Persönlichkeiten des 20. Jahrhunderts.

Die Marinebiologin und Journalistin führte den Amerikanern im Stummen Frühling erstmals vor Augen, welche verheerenden Auswirkungen der Einsatz von Insektengiften, insbesondere von DDT, auf die biologischen Zusammenhänge in der Natur hatte. Carsons Buch erklärte in einer für ein breites Publikum verständlichen, präzisen und zugleich poetischen und bilderreichen Sprache, was unter «Ökologie» als dem Zusammenspiel aller Organismen zu verstehen ist: dass selbst kleine Mengen von DDT sich über Flora und Fauna ausbreiten, dass das Gift die Singvögel tötet und dass es den «Frühling verstummen» lässt. Berühmt sind die Eingangssätze des Bandes: «Es war einmal eine Stadt im Herzen Amerikas, in der alle Geschöpfe in Harmonie mit ihrer Umwelt zu leben schienen ... Dann tauchte überall in der Gegend eine seltsam schleichende Seuche auf. Es herrschte eine ungewöhnliche Stille. Wohin waren die Vögel verschwunden? ... Es war ein Frühling ohne Stimmen. Kein böser Zauber, kein feindlicher Überfall hatte in dieser verwüsteten Welt die Wiedergeburt neuen Lebens im Keim erstickt. Das hatten die Menschen selbst getan.»

Carsons Buch, das die Gefahren von Insektengiften entlarvte, die über die Nahrungskette und über Muttermilch zerstörerische Kraft entwickelten und beim Menschen Krebs auslösten, wurde vom *New Yorker* vorab gedruckt. Die Publikation wirkte wie ein Fanal. Den einen galt es als «hysterisches Geschrei» einer «Vogel- und Häschenfreundin», einer «alten Jungfer» oder gar «Kommunistin», den anderen als Aufruf zu einer umfassenden nationalen Umweltbewegung, wo es zuvor nur zerstreute lokale Gruppen gab. Die Chemieindustrie und das US-Landwirtschaftsministerium, die den Einsatz von DDT seit Ende der 1940er Jahre massiv betrieben und von Jahr zu Jahr im Schnitt um 168 Prozent steigerten, versuchten die Publikation zu verhindern, indem sie beim Verlag Houghton Mifflin intervenierten. Der Verleger ließ die Vorwürfe von externen Gutachtern überprüfen und entschied sich für die Veröffentlichung. Der Vorabdruck des Stummen Frühlings fiel in die Zeit, in der in den USA erste Anzeichen der schädlichen Nebenwirkungen des Beruhigungsmittels Contergan bekannt wurden. Die Debatte wurde in Regierung und Öffentlichkeit bald so heftig geführt, dass Präsident Kennedy einen wissenschaftlichen Ausschuss einsetzte, der die Schädlingsbekämpfung unter die Lupe nahm. Carson selbst konnte sich an den Diskussionen nicht mehr beteiligen. Sie starb 1964 im Alter von 56 Jahren an Brust-krebs. Erst Anfang der 1970er Jahre wurde der Einsatz von DDT in den USA verboten; der Export ist bis heute erlaubt. Vor dem Erschei-nen des Stummen Frühlings hatte das Hauptaugenmerk der Natur-schützer dem Erhalt der «wilden Natur» außerhalb der Städte und der landwirtschaftlichen Gebiete gehört. Rachel Carsons Buch wirkte wie ein Funke, der mit einem Schlag die Diskussion über Naturschutz in die Diskussion über Umweltschutz verwandelte. Nicht eine ent-fernte Welt galt es demnach zu schützen, sondern die menschliche Umwelt, nicht «Wildnis», sondern «Ökologie». Damit markiert «Der stumme Frühling» den Anfang einer modernen Umweltbewegung, die sich bis heute als kritische, basisgestützte Instanz gegenüber Industrie und Regierung begreift.

67. Was war der Watergate-Skandal?   Am frühen Morgen des 17. Juni 1972 verhaftete die Polizei fünf Männer, die offenkundig ver-sucht hatten, in die Büros der nationalen Parteizentrale der Demo-kraten im Washingtoner Watergate Hotel einzubrechen. Was der Pressesprecher des republikanischen Präsidenten Nixon auf Anfrage als «drittklassigen Einbruch» bezeichnete, führte zwei Jahre später – und erstmals in der amerikanischen Geschichte – zum Rücktritt eines amerikanischen Präsidenten.

Dass die politischen Hintergründe des Watergate-Einbruchs ans Tageslicht kamen, ist in erster Linie zwei Journalisten der *Washing-ton Post*, Bob Woodward und Carl Bernstein, zu verdanken. Sie ent-hüllten – mit Hilfe eines Informanten namens «Deep Throat», der sich erst 2005 zu erkennen gab (es handelte sich um den Stellver-tretenden Direktor des FBI, W. Mark Felt) – nach und nach, dass der Präsident selbst von dem Einbruch wusste und dessen Vertuschung befohlen hatte.

Angesichts der Kritik seiner politischen Gegner hatte Nixon, der von Natur aus ein unsicherer und misstrauischer Mensch war, einen geheimniskrämerischen Führungsstil entwickelt und einen auto-ritären Apparat aufgebaut, der die Macht des vermeintlich von der Presse und den Demokraten «belagerten» Weißen Hauses konse-quent ausbaute. Die Paranoia des Präsidenten reichte so weit, dass er eine geheime Spezialeinheit aufbaute, die sogenannten «Klempner», die Feindlisten erstellten, subversive Gerüchte in die Welt setzten und politische Gegner – wie die Demokraten im Watergate Hotel – ausspionierten und abhörten.

Als die illegalen Aktivitäten im Prozess gegen die Watergate Einbrecher an die Öffentlichkeit drangen, profilierte sich der Präsident zunächst als Saubermann, während er einen seiner Vasallen nach dem anderen «opferte». Die Situation spitzte sich zu, als Nixons ehrgeiziger Mitarbeiter John Dean, der anfangs loyal hinter dem Präsidenten gestanden hatte, öffentlich erklärte, Nixon habe die Vertuschung selbst initiiert. Anfangs dementierte der Präsident die Behauptung Deans. Zum wahren Unglückstag für den Präsidenten wurde dann freilich jener Freitag, der 13. Juli 1973, an dem öffentlich bekannt wurde, dass es Tonbandaufzeichnungen aller Gespräche gab, die im Weißen Haus geführt wurden. Zwar konnte Nixon die von einem Sonderermittler geforderte Freigabe der Tonbänder über ein Jahr lang hinauszögern. Seine Glaubwürdigkeit hatte der Präsident jedoch bereits verloren, als er im sogenannten Samstagabend-Massaker vom Oktober 1973 den Justizminister und dessen Stellvertreter entließ, weil diese sich geweigert hatten, den für Nixon so unbequemen Sonderermittler seines Amtes zu entheben. Selbst als im Sommer 1974 mit der Herausgabe der Tonbänder der endgültige Beweis für seine Verwicklung in die Watergate-Affäre vorlag, zog Nixon die politischen Konsequenzen nur zögerlich. Um einer formalen Amtsenthebung zu entgehen, trat der Präsident am 9. August 1974 schließlich zurück. Damit hatte das Watergate-Spektakel, das für viele Amerikaner zur Unterhaltungsserie mit Shakespeare'scher Dramatik geworden war, ein Ende gefunden.

Kalte und heiße Kriege

68. Warum holten die USA den persischen Schah auf den Thron? Dwight D. Eisenhower, den seine Bewunderer liebevoll «Ike» nannten, hatte der Republikanischen Partei als Präsidentschaftskandidat 1952 einen erdrutschartigen Sieg beschert. Ihm, dem väterlich wirkenden ehemaligen Weltkriegsgeneral, trauten die Wähler eher als dem intellektuellen Adlai E. Stevenson zu, dass er den schwelenden Konflikt in Korea schlichten und die westliche Welt gegen die Übergriffe sowjetischer Kommunisten verteidigen könnte. «Russland», erklärte «Ike» nach dem Tod von Stalin, ist «eine Frau von der Straße, und ob ihr Kleid neu ist oder alt und mit Flicken versehen, immer ist die gleiche Hure darunter.» Um die sowjetische «Hure» aus der westlichen Sphäre herauszuhalten, setzte Eisenhower zum einen auf die atomare Überlegenheit der USA und die Wirksamkeit der Drohung «massiver Vergeltung». Zum anderen plädierte er, beeinflusst von Außenminister John Foster Dulles und dessen mächtigem Bruder, «Amerikas Meisterspion» CIA-Direktor Allen W. Dulles, für die Ausweitung geheimdienstlicher und paramilitärischer Aktivitäten. Verdeckte Operationen, so lautete die Devise der Stunde, waren nicht nur billig, sie hatten auch den Vorteil, dass sie der Zustimmung des Kongresses nicht bedurften. Nur wenige Monate nach seinem Amtsantritt bedienten sich Eisenhower und die Dulles-Brüder der CIA, um Irans Premierminister Mossadegh abzusetzen und den Schah von Persien wieder auf den Pfauenthron zu heben.

In erster Linie ging es in Iran um den ungehinderten Fluss nahöstlichen Erdöls nach Westeuropa, Japan und in die USA. Die Briten hatten mithilfe der Anglo-Iranian Oil Company jahrzehntelang 80 Prozent aller Profite aus dem persischen Öl für sich abgezweigt. Als der ebenso nationalistische wie scharfsinnige iranische Premier 1950, in Anlehnung an einen Vertrag zwischen Briten und Ägyptern, auch für sein Land einen 50-prozentigen Anteil an den Ölgewinnen forderte, kam es zum Konflikt. Die Briten lehnten Mossadeghs Forderung ab, woraufhin dieser die Ölressourcen des britischen Unternehmens beschlagnahmte. Die großen internationalen Ölfirmen sorgten – mit ausdrücklicher Rückendeckung der USA – dafür, dass das iranische Öl keine Abnehmer mehr fand, und Mossadegh, der sich bei Eisenhower vergeblich um wirtschaftliche Hilfe bemühte, sah sich plötzlich völlig isoliert. Im Gegensatz zu Trumans Außenminister Dean Acheson hatten die Dulles-Brüder keinerlei Sympathien für Mossadegh, der von diversen Kreisen in Washington als «zu moskaufreundlich» eingestuft wurde. Vor diesem Hintergrund initiierten die Dulles-Brüder einen Geheimdienstcoup. Die CIA mobilisierte Anti-Mossadegh-Kreise im iranischen Militär, arrangierte Straßenproteste, ließ Mossadegh gefangennehmen und hievte den anglophilen Schah Reza Pahlewi wieder auf den Thron. Die unkonventionelle Form der Amtseinsetzung schürte unterdessen antiamerikanische Gefühle unter den Nationalisten und den immer einflussreicheren fundamentalistischen Schiiten im Iran. Zum Eklat kam es Ende der 1970er Jahre, als der persische Schah, der sein Land zunehmend militarisiert und verwestlicht hatte, während er die sozialen Probleme der Bevölkerung weitgehend ignorierte, fliehen musste. An seine Stelle trat, für amerikanische Beobachter und für den Schah selbst völlig unerwartet, Ayatollah Khomeini. Der plötzliche Auftritt des 1963 exilierten Schiitenführers erinnerte an das persische Sprichwort: «Auf einem Ayatollah herumtreten ist so wie auf einem persischen Teppich herumtreten: Es macht ihn nur noch wertvoller». Für die USA kam es noch schlimmer. In völliger Verkennung der Lage in Iran lud Präsident Carter den krebskranken Schah Ende 1979 in die USA ein. Damit provozierte er den Sturm iranischer Revolutionäre auf die US-Botschaft in Teheran und die Geiselnahme von über 50 amerikanischen Diplomaten, deren versuchte Befreiung im April 1980 kläglich scheiterte. Der anhaltende Antiamerikanismus fundamentalistischer Schiiten, der in den Terrorattacken vom 11. September 2001 seinen schrecklichen Ausdruck fand, wird erst vor dem Hintergrund einer Kette von amerikanischen Interventionen im Nahen Osten verständlich. Diese waren von den Zeitgenossen zwar als geschickte Schachzüge gefeiert worden, haben aber in Wirklichkeit die Spannungen zwischen westlichen und muslimischen Kulturen nicht unmaßgeblich verschärft.

69. Warum und wie führten die USA den Kalten Krieg? Der Historiker Walter LaFeber erklärte einst, die Amerikaner «lieben ihre Kriege, heiß oder kalt, so wie ihre Baseballspiele: einfach verständlich, kurz, und mit einem eindeutigen Endresultat, so dass klar ist, wer gewonnen hat». Der Jahrzehnte andauernde Kalte Krieg durchbrach dieses Prinzip. Im Jahr 1949, mit dem «Verlust Chinas» an die Kommunisten und der Zündung einer russischen Atombombe – zwei Ereignissen, die viele Amerikaner zutiefst erschütterten – trat die US-Außenpolitik in eine neue Phase ein: Für die kommenden Jahrzehnte verschrieben sich die USA der neuen und radikalen Dogmatik des Kalten Krieges. Kein außenpolitisches Dokument der Geschichte des 20. Jahrhunderts hatte eine nachhaltigere Wirkung als das damals streng geheime, erst 1977 freigegebene National Security Memorandum No. 68 (NSC 68). Von Außenminister Dean Acheson federführend verfasst, legte die NSC 68 im April 1950 die neuen diplomatischen und militärischen Prioritäten und die ideologischen und praktischen Leitlinien der USA fest. In dem Dokument wurden zunächst eine Reihe von Prämissen und Behauptungen aufgeführt: Unter anderem wurde den Sowjets unterstellt, dass sie die «absolute Herrschaft» über ihr eigenes Land, über Osteuropa und «über den Rest der Welt» anstrebten. Der Konflikt zwischen den beiden alleinigen Supermächten, USA und Sowjetunion, wurde als unvermeidlich hingestellt. Niemals, so hieß es, könne die militärische Aufrüstung der UdSSR kontrolliert werden. Die einzige Möglichkeit, die Sowjets zu stoppen, läge im Ausbau der US-amerikanischen Verteidigung. Wenn die USA erst zeigten, dass sie die kommunistische Macht zurückdrängen könnten, würden unwillkürlich auch «die Saaten zur Zerstörung des sowjetischen Systems gestreut». Ziel der amerikanischen Politik war demnach nicht nur die Eindämmung der militärischen Macht der Sowjets, sondern am Ende auch die Zerstörung des kommunistischen Systems.

Acheson war der festen Überzeugung, dass die Ausweitung des bestehenden Allianzsystems, der Ausbau der konventionellen Rüstung, die Entwicklung einer neuen «Thermonuklearbombe» und der Bau weiterer Atomwaffen nötig seien, um die Sowjets in die Knie zu zwingen. Den unerhörten Anstieg der Militärausgaben um das Vierfache – von 13 Milliarden Dollar auf 50 Milliarden – hielten die außenpolitischen Berater Präsident Trumans nicht nur für realisierbar. Sie glaubten damit überdies einen vitalen Beitrag zur Überwindung der wirtschaftlichen Rezession leisten zu können, in die die Vereinigten Staaten nach dem Krieg geschlittert waren.

Hinter der NSC 68, dem Schlüsseldokument des Kalten Krieges, stand die Vision der «einen Welt», die das amerikanische Regierungs- und Wirtschaftssystem angeblich zur optimalen Entfaltung benötigte. Sie sollte, da die USA kein Vertrauen in die Durchsetzungskraft der Vereinten Nationen hatten, durch die Hegemonie Amerikas erreicht werden. Auf der einen Seite war die Ideologie des Kalten Krieges Ausdruck eines manichäischen Weltbildes, das nach klaren Unterscheidungen zwischen Gut und Böse verlangte, während es zugleich die Gefahren des neuen Antikommunismus für den verfassungsmäßigen Erhalt der Freiheitsrechte herunterspielte. Auf der anderen Seite deuteten die Verfasser von NSC 68 mit der Empfehlung, Verhandlungsspielräume auszuloten und die inneren Schwächen der Sowjetunion zu nutzen, auch schon die Pendelschwünge zwischen Konfrontation und Entspannung an, mit denen die amerikanische Außenpolitik in den folgenden Jahrzehnten gelegentlich Freund und Feind verwirrte.

70. Was war der Sputnik-Schock? Am 4. Oktober 1957 schickten die Sowjets den ersten Weltraumsatelliten, «Sputnik», ins All. «Sputnik I» wog keine 100 Kilogramm, aber schon wenige Monate später ging mit «Sputnik II» ein weitaus größerer sowjetischer Satellit mit dem Weltraumhund Laika an Bord in den Weltraum. Die Sowjets schienen das Land Thomas Edisons und Henry Fords, das Land der großen Erfinder und Unternehmer, mit einem Schlag technologisch auf den zweiten Rang zu verweisen. Der von Sputnik ausgelöste Schock traf die USA zu einem Zeitpunkt, als sich die Amerikaner mental und wirtschaftlich in einer Krise befanden. Auch der Regierungschef bekam dies zu spüren: Um die Jahreswende 1957/58 sank Eisenhowers Popularität auf bloße 22 Prozent. Das Image des Präsidenten erlitt noch größeren Schaden, als ein streng geheimer, von Eisenhower veranlasster und von der Ford Foundation finanzierter Kommissionsbericht an die Presse gelangte: Die Amerikaner würden den Kalten Krieg verlieren, hieß es in dem Dokument, wenn die Verteidigungsausgaben nicht schleunigst von elf Milliarden auf 48 Milliarden gesteigert würden. Interessanterweise ließ sich Eisenhower von der allgemeinen Panik und den besorgniserregenden Experten, wonach eine «Raketenlücke» zwischen der UdSSR und den USA bestehe, nicht irritieren. Das hatte nicht nur damit zu tun, dass Eisenhower, der pensionierte Weltkriegsgeneral, im neu entstandenen «militärisch-industriellen Komplex» eine große Gefahr für den politischen Missbrauch sah. Er wusste vielmehr genau, dass die USA den Sowjets in der Raketenfrage nicht hinterher hinkten, sondern eindeutig voraus waren. Diese Einsicht konnte er allerdings nicht publik machen, da er sie durch den Einsatz von geheimen, mit CIA-Agenten bemannten U 2-Spionageflugzeugen gewonnen hatte, die die sowjetische Rüstungsproduktion mit Kameras überwachten. (Aus 20 Kilometern Entfernung im Weltraum konnten die U 2-Flugzeuge selbst die Nummernschilder sowjetischer Staatskarossen lesen.)

Obwohl Eisenhower im Jahr 1958 um eine Aufstockung des Verteidigungshaushalts von lediglich 2,5 Milliarden Dollar bat, erhielt er volle acht Milliarden mehr. Die USA befanden sich auf steilem Rüstungskurs. 1961 waren nicht weniger als 18 000 amerikanische Atomwaffen auf 2500 strategische Ziele in der UdSSR gerichtet.

71. Worum ging es im «vergessenen Krieg» in Korea? Der von 1950 bis 1953 andauernde Koreakrieg kostete die USA über 54 000 Tote; mehr als 100 000 Südkoreaner und ein bis zwei Millionen Nordkoreaner starben ebenfalls im Verlauf der Kämpfe. Der Krieg in Korea verschlang 54 Milliarden Dollar an US-Militärausgaben und konsolidierte die bis heute fortdauernde Teilung Koreas in einen kommunistischen Norden und einen kapitalistischen Süden. Trotz alledem ist der Koreakrieg heute in den USA fast völlig vergessen. Anders als der Zweite Weltkrieg, der letzte «gute Krieg» der USA, oder der Vietnamkrieg, in dem die USA ihre «Unschuld verloren», erscheint der Koreakrieg im Rückblick alles andere als spektakulär. Weder am Verlauf von Grenzen noch am Verlauf der US-amerikanischen Geschichte schien der Krieg Grundlegendes verändert zu haben. Vielen Zeitgenossen galt der «Koreakonflikt» überdies nicht als genuiner Krieg, sondern als «Polizeiaktion», die – wie Präsident Truman erklärte – nötig geworden sei, um den «Überfall von Banditen» [Nordkoreanern] zu stoppen. Heute hat die überwältigende Mehrzahl der Amerikaner vergessen, wie es dazu kommen konnte, dass sich die USA im Juni 1950 auf ein militärisches Abenteuer in einem asiatischen Land einließen, das, so die Militärberater der Truman-Administration, «keinen strategischen Wert für die USA» besaß.

Genau wie die deutsche Teilung hatte auch die Teilung Koreas 1945 als eine Art Notbehelf begonnen. Die Alliierten einigten sich auf eine Grenze entlang des 38. Breitengrads. Zum Erstaunen der Amerikaner akzeptierten die Sowjets, die das benachbarte Korea ohne weiteres hätten besetzen können, die provisorische Lösung. Doch wie im Fall von Deutschland entpuppte sich die Wiedervereinigung Koreas bald als Illusion.

Für den militärischen Vorstoß am 24. Juni 1950 gegen Südkorea hatte das kommunistische Nordkorea, wie wir heute wissen, «grünes Licht» von Stalin bekommen. Dennoch war der aggressive Übergriff, anders als die politische Führung in Washington glaubte, kein von Moskau gesteuerter Meisterplan zur kommunistischen Welteroberung; dafür war der vermeintlich so monolithische «kommunistische Block» von Anfang an viel zu zersplittert. Die Geschwindigkeit, mit der die USA eine Militäraktion gegen Nordkorea initiierten, überraschte nicht nur die Aggressoren, sondern die ganze Welt. Aus der Sicht der amerikanischen Regierung ging es darum, die Glaubwürdigkeit gegenüber den Verbündeten zu wahren sowie vor allem zu verhindern, dass Japans Wirtschaft stranguliert oder isoliert würde. (Japan hatte in Korea bereits zu Anfang des 20. Jahrhunderts einen «gegen das Herz Japans erhobenen Dolch» gesehen.) Präsident Truman erweiterte die Macht des Präsidentenamtes, indem er die US-Truppen verfassungswidrig entsandte, ohne die Kriegserklärung vor den Kongress zu bringen.

Stattdessen ließ sich Truman das militärische Eingreifen, an dem sich 15 Staaten beteiligten, durch die Vereinten Nationen sanktionieren. Innerhalb von wenigen Wochen gelang es den USA und ihren Verbündeten, die Nordkoreaner hinter den 38. Breitengrad zurückzudrängen. Die Sowjets vermieden einen Showdown mit der US-Flotte und orderten ihre Schiffe, die Nordkorea mit Material beliefern sollten, in die heimatlichen Häfen zurück.

Der Vormarsch der USA unter General Douglas MacArthur verwandelte sich in einen fluchtartigen Rückzug, als die chinesische Armee in den Krieg eingriff. Etwa gleichzeitig änderte sich die Stimmung in der amerikanischen Bevölkerung: Während ursprünglich 77 Prozent der Amerikaner Trumans Kurs gutgeheißen hatten, befürworteten nun 66 Prozent einen Truppenabzug, und fast die Hälfte der Befragten hielt die ganze Aktion für einen Fehler. MacArthur wollte bis zum Sieg weiterkämpfen und notfalls sogar Atombomben gegen China einsetzen, aber Präsident Truman enthob ihn seines Kommandos. Politisch schadete das Duell beiden Beteiligten. Trumans Popularitätskurve fiel so steil ab, dass der demokratische Präsident die Hoffnungen auf eine Wiederwahl begraben musste; und MacArthur scheiterte mit seiner Bewerbung um die Präsidentschaftskandidatur der Republikanischen Partei.

Der Koreakrieg zeigte den Amerikanern, dass sie die erhoffte militärische Überlegenheit gegenüber der Sowjetunion nicht erreicht hatten. Von nun an drehte sich die Spirale des Wettrüstens mit der Sowjetunion fast vierzig Jahre lang mit immer größerer Geschwindigkeit. Darüber hinaus bereitete der Koreakrieg den Boden für die heftig umstrittene Wiederbewaffnung Westdeutschlands.

In den USA selbst löste der Koreakrieg eine massive Welle des Antikommunismus aus. Hollywoodproduktionen spiegelten diese Entwicklung wider. Im Zweiten Weltkrieg hatten die Amerikaner noch prosowjetische Filme wie «Song of Russia» produziert. Wenige Jahre später erschienen dagegen Produktionen wie «The Red Menace» und «I Was a Communist for the FBI» auf den Kinoleinwänden der USA.

72. Was passierte 1961 in der Schweinebucht? Im April 1961, wenige Monate nach Kennedys Amtsantritt, landeten 1500 Exilkubaner im Rahmen einer CIA-Operation in der Bay of Pigs (Schweinebucht) in Kuba. Die streng geheime Aktion sollte einen Aufstand gegen das Regime Fidel Castros entfachen. Sie war noch unter Kennedys Vorgänger Eisenhower geplant worden, um den Einfluss der moskaufreundlichen kubanischen Regierung zurückzudrängen; aber Kennedy, der im Wahlkampf erklärt hatte, man müsse gegenüber Castro einen harten Kurs fahren, unterstützte das abenteuerliche Unternehmen. Keiner konnte ahnen, wie dilettantisch die CIA-Operation konzipiert war. Der Geheimdienst hatte es nicht nur versäumt, tragfähige Kontakte zum Anti-Castro-Untergrund in Kuba aufzubauen. Auch die Analyse der Luftaufnahmen von Kubas Küste basierte auf einem fatalen Irrtum: Statt der Algen, die die CIA in der Schweinebucht vermutet hatte, trafen die Umstürzler auf ein Korallenriff, das die US-Schiffe gleich bei der Landung zerschmetterte. Innerhalb von drei Tagen schlug Fidel Castro die mangelhaft durchdachte Operation nieder; 1200 Männer wurden festgenommen. Die New York Times schrieb: «Den Freunden erschienen wir als Narren, den Feinden als Schurken und dem Rest der Welt als inkompetent.» Kennedy war gedemütigt, und doch stand die amerikanische Öffentlichkeit ohne Wenn und Aber hinter ihrem Präsidenten. Ironischerweise hatte Kennedy zu keinem Zeitpunkt höhere Umfragewerte als nach der missglückten Aktion an der Schweinebucht.

73. Wie gefährlich war die Kubakrise? Am 22. Oktober 1962 stand die Welt am Rande ihres Untergangs, ohne dass sich die Verantwortlichen in Washington und Moskau des ganzen Ausmaßes der Gefahr bewusst gewesen wären. An diesem Tag erließ Präsident Kennedy ein Ultimatum an Nikita Chruschtschow. Hätte der sowjetische Regierungschef nicht eingelenkt, wäre es zweifelsohne in einem sich zuspitzenden Konflikt über die Stationierung sowjetischer Mittelstreckenraketen auf Kuba zur nuklearen Katastrophe gekommen.

Moskau hatte den kubanischen Revolutionsführer Fidel Castro seit 1959 zunächst mit konventionellen Waffen und später mit Nuklearwaffen versorgt. Für Chruschtschow war dies Teil eines gefährlichen Spiels, das er zusammen mit seinem Genossen Castro nicht nur betrieb, weil er einen Einmarsch der Amerikaner in Kuba befürchtete, sondern auch weil der naiven Überzeug war, er könne die USA durch eine kolossale Drohgebärde zum Einlenken in Westeuropa bewegen. Wer wisse, wie es sich im Angesicht nuklearer Bedrohung lebe, sei womöglich auch zum Rückzug von Truppen und zum Abbau von Waffen bereit. Hätte sich Kennedy, wie mehrere militärische Berater seines Krisenstabes ihm nahelegten, für eine Bombardierung der ihm bekannten Raketenstellungen und für eine Invasion Kubas entschieden, wäre ein atomarer Schlagabtausch mit der Sowjetunion unvermeidlich gewesen. Erst nach dem Ende des Kalten Krieges lüfteten die Russen das Geheimnis, dass sie zum Zeitpunkt der Kubakrise sowohl über taktische Atombomben als auch über 36 einsatzbereite Atomsprengköpfe für Raketen verfügten, die fast jeden Punkt in den USA hätten erreichen können. Der amerikanischen Aufklärung war dies entgangen. Glücklicherweise plädierte Kennedy 1962 nicht für einen Militärschlag gegen Kuba, sondern für eine als «Quarantäne» bezeichnete Seeblockade Kubas. Auch nachdem die kubanische Luftabwehr ein amerikanisches U 2-Flugzeug aus der Luft geholt hatte und dessen Pilot ums Leben gekommen war, legte der Präsident Besonnenheit an den Tag. In der aufs Äußerste gespannten Lage hielt Kennedy, vor allem über seinen Bruder Robert, die diplomatischen und geheimdienstlichen Kontakte zu den Sowjets konsequent aufrecht. Vertraulich ließ er die Regierung in Moskau wissen, er werde die beanstandeten amerikanischen Mittelstreckenraketen aus der Türkei entfernen: «Wegen wertloser Raketen in der Türkei werde ich nicht in den Krieg ziehen», erklärte er privat. Dies und die Zusicherung, die USA würden in Kuba nicht einmarschieren, wenn die Sowjets sich mit ihren Raketen zurückzögen, verhinderte ein nukleares Desaster. Auf dem Höhepunkt der Krise behielt das US-Luftkommando 52 mit Nuklearwaffen beladene Flugzeuge in der Luft, während sich das sowjetische Kriegsschiff Indigirka – beladen mit dem Äquivalent von 45, 5 Millionen Tonnen TNT (der 20-fachen Menge aller im Zweiten Weltkrieg über Deutschland abgeworfenen Bomben) – in Richtung Kuba bewegte.

74. Warum gewannen die Amerikaner den «Wettlauf zum Mond»?

Im Mai 1961 forderte John F. Kennedy den Kongress auf, ein Weltraumprogramm zu finanzieren, das einem Amerikaner bis zum Ende des Jahrzehnts die Landung auf dem Mond ermöglichen sollte. Damit gab er den Startschuss für einen prestigeträchtigen «Wettlauf zum Mond», den die USA mehr als acht Jahre später, im Juli 1969, gegen die Sowjetunion gewinnen sollten. Nachdem die Sowjets – zum Entsetzen der USA – 1957 den ersten Satelliten (Sputnik), im April 1961 den ersten Menschen (Yuri Gagarin) und im Juni 1963 die erste Frau (Valentina V. Tereshkova) ins All geschickt hatten, setzten Präsident Kennedy und dessen Vize Johnson alles daran, im technologischen Wettstreit nicht weiter zurückzufallen. Um das ehrgeizige Ziel nicht zu verfehlen, erklärte Kennedy 1961 gegenüber dem Direktor der Weltraumbehörde NASA: «Alles was wir tun, sollte darauf ausgerichtet sein, vor den Russen den Mond zu erreichen.» Am Weltraum an sich sei er, Kennedy, nicht interessiert. Die «einzige Rechtfertigung» für die hohen Kosten des Raumfahrtprogramms bestünde darin, dass man «die Sowjetunion schlägt und damit demonstriert, dass man sie, statt zwei Jahre hinterher zu sein, bei Gott, überholt hat.» Zahlreiche Kritiker polemisierten gegen das Apollo-Programm, das den NASA-Haushalt buchstäblich über Nacht um 61 Prozent in die Höhe trieb. Kennedy sei «mondsüchtig», erklärte Ex-Präsident Eisenhower, und Admiral Rickover, der «Vater der Nuklearmarine», spottete: «Wenn die Zeitungen behaupten würden [...] die Sowjetunion sendet den ersten Mann zur Hölle, würden unsere Bundesbehörden schreien: ‹Wir dürfen nicht zulassen, dass Sie uns darin schlagen!›.» Vor diesem Hintergrund unternahmen Kennedy und Johnson große Anstrengungen, um die amerikanische Öffentlichkeit für das Weltraumprogramm zu gewinnen. 1963 hatte kaum ein Drittel aller Amerikaner die Mondlandung befürwortet. Zwei Jahre später wurde das Projekt bereits von 58 Prozent der Bevölkerung favorisiert.

Dass die Amerikaner am Ende den Wettlauf gegen die Sowjets gewannen, hatte unter anderem damit zu tun, dass die Sowjets dem Mondlandeprojekt anfangs keine Priorität eingeräumt hatten und sich erst Ende 1964 auf das neue Projekt konzentrierten – Chruschtschow wollte im Weltraumrennen keine Niederlage einstecken, sich aber auch nicht finanziell übernehmen. Einen schweren Rückschlag für die Sowjets bedeutete darüber hinaus der überraschende Tod des Staringenieurs Sergej Koroljow im Jahr 1966. Umgekehrt bestand auf amerikanischer Seite der größte Ansporn zum Sieg im Klima des Kalten Krieges: Die Vorstellung, man könne auf dem Mond die rote Fahne russischer Kosmonauten vorfinden, beflügelte die amerikanischen Technologen und Politiker. Der Kongress machte mit 25 Milliarden Dollar (etwa 110 Milliarden Euro im Jahr 2008) ungeahnte Summen für das Apollo-Programm locker. 1969 landeten schließlich drei amerikanische Astronauten – Neil Armstrong, Edwin E. Aldrin und Michael Collins – auf dem Mond.

75. Hätte Kennedy einen konventionellen Krieg in Vietnam verhindert?

Oliver Stones populärer Film «JFK» von 1991 suggerierte einem großen Publikum in aller Welt, dass Präsident John F. Kennedy die US-Truppen aus Vietnam abgezogen hätte, wenn ihm eine zweite Amtszeit vergönnt gewesen wäre. Die Frage, ob Kennedy – anders als sein Nachfolger Johnson – die Verwicklung der USA in einen konventionellen Krieg in Vietnam vermieden hätte, gehört zu den am heftigsten diskutierten in der Geschichte des Kalten Krieges. Der Grund für die Kontroversen liegt zum einen in den Legenden, die sich nach dem tragischen Ende des Präsidenten zum «Kennedy-Mythos» verdichteten, und zum anderen in der Tatsache, dass Zeitzeugen und Präsidentenberater sich in dieser Frage nicht einig waren und Kennedy selbst durchaus unterschiedliche Signale aussendete. So erklärte er zum Beispiel im September 1963 den amerikanischen Fernsehzuschauern, der Vietnamkonflikt sei «deren [der Vietnamesen] Krieg»; ein anderes Mal hingegen plädierte er für den Verbleib der US-Truppen in Vietnam.

Fest steht, dass die drei ehemals französischen Kolonien in Indochina – Laos, Kambodscha und Vietnam – langsam in kommunistische Hände zu fallen schienen, als Kennedy das Präsidentenamt antrat; und dies, obwohl die USA allein zwischen 1955 und 1961 mehr als eine Milliarde Dollar an Hilfsgeldern gezahlt und etwa 1000 Militärberater in Laos und Vietnam stationiert hatten. Während sich die Lage in Europa stabilisierte, wurden die «entkolonisierten» Weltregionen zum eigentlichen Schlachtfeld des Kalten Krieges. Den Beweis für die Entschlossenheit der USA, ihrer weltpolitischen Verantwortung gerecht zu werden und den Vormarsch des Kommunismus an der Peripherie zu stoppen, wollte Kennedy in Südvietnam antreten. Aus der Sicht der US-Regierung bildete dieses Land, in dem 1961 etwa 15 000 von Nordvietnam und China unterstützte Guerillas operierten, den Schlüssel zu ganz Südostasien. Interessanterweise ging Kennedy zunächst davon aus, dass der Kampf – gemäß der sogenannten counterinsurgency-Doktrin – unterhalb der Schwelle des Krieges mit einer Mischung von wirtschaftlichen, psychologischen und militärischen Maßnahmen gewonnen werden könnte. Bis hin zu den Details ihrer Uniformen beteiligte sich der Präsident an den Diskussionen um die Ausrüstung und Mission der Green Berets. Diese Spezialeinheiten sollten keinen konventionellen Krieg führen, sondern durch subversive Aktionen die «Herzen und Sinne» der südvietnamesischen Bevölkerung gewinnen und dadurch den Einfluss der Kommunisten zurückdrängen. Kennedy war sich bewusst, dass die Entsendung von Truppen gefährlich sein könnte. Privat erklärte er: «Die Truppen werden marschieren, die Massen werden jubeln, und vier Tage später wird alles vergessen sein. Dann wird man uns sagen, wir müssen noch mehr Truppen entsenden. Es ist als nähme man einen Drink. Der Effekt verliert sich und schon muss man den nächsten nehmen.» Der Historiker Lloyd Gardner erklärte im Rückblick: «Kennedy nahm den ersten Drink. Was hätte er auch anderes tun sollen.» Seine Berater hatten ihm dazu geraten, nicht nur wegen der sporadischen Guerillaattacken, sondern vor allem aufgrund der Schwäche der südvietnamesischen Regierung unter dem Katholiken Ngo Dinh Diem. Dieser richtete seinen repressiven Führungsstil nicht nur gegen Kommunisten, sondern auch gegen Buddhisten und andere Regimekritiker. (Diems Schwägerin bezeichnete die Selbstverbrennung von buddhistischen Mönchen, die gegen das intolerante Regime protestierten, als «Barbecue-Show»; damit schockierte sie die amerikanische Bevölkerung, die die Ereignisse auf ihren Fernsehbildschirmen mitverfolgen konnte.) Als sich mit der Ermordung Ngo Dinh Diems im Rahmen eines Militärputsches die Lage in Südvietnam nur noch weiter verschlechterte, dachte kaum jemand daran, US-Truppen aus Südvietnam abzuziehen. Nur drei Wochen nach Diem wurde Kennedy ermordet. Im Laufe seiner Amtszeit verdreifachte Kennedy die Militärhilfe für Südostasien und ließ zu, dass die Zahl der amerikanischen Militärberater in Vietnam Ende 1963 auf 16 000 ansteigen konnte. Kennedy mochte vorsichtiger gewesen sein als seine Militärberater und als die Mehrheit der Abgeordneten im US-Kongress, und seine Fixierung auf den Einsatz unorthodoxer Spezialeinheiten mochte die Absicht demonstrieren, konventionelle Konflikte nach Möglichkeit zu verhindern. Doch die Eigendynamik der militärischen Entwicklung in Vietnam, Kennedys Philosophie des Durchhaltens, seine Furcht vor dem Einfluss Chinas in Südostasien und vor dem Verlust der amerikanischen Glaubwürdigkeit in der Welt sprechen eher gegen die Wahrscheinlichkeit von Oliver Stones hypothetischer Version der amerikanischen Geschichte.

76. Wer ermordete Präsident Kennedy? Das tragische Ende von Präsident John F. Kennedy im Jahr 1963 hat Generationen von Amerikanerinnen und Amerikanern auf unerhörte und merkwürdige Weise erschüttert und fasziniert. Mehr als sechs Millionen Touristen besuchen alljährlich den Tatort im texanischen Dallas, wo Kennedy im November 1963 im Rahmen einer Wahlkampfkampagne unterwegs gewesen war. Mit einer Limousine kann man sich auf der Todesmeile durch die Stadt chauffieren lassen, mit einem Bus den Fluchtweg des vermeintlichen Mörders, Lee Harvey Oswald, abfahren. Signierte Photographien vom Tag der Tat und vom Tatort, Autopsieberichte, T-Shirts, Bücher, Dokumentarfilme und sogar Brettspiele (wie Conspiracyland) werden den Touristen feilgeboten.

Bis heute kann der Mord am 35. Präsidenten der USA noch nicht als endgültig aufgeklärt gelten. Die mehr als 3000 Bücher, die sich mit der Ermordung JFKs beschäftigen, erscheinen wie ein Serienkrimi, der kein Ende findet, sondern mit jeder neuen Erkenntnis immer neue Fragen aufwirft. Kein anderer Mordfall der Geschichte hat die Fantasie von Hobbydetektiven und Verschwörungstheoretikern mehr beflügelt als das Ereignis vom 22. November 1963 in Dallas. Einmal wurden Gangster als Drahtzieher des Mordes hingestellt, ein anderes Mal weiße Rassisten; die einen hielten Protagonisten des sowjetischen Geheimdienstes KGB für die Mörder, die anderen machten die CIA verantwortlich; dann wieder galten einmal die Kubaner als die Hauptwidersacher des jugendlichen US-Präsidenten, ein anderes Mal eine Clique von Anti-Kubanern. Zu den Verdächtigen gehören darüber hinaus Vizepräsident Lyndon B. Johnson, den die Ermordung ins Präsidentenamt hievte, sowie die Lobby der Rüstungsindustrie, die ein Interesse an der Fortführung des Vietnamkrieges hatte.

Die von Präsident Johnson eingesetzte Warren-Untersuchungskommission kam 1964 zu dem Ergebnis, dass Lee Harvey Oswald als Einzeltäter gehandelt habe. Damals hielten 56 Prozent der Amerikaner die Ergebnisse der Kommission für glaubwürdig; doch um die Wende zum 21. Jahrhundert war die Zahl auf bloße zehn oder elf Prozent gesunken. Wie kam es dazu, dass weder die Untersuchungen der Warren-Kommission von 1964 noch diejenigen eines Kongress-Ausschusses von 1977 die Wellen der Spekulation beenden konnten? Von Anfang an hatte die amerikanische Öffentlichkeit Schwierigkeiten mit der Vorstellung, dass die Pistolenschüsse eines Psychopathen für die Zerstörung des «amerikanischen Traums» verantwortlich sein könnten, den John und «Jackie» Kennedy der US-Bevölkerung im Weißen Haus in einer perfekten Inszenierung von Macht und Reichtum, Schönheit und Glück vorgespielt hatten. Dass Präsident Johnson und die Geheimdienste die Morduntersuchungen in aller Hast zum Abschluss brachten, um den Amerikanern schnellstmöglich verkünden zu können, dass ein einzelner Täter – und nicht etwa die Sowjets oder die Kubaner – den Mord auf dem Gewissen hatte, wirkte in der Öffentlichkeit ebenfalls alles andere als vertrauensbildend. Johnson hatte, wie es später hieß, befürchtet, dass der Kalte Krieg sich zum Nuklearkonflikt verschärfen würde, wenn Castro oder Krustschow in den Fall involviert gewesen wären. Als im ausgehenden 20. Jahrhundert immer mehr Affären ans Tageslicht kamen, in die die amerikanische Regierung verwickelt war – Nixon (Watergate-Skandal), Reagan (Iran-Contra-Affäre) –, verdichtete sich in der amerikanischen Bevölkerung die Vermutung, dass die Regierung auch im Kennedy-Mordfall mit Vertuschungen operiert hatte. Die Tatsache, dass der vermeintliche Kennedy-Mörder, Lee Harvey Oswald, der den Mord übrigens rundweg bestritt, kurz nach seiner Festnahme von einem Mann namens Ruby erschossen werden konnte, öffnete den kühnsten Spekulationen Tor und Tür. Kein Wunder, dass Oliver Stones Hollywoodfilm «JFK», der im Jahr 1991 die offizielle Version vom Alleintäter Oswald heftig unter Beschuss nahm, zum Kassenschlager wurde und die Diskussion um Verschwörung und Vertuschung weiter ausdehnte.

Aus dem seit 1992 freigegebenen geheimen Aktenmaterial sämtlicher US-Regierungsbehörden haben sich keine eindeutigen Anhaltspunkte für ein Mordkomplott ergeben. Gerald Posner, der Autor der empirisch exaktesten Studie zum Mordfall JFK, erklärte die Akte Kennedy denn auch für geschlossen (Case Closed). Für ihn sind Oswald und Ruby Alleintäter, die ohne Hintermänner operierten. Dennoch bleiben bis heute eine Fülle von Fragen unbeantwortet. War es bloßer Zufall, dass sowohl Oswald als auch Ruby Verbindungen zur Unterwelt der Geheimdienste, zum organisierten Verbrechen und zu politisch radikalen Gruppen unterhielten? Warum brüstete sich Oswald bei einem Autohändler kurz vor dem 22. November 1963 damit, dass er demnächst an eine große Geldsumme kommen werde? Warum war die Kennedyfamilie daran interessiert, dass die Öffentlichkeit nichts von den schweren Krankheiten und den großen Leiden erfahren sollte, denen der Präsident tagtäglich ausgesetzt war? Die Liste ließe sich fortsetzen.

Je mehr wir über die JFK-Ermordung erfahren, desto deutlicher wird zweierlei: Erstens, dass die Tiefendimension der amerikanischen Politik über Einzelpersonen und lokale Ämter in einen weit verzweigten Untergrund hinein reichte. Und zweitens, dass das Misstrauen der Amerikaner in ihre Regierung zu den wichtigsten Merkmalen der politischen Kultur und Geschichte der USA gehört.

77. Was waren die Pentagon Papers?   Für Richard Nixon, der 1969 als 37. Präsident der USA sein Amt antrat, hatte der Krieg in Vietnam die höchste politische Priorität. Im Rahmen einer außenpolitischen Gesamtstrategie, die er den Zeitgenossen gegenüber vorerst nicht offenbaren konnte und wollte, steuerte er die Beendigung des Krieges in Vietnam an, während er zugleich einen harten antikommunistischen Kurs fuhr. Einen Eckstein von Nixons Politik bildete die streng geheime «Theorie des verrückten Mannes» (Madman Theory), in der der Präsident die kommunistische Welt im Glauben wog, dass außenpolitische Provokationen ihn zu Wahnanfällen und zur Benutzung von Nuklearwaffen provozieren könnten. Zugleich strebte Nixon eine Politik an, die auf einen «ehrenhaften Frieden» in Vietnam hin zielte, da der Krieg nicht mehr zu gewinnen sei. Vielen Zeitgenossen stellte sich Nixons Politik als Schlingerkurs dar. Die Irritation nahm eher noch zu, als der Präsident im Jahr 1970 mit dem Abzug von amerikanischen Truppen aus dem Kriegsgebiet begann, während er parallel dazu eine beträchtliche Aufrüstung der südvietnamesischen Streitkräfte forcierte und überdies sogar die Ausweitung des Krieges auf Laos und Kambodscha befahl. Selbst der konservative ehemalige Außenminister Dean Acheson erklärte 1970 privat mit Blick auf die Bombardierung von kommunistischen Camps in Kambodscha, die der Präsident vor der US-Bevölkerung geheim zu halten versuchte, Nixon sei das einzige ihm bekannte «Pferd, das in einen brennenden Schuppen zurücklaufe».

Anfang 1971 befand sich die republikanische Nixon-Regierung in einer eminent schwierigen Lage. In den Herbstwahlen hatten die oppositionellen Demokraten deutliche Gewinne erzielt. Vor allem aber zeigte die amerikanische Wirtschaft fatale, im Wesentlichen kriegsbedingte Schwächen. Investoren verloren ihr Vertrauen in den Dollar und begannen die einst begehrte US-Währung in Gold umzutauschen. Dabei spielte der Schock eine Rolle, den die Veröffentlichung der Wirtschaftszahlen von 1971 verursachte: Erstmals seit 1894 hatten die USA mehr Güter importiert, als sie im Ausland verkaufen konnten. Während die Weltöffentlichkeit das amerikanische Engagement in Vietnam mit Skepsis und Kritik verfolgte, kam es im Juni 1971 in der New York Times zu einer Veröffentlichung, die in den USA wie eine Bombe einschlug. Seite um Seite druckte die Zeitung eine Serie geheimer Dokumente ab – Telegramme, Arbeitspapiere und Memoranden –, die sich allesamt mit dem Krieg in Vietnam und dessen Vorgeschichte beschäftigten. Bald erfuhren die Amerikaner durch die Veröffentlichung der sogenannten «Pentagon Papers», dass sie von ihren jeweiligen Regierungen seit dem Zweiten Weltkrieg immer wieder getäuscht und oft sogar belogen worden waren. Den Zwischenfall im Golf von Tonkin zum Beispiel, bei dem amerikanische Kriegsschiffe unter nordvietnamesisches Feuer geraten waren, hatten die USA selbst provoziert. Die Tonkin-Resolution zum US-Kriegseintritt hatte schon Monate vor dem Ereignis in einer Rohfassung vorgelegen. Beim Sturz der Regierung des südvietnamesischen Staatschefs Diem hatte die CIA ihre Hände im Spiel gehabt. Und Präsident Lyndon B. Johnson hatte zu eben jenem Zeitpunkt Soldaten für Vietnam verpflichtet, zu dem er der amerikanischen Bevölkerung erklärte, es gäbe keine Langzeitpläne für Vietnam.

Die Pentagon Papers waren 1968 zusammengestellt worden und bezogen sich deshalb nicht auf die Regierungszeit von Nixon. Aber der Präsident und sein Außenminister Henry Kissinger fürchteten, dass auch Geheimnisse aus der eigenen Amtszeit (wie die Angriffe gegen Kambodscha und Laos) an die Öffentlichkeit gelangen könnten. Eine einstweilige Verfügung gegen den Abdruck der Pentagon Papers durch die New York Times, die Nixon «im Interesse der nationalen Sicherheit» zu erwirken suchte, scheiterte jedoch am Obersten Gerichtshof.

Das Vertrauen der amerikanischen Bevölkerung in ihre Regierung erfuhr 1971 eine weitere Erschütterung, als eine Provinzzeitung – die großen Zeitungen übten sich bis dahin noch in Selbstzensur – Berichte und Fotos über ein blutiges Massaker enthüllte, das eine US-Einheit 1968 an Zivilisten in My Lai in Vietnam verübt hatte. Die Bevölkerung war entsetzt. Die Amerikaner wollten den Krieg in Vietnam gewinnen. Aber wenn es etwas gab, das die Mehrheit mehr fürchtete als die militärische Niederlage, dann waren dies die Antikriegsdemonstrationen, die ab 1971 nicht nur die Universitäten, sondern auch kleinere Städte im ganzen Land erreichten. Vor diesem Hintergrund zog Nixon die Notbremse und beendete die Kriegsverpflichtung weiterer Soldaten. Die Stärke der US-Bodentruppen in Vietnam, die 1970 noch bei 300 000 gelegen hatte, verringerte sich bis 1972 auf 24 000. Etwa gleichzeitig mit dem amerikanischen Truppenrückzug und der damit verbundenen «Vietnamisierung» des Krieges, begannen Nixon und Kissinger ein geniales diplomatisches Dreiecksspiel. Dieses hatte zum Ziel, jeweils bessere Beziehungen zu Moskau und Peking zu unterhalten als die beiden Mächte zueinander unterhielten. Die Einladung einer amerikanischen Tischtennismannschaft nach China im Jahr 1971 lieferte den Auftakt für die «Ping-Pong-Diplomatie» der Amerikaner. Der allmähliche Rückzug aus Vietnam (aufgrund des gesellschaftlichen und wirtschaftlichen Drucks im Innern) und die allmähliche Normalisierung der Beziehungen zu den kommunistischen Mächten stellte die vielleicht wichtigste Veränderung der amerikanischen Außenpolitik seit Beginn des Kalten Krieges dar.

78. Wer war der «Teflon Präsident»? Der Begriff «teflon president» geht auf die demokratische Kongressabgeordnete Patricia Schroeder aus Colorado zurück, die Ronald Reagan mit den Worten kritisierte: Der Mann ist «genau wie eine Teflon-Bratpfanne. Nichts bleibt an ihm kleben». Reagan galt den meisten Amerikanern als ein tadelloser Präsident, und dies, obwohl die von ihm angekündigte «moralische Revolution» weitgehend in Rhetorik stecken blieb und obwohl er die Nation in das höchste Haushaltsdefizit ihrer Geschichte stürzte. Wie konnte es dazu kommen, dass die Kritik an einem Präsidenten abprallte, der die absurde Invasion der Karibikinsel Grenada veranlasste, der als oberster Militär den Tod von 241 US-Marinesoldaten in Beirut zu verantworten hatte, der einen völkerrechtlich problematischen Luftangriff auf Libyen fliegen ließ, der die AIDS-Krise ignorierte, der Stipendien für Studierende kürzte und der in einer heute legendären Diskussion über Schulessen allen Ernstes Ketchup als Gemüse bezeichnete? Wieso glitt die Kritik an einem Präsidenten ab, dessen Regierung die Contra-Rebellen in Iran mit Profiten aus illegalen Waffenlieferungen unterstützte und damit für einen Skandal verantwortlich war, der verfassungsrechtlich schwerer wog als Watergate?

Die Antwort ist in erster Linie in Reagans Image als «great commu-nicator» und väterlichem Führer der Nation zu sehen. Der Präsident, der bei Amtsantritt mit 70 Jahren älter war als alle seine Vorgänger, und der von seinen Beratern und der resoluten First Lady ideologisch weitgehend gelenkt wurde, überzeugte durch einen Führungsstil, der eine klare politische Linie mit taktischer Flexibilität und einer gewis-sen Lässigkeit bei der Behandlung von Detailfragen verband. Dem gelernten Schauspieler und seiner Mannschaft im Weißen Haus, die auf die äußere Erscheinung des «Fernsehpräsidenten» großen Wert legte, gelang es, Widersprüche in der Politik durch perfekte Me-dienregie geschickt zu überspielen. Im Übrigen erzählte Reagan den Amerikanern, was sie hören wollten. Am liebsten versprach er alles zugleich: Steuerrückzahlungen, hohe Verteidigungsausgaben und einen ausgeglichenen Haushalt. Patricia Schroeder nannte dies «Schlankheitsdiät im Eisbecher mit Schokoladensauce» (hot fudge sundae diet). Wenn das nationale Defizit entgegen der Vorhersagen dennoch anstieg, wagte es kaum einer, einen Präsidenten zu tadeln, der die Herzen der kleinen Leute für sich einnehmen konnte und der das «irische Augenzwinkern» perfekt beherrschte.

79. Was war das Evil Empire? Im März 1983, in einer Rede vor fundamentalistischen Christen in Florida, hatte Präsident Ronald Reagan die Sowjetunion als Reich des Bösen, als «evil empire», bezeich-net. Reagans apokalyptische Rhetorik verband Appelle an den ameri-kanischen Patriotismus mit Drohungen an die Adresse Moskaus. «Evil empire» klang unversöhnlich und hob die USA provokativ auf ein Podest der moralischen Überlegenheit. Die «Falken» (hawks), die – im Gegensatz zu den pazifistisch angehauchten «Tauben» (doves) – einen harten Aufrüstungskurs gegen die Sowjetunion verfolgten, um die ideologische Einflusssphäre der Sowjetunion zurückzudrängen (roll back-Politik), begrüßten Reagans Konfrontationspolitik. Seine Kritiker fürchteten dagegen die Eskalation eines Konflikts, der mili-tärische Konsequenzen oder gar einen nuklearen Krieg nach sich ziehen konnte.

Als Reagan in seiner zweiten Amtszeit, nach einem Treffen mit dem neuen Staatschef der Sowjetunion, Michail Gorbatschow, gefragt wurde, ob er in der Sowjetunion noch immer ein «Reich des Bösen» sehe, verneinte er die Frage. Vor dem Hintergrund einer sowjetischen Reformpolitik, die Offenheit (glasnost) und gesellschaftliche Umgestaltung (perestroika) ins Zentrum setzte, konzipierte Reagan dann auch jene Rede am Brandenburger Tor vom 12. Juni 1987, mit der er eine «Botschaft der Hoffnung und des Triumphes» übermitteln wollte: Wenn Gorbatschow wirklich Frieden, Wohlstand und Liberalisierung anstrebe, dann könne er ein unmissverständliches Zeichen setzen: «Come here to this gate!» rief Reagan mit Blick auf die Berliner Mauer. «Mr. Gorbachev, open this gate! Mr. Gorbachev, tear down this wall!»

Einige Historiker haben hervorgehoben, dass Reagans aggressiver, gegen das «evil empire» gerichteter Politikkurs ein effektives Instrument des Kalten Krieges gewesen sei und fundamental zum Zusammenbruch des sowjetischen Reichs beigetragen habe, auch wenn sich dieser erst 1991 in der Ära von Präsident George Bush vollzog. In der Tat hatten die USA im Kalten Krieg maßgeblich dazu beigetragen, den sowjetischen Machtbereich ideologisch und materiell zu unterminieren. Auf der anderen Seite darf nicht übersehen werden, dass sich die Wirtschaft der Sowjetunion zum Zeitpunkt von Reagans Amtsantritt längst auf einer Abwärtsspirale bewegte. Die ineffiziente Industrieproduktion und der mit etwa 25 Prozent unerhört hohe Anteil von Militärausgaben am Bruttosozialprodukt trugen ebenso zum Kollaps des sowjetischen Imperiums bei wie innenpolitische Spannungen, soziale Probleme und Korruption sowie die wirtschaftliche Konkurrenz von Ländern wie China, Japan, Korea, Deutschland, Großbritannien, Frankreich und den USA. Neben internen und externen Faktoren dürfte auch die Entspannungspolitik, wie sie von John F. Kennedy oder Egon Bahr forciert worden war und von der Friedensbewegung in den USA und Europa fortgesetzt wurde, zum Niedergang des sowjetischen Imperiums beigetragen haben.

Reagans Nachfolger George Bush, der eine aktive Rolle bei der deutschen Wiedervereinigung spielte, tat interessanterweise fast nichts, um den Zerfallsprozess der Sowjetunion um 1990 voranzutreiben. Hinter dieser Zurückhaltung verbarg sich die seit 1989 auf höchster Regierungsebene gereifte Gewissheit, dass die Zeit ohnehin für den Westen arbeitete, und dass der nun angebrochene Schlussakt des Kalten Krieges und der Zusammenbruch des sowjetischen Reiches fast ohne eigenes Zutun mit dem vollständigen Sieg der Vereinigten Staaten und des Westens enden werde.

80. Warum wurde der Golfkrieg für die Medien so bedeutend?

«Dies ist ein sehr stolzer Tag», erklärte Präsident George Bush (der Ältere) unmittelbar nach dem alliierten Sieg gegen den Irak im Golfkrieg von 1991. «Gott sei Dank, wir haben das Vietnam-Syndrom ein für alle Mal besiegt.» Mit dem Vietnamvergleich brachte Bush zweierlei zum Ausdruck: Zum einen hatten die USA im Irak, anders als in Vietnam, einen kurzen und siegreichen Krieg geführt; und zum anderen war es der US-Regierung im Golf gelungen, die Medien – insbesondere das Fernsehen – im Zaum zu halten. Umfragen während des Golfkriegs zeigten, dass mehr als 90 Prozent der Amerikaner ihre Informationen über den Krieg primär aus dem Fernsehen bezogen.

Im Vietnamkrieg war die Akkreditierung der Journalisten routinemäßig erfolgt; für die Berichterstattung im Golf wurden kritische Journalisten erst gar nicht zugelassen. Konnten sich die Reporter im Vietnamkrieg noch frei und ohne Aufsicht bewegen, wurden sie im Golfkrieg von public affairs officers begleitet und in sogenannten «pools» zusammengefasst: Militärs kontrollierten und diktierten jede Bewegung der Journalisten. Im Vietnamkrieg konnten Journalisten nahezu ohne Restriktionen fotografieren und filmen; im Golfkrieg hingegen galten strikte Regeln (groundrules): Die größten Schrecken des Krieges – wie etwa Soldaten oder Zivilisten mit schweren Verwundungen oder Entstellungen – durften dem Publikum daheim nicht gezeigt werden. Im Vietnamkrieg reagierte die Regierung auf die Berichterstattung der Medien; im Golfkrieg gaben das Weiße Haus und das US-Verteidigungsministerium durch Presseberichte und -konferenzen die Themen und Schwerpunkte der Berichterstattung vor.

Der Golfkrieg war der erste Fernsehkrieg in Realzeit. Interessanterweise wurden im Fernsehen keine konkreten Nachrichten über die Kampfhandlungen ausgestrahlt. Im Zentrum der Informationen standen vielmehr Interviews mit Protagonisten aus Politik und Militär sowie virtuelle Demonstrationen der amerikanischen Waffentechnologie, die die Präzision amerikanischer Bombenabwürfe demonstrierten – einige dieser Berichte waren schon vor Kriegsbeginn produziert worden. «Instant history» und Informationsüberflutung traten an die Stelle von Hintergrundinformation und Reflexion. Die Nachrichten und Bilder «made in America», die in aller Welt über die Bildschirme flimmerten, verbreiteten die amerikanische Sicht eines Krieges, der vermeintlich in erster Linie Maschinen, nicht Menschen involvierte. Darüber hinaus wurden vom Pentagon produzierte TV-Berichte gezielt dazu genutzt, den Irakern Falschinformationen zuzuspielen. Damit avancierten die Fernsehsendungen erstmals zu zentralen Instrumenten der psychologischen Kriegsführung der USA.

Ins 21. Jahrhundert

81. Wie und warum entstand Hip-Hop? Hip-Hop-Musik ist die populärste, einflussreichste und umstrittenste Musik- und Kulturform der USA der letzten Jahrzehnte des 20. Jahrhunderts sowie des frühen 21. Jahrhunderts. Wiewohl heute fast vergessen, ist die Entstehung des Hip-Hop aufs Engste mit der städteplanerischen und sozialen Geschichte von New York City verknüpft. Das 1959 begonnene Projekt des Cross-Bronx Expressways im Norden von Manhattan, der die Millionenstadt mit den neuen Vororten in New Jersey und Long Island verbinden sollte, war einer der brutalsten Eingriffe in die gewachsenen Stadtteile Manhattans. Innerhalb von wenigen Monaten verwandelten sich stabile Arbeiterwohngebiete in Slums. Die Flucht der weißen Bevölkerung – von Juden, Iren, Deutschen und Italienern – aus der Bronx (white flight) zerstörte die Nachbarschaften und ließ eine wirtschaftlich erschöpfte und emotional gezeichnete Schicht von Afroamerikanern und Puertoricanern zurück. Von der Stadtverwaltung vernachlässigt und von der Presse verdammt, übten die jüngeren Einwohner der Südbronx einen ebenso subtilen wie effektiven Aufstand gegen die desolaten urbanen Verhältnisse, indem sie neue kulturelle Netzwerke und Identitäten aufbauten. Die sogenannten crews, eine Art interkulturelle Alternative zum Familienverband, bildeten die soziale Basis für die Hip-Hop-Bewegung. Ins nationale Rampenlicht gerieten die Verhältnisse in der Südbronx erstmals 1977. Während eines Stromausfalls im Sommer plünderten und vandalisierten Banden dort mehrere hundert Läden. Die Bronx wurde daraufhin zum herausragenden Symbol für die Verwahrlosung Amerikas und für die Frustration der afroamerikanischen und karibischen Minderheiten: Wer in der Südbronx aufwuchs, galt als verdammt und verloren. Eine Reihe von Filmen, die Anfang der 1980er Jahre entstanden – unter ihnen «Fort Apache – The Bronx», «Wolfen» und «Koyaanisqatsi» –, beuteten die physische Verwüstung der Bronx ästhetisch aus. Dadurch

avancierten die verlassenen Gebäude zu populären kulturellen Ikonen – zu Symbolen sozialen Ruins und unmenschlicher urbaner
Lebensbedingungen.

Vor diesem Hintergrund entwickelten Künstler aus dem Ghetto
eine unerhört kreative und durchaus rebellische kulturelle Bewegung, die nicht nur die Produktion von Musik, sondern auch andere
innovative und experimentelle Kunstformen umfasste: von Graffiti,
die das New Yorker Transportsystem in eine riesige Leinwand verwandelten, über den akrobatischen Breakdance bis zum Rap (Sprech-
gesang) und zum Deejaying. Die Entertainer aus der Bronx, deren
Publikum sich anfangs auf öffentlichen Plätzen und in verlassenen
Häusern einfand, griffen einerseits auf archaische afroamerikanische
und afrokaribische Vokaltraditionen zurück; andererseits verwendeten sie modernste Technologien. Voraussetzung für die Graffitikunst
waren beispielsweise technische Fortschritte in der Entwicklung von
Spraydosen. Die Produktion und Verbreitung der Musik erfolgten
über gigantische tragbare Transistor- und Aufnahmegeräte, sogenannte ghetto blasters. Und selbst der breakdance war seinem Ursprung nach nichts anderes als die Imitation von technologischen
Transformationen und futuristischen Roboterbewegungen.

Zu den großen DJs der New Yorker Anfangszeit gehörten Kool DJ
Herc, Grandmaster Flash und Afrika Bambaataa. Auch wenn Flash
zum Beispiel um 1977 bereits mehr als 3000 Anhänger hatte, blieb
Hip-Hop bis zur Veröffentlichung des Albums «Rapper's Delight»
der Sugarhill Gang im Juli 1979 ein Untergrundphänomen. Die
Sugarhill Gang hatte keine Verbindungen zur Hip-Hop-Szene der
Südbronx; dennoch waren bald zwei Millionen Exemplare ihres
Albums verkauft. Der Erfolg der kommerziell produzierten Rap-Auf-
nahmen katapultierte innerhalb kürzester Zeit eine ganze Reihe von
Untergrundstars der Bronx in weiße Downtown Clubs und auf die
Hitlisten. Afrika Bambaataa spielte beispielsweise in The Mudd Club
und in The Ritz und brachte Singles heraus, für die sich Presse- und
Rundfunkleute über alle Maßen begeisterten. Mit «Wild Style», «Beat
Street» und «Krush Groove» folgte ab den frühen 1980er Jahren eine
Flut von Filmen, in denen Rapper und Breakdancer prominent figu-
rierten. Im Laufe der 1980er Jahre wurde der kommerzielle Hip-Hop
dann auch zur sprudelnden Einkommensquelle für Plattenfirmen
und Stars. 1988 durchbrachen die Verkaufszahlen erstmals die 100-
Millionen-Dollarmarke. 1989 erreichte die neue Hip-Hop-Show «Yo!

MTV Raps» die höchsten Einschaltquoten des Musiksenders MTV, und um die Wende zum 21. Jahrhundert machte der Verkauf von Hip-Hop-Alben nicht weniger als zehn Prozent des gesamten amerikanischen Musikgeschäfts aus.

82. Welche Bedeutung hatte Lewinskys blaues Cocktailkleid?

«Ich hatte keine sexuelle Beziehung mit dieser Frau – Miss Lewinsky», erklärte Präsident Bill Clinton mit erhobenem Zeigefinger am 26. Januar 1998 vor den laufenden Fernsehkameras. «Die Beschuldigungen sind falsch». Unter Eid hatte Clinton auch gegenüber dem ehrgeizigen Sonderermittler Kenneth Starr erklärt, er habe mit der Praktikantin Monica Lewinsky keinen Sex gehabt. (Clinton, der für seine windige Rhetorik berüchtigt war, definierte das Wort «Sex» offenkundig anders als die Mehrheit der Amerikaner.) Seine Aussage konnte der Präsident so lange aufrecht erhalten, bis Lewinsky ihr blaues Cocktailkleid mit Spuren von Sperma an eine Untersuchungskommission übergab und diese feststellte: Es war das Ejakulat Bill Clintons.

Ungeachtet von Clintons wiederholten Entschuldigungen für sein Fehlverhalten – er hatte nach langem Hin und Her eine «unangemessene und unschickliche» Beziehung zu der Praktikantin eingestanden –, legte Kenneth Starr dem Kongress einen Ermittlungsbericht vor, der sich ganz und gar auf die Affäre Lewinsky konzentrierte. Starr war eigentlich damit beauftragt worden, Vorwürfe zu klären, die im Zusammenhang mit einem 1978 getätigten Immobiliengeschäft in Arkansas gegen Bill und Hillary Clinton laut geworden waren. Indem er Clintons vermeintlichen Meineid in der «Sex-Affäre» ins Zentrum seiner Untersuchungen stellte, löste der eifrige Ermittler unterdessen eine Lawine aus, die den amerikanischen Präsidenten an den Rand der Amtsenthebung brachte.

1998 strengte der Kongress tatsächlich zum zweiten Mal in der amerikanischen Geschichte ein Amtsenthebungsverfahren gegen einen US-Präsidenten an. (Das erste Verfahren war 1868 gegen Präsident Lincolns Amtsnachfolger, Andrew Johnson, erfolglos betrieben worden.) Eine Amtsenthebung des Präsidenten oder anderer Amtsträger ist nach der amerikanischen Verfassung möglich, wenn diese «des Landesverrats, der Bestechung oder anderer schwerer Verbrechen und Vergehen für schuldig befunden worden sind». Die meisten Verfassungsrechtler waren sich darin einig, dass Clintons Verfehlungen nicht als «schwere Verbrechen und Vergehen» gelten konnten. Der republikanischen Opposition erschien jedoch der Gedanke, politischen Gewinn aus dem Amtsenthebungsverfahren schlagen zu können, als so verlockend, dass sie sich auf ein juristisches Schauspiel einließ, welches die Nation über fünf Monate hinweg in Bann und vor den Fernsehgeräten hielt. Viele moralisch entrüstete Republikaner sahen im Prozess gegen Clinton den Brennpunkt eines Kulturkampfes gegen den Liberalismus der 68er Generation, den sie für den sittlichen Niedergang der USA verantwortlich machten.

Am Ende scheiterte das Amtsenthebungsverfahren kläglich. Weder für den Anklagepunkt des Meineids noch für den der Justizbehinderung gab es im Kongress eine Mehrheit. Die Republikaner standen als Verlierer da, weil sie sich immer weiter vom Denken und Fühlen der Bevölkerungsmehrheit entfernt hatten, die erstaunlich gelassen auf Clintons private und öffentliche Moral reagierte. Bill Clinton profitierte vom Beistand eines hochkarätigen Anwaltsteams, aber er überlebte das Amtsenthebungsverfahren vor allem wegen des blinden Eifers seiner radikalen Gegner und wegen der unerhört günstigen wirtschaftlichen Lage, in die die Clinton-Regierung das Land gesteuert hatte. Meinungsumfragen zeigten, dass 37 Prozent aller Amerikaner die Lewinsky-Affäre für eine Angelegenheit von rein privater Natur hielten. Lediglich die Mehrheit der evangelikalen Protestanten (62 Prozent) betonte, dass das Privatleben des Präsidenten öffentliche Bedeutung habe.

Auch wenn es sich bei der «Lewinsky-Affäre» eher um eine Parodie als um eine Wiederholung der «Watergate-Affäre» handelte, konnte von einem Sieg Clintons keine Rede sein. Die Vertuschungsversuche wurden dem Präsidenten auch von Politikern aus den eigenen Reihen vorgehalten. Hinzu kam, dass die Angelegenheit viel wertvolle Zeit verschlang. Sie warf ihren Schatten auf den Rest von Clintons Amtszeit und auf sein politisches Erbe. Insgesamt schwächte sie nicht nur die Autorität Clintons, sondern ließ auch den Glanz des Präsidentenamtes verblassen. Lewinsky erhielt ihr blaues Kleid zurück, und obwohl ihr hohe Summen dafür geboten wurden, weigerte sie sich, das Corpus Delicti zur Versteigerung anzubieten.

83. Wer gewann im Jahr 2000 die Präsidentschaftswahl? Bei der Präsidentschaftswahl im Jahr 2000 standen zwei Kandidaten einander gegenüber, von denen keiner allzu große Begeisterung auf sich vereinen konnte. George W. Bushs Kandidatur war von Zweifeln an dessen intellektuellen Fähigkeiten begleitet, während es Al Gore an Natürlichkeit und persönlicher Ausstrahlung fehlte. Schon vor der Wahl zeichnete sich in fast allen Meinungsumfragen ein Patt zwischen den beiden Spitzenkandidaten ab. Einige Wahlbeobachter gingen davon aus, dass der Kandidat der Grünen Partei, Ralph Nader, der nur etwa drei Prozent der Stimmen auf sich vereinigen konnte, das Zünglein an der Waage zu Lasten Gores sein könnte. Am Ende kam es zur dramatischsten Wahl der US-Geschichte. Wochenlang wusste die amerikanische Bevölkerung nicht, ob Gore oder Bush das Rennen machen würden.

Am Wahlabend traten die Fernsehsender wie üblich in einen Wettbewerb darüber ein, wer als Erster das endgültige Wahlergebnis verkünden würde. Noch bevor die Wahlbüros geschlossen hatten, erklärten alle Sender, dass Gore den Staat Florida für sich gewonnen habe; kurze Zeit später hieß es hingegen, dass Bush der Sieger sei. Am Ende der langen Wahlnacht zeichnete sich dann aber ab, dass im südöstlichsten Bundesstaat ein Kopf-an-Kopf-Rennen der beiden Kandidaten stattgefunden hatte, dessen Ausgang über den zukünftigen Präsidenten entscheiden würde. Bundesweit konnte Bush etwa eine halbe Million weniger Stimmen auf sich vereinen als Gore. Mit der absoluten Mehrheit in Florida hätte Bush jedoch, da einzig die Delegierten- oder Wahlmännerstimmen der einzelnen Bundesstaaten zählten, einen knappen Vorsprung für sich verbuchen können und damit die Präsidentschaft errungen. Als die Auszählung in Florida beendet war, lag Bush mit einer so geringfügigen Mehrheit – mit einigen hundert von 3,7 Millionen Stimmen – vorn, dass ein offizielles Wahlergebnis nicht bekannt gegeben werden konnte. Furore machten bald Informationen über Wähler, die am Austausch versehentlich falsch ausgefüllter Stimmzettel gehindert worden seien. Streit entzündete sich außerdem am Design von Wahlzetteln in Palm Beach County. Dort wurden 19 000 Stimmzettel für ungültig erklärt, weil zu viele Stimmen abgegeben worden waren. Bald stellte sich heraus, dass mehrere Wähler das Stanzloch wohl versehentlich an der falschen Stelle setzten und statt Al Gore ihre Stimme an Pat Buchanan gaben. Vor diesem Hintergrund beantragten Gores Rechtsanwälte die manuelle Nachzählung von Stimmen in vier ausgewählten Counties. Da diese allerdings in der vorgeschriebenen Zeit nicht abgeschlossen werden konnte und Floridas Innenministerin (Secretary

of State) Katherine Harris, die an führender Stelle in Bushs Wahlkampf engagiert war, eine Fristverlängerung nicht zugestand, ging
der Fall auf dem Umweg über Floridas höchste richterliche Instanz
an den Obersten Gerichtshof in Washington.

Die mehrheitlich republikanisch gesinnten Bundesrichter votierten am 12. Dezember 2000 – sechs Tage vor dem Datum, an dem der
Präsident im Kongress bestätigt werden sollte – mit fünf zu vier Stimmen für die Beendung der Nachzählungen und damit für Bush als
Präsidenten. Für ihre Position hatten sie zwei Hauptargumente ins
Feld geführt: Zum einen seien die Nachzählungen verfassungswidrig
und zum anderen stünde dem Gerichtshof in Florida nicht genug
Zeit zur Verfügung, um die möglichen Fehler rechtzeitig zu korrigie-
ren. Das Urteil aus Washington spaltete die Bevölkerung. Diejenigen,
die das Urteil befürworteten, wiesen darauf hin, dass die fünf Bundesrichter eine pragmatische Lösung für eine sich abzeichnende nationale Krise herbeiführen wollten. Die Abwendung eines politischen
Chaos sei die zentrale Motivation der Richter gewesen. Demgegenüber hoben die Kritiker des Prozesses hervor, dass die Anwendung
des Gleichheitsgrundsatzes jeder Rechtsgrundlage entbehre. Nicht
Bush, sondern Gore oder allenfalls den Wählern, deren Stimmen am
Ende nicht berücksichtigt wurden, sei jener «irreparable Schaden»
entstanden, den Bush für den Fall reklamierte, dass die Nachzählungen nicht abgebrochen würden. Der Oberste Gerichtshof habe es
versäumt, alle Mittel auszuschöpfen, um den Wählerwillen festzu-
stellen. Einer der Kritiker, der Anwalt Vincent Buglioni, ging sogar so
weit, die Bundesrichter öffentlich als «Verbrecher» und ihr Urteil als
«Diebstahl der Präsidentschaft» zu bezeichnen. Erst ein Jahr nach der
Wahl stellte sich heraus, dass die Nachzählung der Stimmen in den
von Gore geforderten vier Counties Bushs hauchdünne Führung bestätigt hätte, dass aber eine Auszählung aller Stimmen in Florida Al
Gore den Wahlsieg gebracht hätte.

Aufs Ganze gesehen hatte die Wahl 2000 mehrere Schwächen der
amerikanischen Demokratie zutage gefördert. Zum einen wurde
deutlich, dass veraltete Zählmaschinen in mehreren Bundesstaaten
eine hohe Fehlerquote bei der Auszählung zuließen. Zum anderen
waren viele Erstwähler in Florida offenkundig beim Ausfüllen der
Wahlscheine überfordert. Beides machte die USA in aller Welt zum
Gegenstand des Gespötts. Darüber hinaus löste die Wahl eine Debatte über die Praxis des Wahlmännersystems aus. Zum vierten Mal

in der Geschichte hatte ein Kandidat das höchste Amt errungen, ohne dass er die Mehrheit der abgegebenen Stimmen auf sich vereinigt hatte.

84. Was geschah am 11. September 2001? Wie der Angriff auf Pearl Harbor 1941 und die Ermordung Präsident Kennedys 1963 erschütterten die Ereignisse des 11. September 2001 nicht nur die Vereinigten Staaten, sondern die ganze Welt. Nichts sei mehr so wie am Tag zuvor, schrieben Kommentatoren in fast allen Ländern. Am frühen Vormittag des 11. September hatte eine kleine Gruppe von leichtbewaffneten Terroristen an der Ostküste vier Passagierflugzeuge entführt und diese in tödliche Waffen verwandelt. Zwei der Flugzeuge attackierten das World Trade Center in New York City, ein drittes griff das Pentagon an, während das vierte Flugzeug, das Kurs auf das Weiße Haus genommen hatte, nach Kämpfen zwischen den Passagieren und Terroristen auf freiem Feld in Pennsylvania niederging. Das Resultat der Angriffe war verheerend. Die beiden Türme des World Trade Center brachen innerhalb von zwei Stunden zusammen und begruben 2823 Menschen unter sich, 190 starben im Pentagon, und 266 an Bord der Flugzeuge. Die Terroristen hatten ihre Attacken bewusst gegen prominente Symbole der amerikanischen Wirtschafts- und Verteidigungsmacht gerichtet. Die Dimension des Angriffs, die Zahl der Opfer und die Professionalität der Planung waren beispiellos in der Geschichte. Einige der Terroristen hatten sich zwei Jahre lang zu Piloten ausbilden lassen, um eine möglichst hohe Zielgenauigkeit zu erreichen. Ein Tag nach den Angriffen gab die Bush-Regierung bekannt, dass Osama bin Ladens terroristische Organisation Al-Qaida hinter den Angriffen stecke.

Auch vor dem 11. September hatte es immer wieder Terrorangriffe gegeben, die gegen amerikanische Ziele gerichtet waren. Die Zerstörung der US-Botschaften in Nairobi und Daressalam im August 1998, die insgesamt 224 Menschen (davon zwölf Amerikanern) das Leben kostete, und der Angriff auf das Kriegsschiff USS Cole im Jahr 2000, bei dem 17 US-Marinesoldaten ums Leben kamen, waren Symptome für die weltweite Ausdehnung des antiamerikanischen Terrors. 1993 war das World Trade Center in New York schon einmal zum Ziel einer terroristischen Attacke geworden. Damals waren sechs Menschen ums Leben gekommen und annähernd 1000 verletzt worden. Und bei einer Attacke auf ein staatliches Gebäude in Oklahoma City hatte es

1995 sogar 168 Tote gegeben. Im Gegensatz zu den Anschlägen von 2001 waren die Drahtzieher der früheren Attacken allerdings schnell identifiziert, gefasst und verurteilt worden.

Die Terroraktion vom 11. September markierte das erste Ereignis seit dem Krieg der Engländer gegen die USA im Jahr 1812, bei dem die USA von Protagonisten einer fremden Macht auf dem Festland selbst angegriffen worden waren. Entsprechend geschockt war die Bevölkerung. Nie zuvor war die amerikanische Bevölkerung in ihrer Angst vor weiteren Angriffen geeinter gewesen als 2001. Die Panik steigerte sich zur Massenhysterie als ominöse Attacken mit Milzbrand-Erregern, die auf dem Postweg verschiedene Adressaten in Washington D.C., New York City, New Jersey und Florida erreichten, acht Todesopfer forderten. Der Ursprung dieser Attacken blieb ungeklärt; allerdings deutete vieles auf einen einheimischen Hintergrund der Anschläge hin. Sechs Wochen nach dem 11. September hatte eine überwältigende Mehrheit der Amerikaner das Vertrauen in die Bundesregierung verloren, sie vor Terrorattacken zu schützen. Einer einschlägigen Meinungsumfrage zufolge hielten nur noch 18 Prozent der Amerikaner ihre Regierung für dazu fähig. Die Anteilnahme der Welt am Schicksal der USA, an ihren Opfern und deren Angehörigen war groß. Der deutsche Bundeskanzler Gerhard Schröder bekundete die «uneingeschränkte Solidarität» Deutschlands mit den USA. Gleichzeitig kündigte US-Präsident Bush in apokalyptischen Metaphern einen «monumentalen Kampf zwischen Gut und Böse» an. Ganz Amerika sammelte sich hinter ihm. Mit einem Mal fand der Präsident, der «langsam in die Geschichte eingelaufen war» (Frank Bruni), Anerkennung als Anführer und Symbolfigur der Nation. Die Ausrichtung der politischen Diskussion auf außenpolitische Themen stärkte das Image George W. Bushs, der von der Bevölkerung «Geduld» für einen langen Kampf erwartete.

85. Welche innenpolitischen Auswirkungen hatte der «Krieg gegen den Terrorismus»? Nach dem 11. September 2001 erschien der Terrorismus den Amerikanern nicht mehr als eine Gefahr unter vielen anderen, sondern als unverwechselbare, alle anderen Bedrohungen überragende Gefahr. Die Erfahrung der Verwundbarkeit – konkret die Tatsache, dass die militärisch und wirtschaftlich stärkste Macht der Welt die Attacke einiger mit Alltagsgegenständen bewaffneter Männer nicht hatte abwenden können – veranlasste die Bush-Regierung zu drastischen innenpolitischen Schritten. In einer sorgfältig einstudierten Fernsehansprache vor dem Kongress, die von 80 Millionen Amerikanern live im Fernsehen verfolgt wurde, erklärte Präsident Bush am 20. September 2001 formal den «Krieg gegen den Terrorismus». Der Präsident betonte: «Unser Krieg gegen den Terror beginnt mit Al-Qaida, aber er endet nicht damit. Er wird nicht enden, bis jede terroristische Gruppe mit globaler Reichweite ausfindig gemacht, gestoppt und besiegt worden ist.» Die neue Ziel- und Schwerpunktsetzung sollte, wie Bush am 6. Juni 2002 ankündigte, zur «umfassendsten Reorganisation der Bundesregierung seit den 1940er Jahren» führen. (Die Anspielung bezog sich auf die Einrichtung des US-Verteidigungsministeriums als Folge des Zweiten Weltkriegs.) Unter strengster Geheimhaltung bereitete der Präsident ab September 2001 – zunächst nur im Westflügel des Weißen Hauses – die Einrichtung eines neuen Ministeriums für Heimatschutz (Department of Homeland Security) vor. Dieses drittgrößte Ministerium, das 2003 offiziell eröffnet wurde, fasste 22 Bundesbehörden, die sich mit den unterschiedlichsten Aspekten von Sicherheit beschäftigten, zu einer monumentalen Institution mit mehr als 160 000 Mitarbeitern und einem Haushalt von 36,2 Milliarden Dollar zusammen. Unter anderem wurden Funktionen der Zoll- und Einwanderungsbehörden, der Küstenwacht und des Secret Service unter dem neuen Dach vereint. Mit der Einrichtung des neuen Ministeriums reagierte Bush offiziell nicht nur auf die Ängste der Bevölkerung vor neuen Terrorangriffen, sondern auch auf das Versagen der Geheimdienste FBI und CIA im Vorfeld des 11. September. Die amerikanischen Geheimdienste hatten es unter anderem versäumt, die Namen von zwei Flugzeugentführern an die Einwanderungsbehörde weiterzugeben, obwohl deren Al-Qaida-Zugehörigkeit bekannt war. Außerdem waren sie einer Spur nicht nachgegangen, die zum zwanzigsten Flugzeugentführer, Zacarias Moussaoui, geführt hätte. Bush selbst geriet vorübergehend ins Kreuzfeuer der Kritik, da er etwa einen Monat vor dem Septemberattentat darüber informiert worden war, dass der Drahtzieher der Attacken vom 11. September, bin Laden, die Entführung von Flugzeugen in den USA plante.

Die fundamentalste Maßnahme, mit der die USA auf die Terrorattacken reagierten, lag in der Verabschiedung eines Patriotengesetzes (Patriot Act), das ab Oktober 2001 im Namen der nationalen Sicherheit die Überwachungsmöglichkeiten der Polizeiorgane und die Kompetenzen der Geheimdienste ausweitete. Einen Monat später autorisierte Bush in seiner Eigenschaft als Oberbefehlshaber der US-Streitkräfte zum ersten Mal seit dem Zweiten Weltkrieg die Einrichtung von Militärgerichten für ausländische Kriegsgefangene. Bald darauf kam es zur Internierung von mehr als 1000 Menschen, deren Namen aus Gründen der nationalen Sicherheit nicht veröffentlicht wurden. Nach Angaben des Justizministeriums handelte es sich um Personen, die im Verdacht standen, ein Staatsverbrechen begangen oder gegen Einwanderungsbestimmungen verstoßen zu haben. Aber auch sogenannte materielle Zeugen fanden sich in der Gruppe der Internierten. Sie konnten, auch ohne an einem Verbrechen beteiligt zu sein, festgehalten werden, wenn sie über «wichtige Informationen für ein kriminelles Vorhaben» verfügten. Bei all dem zeigte sich, dass eine überwältigende Mehrheit der Amerikaner – im Sommer 2002 waren es 80 Prozent der Bevölkerung – bereit war, den rechtlichen Schutz der Freiheit zu opfern, um dadurch mehr Sicherheit zu gewinnen. Unter strengster Geheimhaltung, ohne die geforderte Vollmacht von den US-Justizbehörden einzuholen und unter Missachtung grundlegender Bürgerrechte, bevollmächtigte Präsident Bush im Jahr 2002 den Geheimdienst NSA dazu, Tausende von Lauschangriffen durchzuführen, um die Telefonate und E-Mail-Kontakte zwischen den USA und dem Ausland zu überwachen. Einzelheiten der Aktion kamen erst mehrere Jahre später ans Tageslicht.

Eine heftige innenpolitische Debatte löste im Jahr 2004 die Veröffentlichung von Bildern aus dem irakischen Zuchthaus in Abu Ghraib aus, die die Folter von vermeintlichen Terroristen durch Angehörige der amerikanischen Militärpolizei dokumentierten. Befürworter eines harten Umgangs mit mutmaßlichen Terroristen erklärten «Zwangstechniken» beim Verhören von Gefangenen für legitim. Die Juristin Ruth Wedgwood argumentierte beispielsweise in der Zeitschrift *Foreign Affairs*, der amerikanische Präsident sei mit dem Patriot Act vom Kongress ermächtigt worden, alle Mittel gegen die Planer des Attentats vom 11. September einzusetzen und damit auch die Gefangenen wie «feindliche Kombattanten» im Krieg zu behandeln. Angehörige von Menschenrechtsorganisationen verurteilten die gewalttätigen Verhörmethoden dagegen aufs Schärfste. Als alarmierend werteten sie, dass der Präsident die humane Behandlung von Al-Qaida-Mitgliedern als Ermessensfrage betrachtete.

86. War die Hurrikan Katrina-Katastrophe vermeidbar? Am 28. August 2005 erreichte Hurrikan Katrina mit einer Geschwindigkeit von 230, mancherorts bis zu 280 Stundenkilometern, die Golfküste von Louisiana, Mississippi und Alabama. Im Vorfeld hatten Meteorologen gewarnt, dass der Sturm sich direkt auf New Orleans zubewege. Aus der legendären Südstaatenmetropole hatten sich bis zur Ankunft des Sturms lediglich etwa 20 000 der insgesamt 500 000 Einwohner mit dem Auto in Richtung Norden gerettet. Das eigentliche Desaster begann freilich erst zwei Tage nach Ankunft des Sturms. Am 30. August brachen zwei Dämme, Wassermassen überfluteten in der Folge mehr als 80 Prozent der teilweise unter dem Meeresspiegel liegenden Stadt. Mehr als siebeneinhalb Meter hoch stand in einigen Vierteln das Wasser. 30 000 US-Soldaten, größtenteils aus der Nationalgarde, beteiligten sich an den Hilfsaktionen. Nie zuvor in der amerikanischen Geschichte waren so viele Militärs für zivile Zwecke eingesetzt worden. Dennoch griff statt Ordnung Chaos um sich. Plünderer suchten ihr Glück in den verlassenen Vierteln der Stadt, es kam zu Schießereien, und im Stadion, dem Superdome, in dem annähernd 25 000 Menschen Zuflucht fanden, herrschten bald unbeschreibliche hygienische Zustände. Es fehlte an sanitären Einrichtungen, an Essen, an Wasser und an grundlegender medizinischer Versorgung. Die Temperaturen von mehr als 35 Grad taten ein Übriges. Mehr als 1400 Menschen kamen in der Folge von Hurrikan Katrina ums Leben. Der Sachschaden lag mit über 100 Milliarden Dollar bei weitem höher als der irgendeines anderen Hurrikans auf dem amerikanischen Kontinent. Hunderttausende von Flüchtlingen, die sich auf alle Bundesstaaten verteilten, lösten die größte Flüchtlingskrise seit dem Bürgerkrieg aus. «Bei uns sieht es wirklich aus wie in Bangladesh oder Bagdad», schrecklicher noch als nach dem schlimmsten Feldzug des amerikanischen Bürgerkriegs, erklärte der Harvard-Historiker David Herbert Donald, als er die Bilder der Verwüstung sah. Einer der führenden Spezialisten für Naturkatastrophen in der US-Geschichte, Ted Steinberg, berechnete, dass der Berg an Schutt, den Katrina hinterlassen hatte, 72 Mal größer sei als das Volumen der Cheops-Pyramide.

Der Schock über das Ausmaß der Verwüstung machte bald dem Ärger über die unangemessene Reaktion der Regierungsbehörden Platz. Beschämend war die Einsicht, dass die Todesopfer der Katrina-Katastrophe fast ausnahmslos den unteren Schichten angehörten. In den Vierteln der Ärmsten trafen die Rettungskräfte oft gar nicht oder erst spät ein. Und viele der Slumbewohner verfügten weder über ein Automobil noch über Benzin, um sich aus der Stadt zu retten.

Dabei wäre die Zerstörung von New Orleans sicherlich vermeidbar gewesen. Selten war eine Katastrophe so exakt vorhergesagt worden wie Hurrikan Katrina. Im Jahr 2001 hatte die Zeitschrift *Scientific American* prophezeit, dass ein «großer, sich langsam voran bewegender Hurrikan ... New Orleans 20 Fuß [mehr als 6 Meter] unter Wasser setzen würde». Die Soziologieprofessorin Shirly Laska von der Universität New Orleans wies, nachdem Hurrikan George (1998) und Hurrikan Ivan (2004) New Orleans nur knapp verfehlt hatten, darauf hin, dass 120 000 Einwohner der Stadt nicht über ein Auto verfügten: Ein Drittel von ihnen wäre gestorben, erklärte sie, wenn Hurrikan Ivan die Stadt getroffen hätte. Und der Direktor des Nationalen Hurrikanzentrums erklärte noch im Mai 2005, dass sich seine Sorge, angesichts des komplexen Dammsystems, in erster Linie auf die Gegend um New Orleans richte.

Nach der Katastrophe geriet vor allem die Regierung in Washington ins Visier der Kritiker. Präsident Bush hatte dafür gesorgt, dass das Bundeskatastrophenamt, die Federal Emergency Management Agency (FEMA), 2003 der neuen, schwer beweglichen Riesenbehörde für Innere Sicherheit (Department of Homeland Security) unterstellt wurde. Er hatte mit Michael Brown einen persönlichen Freund zum FEMA-Chef gemacht, der über keinerlei Erfahrung im Katastrophenschutz verfügte – Brown war vor seiner Berufung Vorsitzender eines Vereins für arabische Zuchtpferde gewesen. Hinzu kam, dass der von Republikanern dominierte Kongress 2003 Mittel für den Irak-Krieg umwidmete, die ursprünglich für den Hochwasserschutz in Südost-Louisiana vorgesehen waren.

Die Katastrophe von New Orleans lässt sich unterdessen nicht allein mit den politischen Präferenzen der Bush-Regierung erklären. Sie ist aufs Engste mit den Entscheidungen früherer Regierungen und mit der Ideologie des U. S. Army Corps of Engineers verbunden, der für den Hochwasserschutz in den USA verantwortlichen Bundesbehörde. Anstatt die Gelder, die seit Mitte der 1960er Jahre in großen Mengen nach Louisiana flossen, zum Dammbau zu verwenden, richtete sich das Interesse von Politik und Ingenieuren auf die wirtschaftliche Nutzung von Feuchtgebieten. Der Schutz von Menschenleben hatte nie die höchste Priorität.

87. Was ist Silicon Valley? Silicon Valley (Silizium-Tal) ist ein High-Tech-Paradies – das älteste und größte der Welt. Die Region im Norden Kaliforniens umfasst etwa 3900 Quadratkilometer. Fast zwei Millionen Menschen wohnen in den Städten oder auf dem Gelände der Hochschulen, die man als Silicon Valley bezeichnet. Der Begriff Valley bezieht sich auf das wildromantische Santa Clara Tal südlich der Bucht von San Francisco, wo das Thermometer selten unter den Gefrierpunkt sinkt. Valley of Heart's Delight war der ursprüngliche Kosename dieser Landschaft, in der einst Aprikosen- und Pflaumenplantagen die Szenerie dominierten. Silicon erinnert dagegen an die unzähligen Halbleiter- und Computerunternehmen, die sich im Laufe der Zeit in Santa Clara County angesiedelt haben. Unternehmen wie Hewlett-Packard, Apple, Google und Yahoo, mit denen sich heute der Name Silicon Valley verbindet, lassen vergessen, dass die Forschungs- und Technologiegeschichte in der Santa Clara Region etwa hundert Jahre zurückreicht.

Der Präsident der Stanford University, David Starr Jordan, brachte 1909 die ersten 500 Dollar an Risikokapital in der Geschichte des Silicon Valley auf, und zwar für die Erfindung und Fertigung der «Audio-Röhre», die erstmals Gleichströme – und damit Funk- und Grammofonsignale – verstärken konnte. In San Jose, der heimlichen Hauptstadt von Silicon Valley, entstand im gleichen Jahr die erste US-amerikanische Radiostation mit regelmäßigen Rundfunksendungen. Wenig später wurde in Palo Alto die Federal Telegraph Corporation gegründet, die das erste Weltrundfunksystem entwickelte. 1933 kam das Luftfahrtzentrum der US-Marine ins Silicon Valley. Danach ließen sich Flugzeughersteller, wie zum Beispiel Lockheed, dort nieder. Zum Forschungs- und Industriezentrum entwickelte sich Silicon Valley vollends, als die Stanford University nach dem Zweiten Weltkrieg große Teile ihres Geländes, die nicht veräußert werden durften, an Hochtechnologie-Unternehmen verpachtete. Damit entstand der heute legendäre Stanford Industrial Park. Zu den ersten zivilen Unternehmern, die dort einzogen, gehörten 1953 William Hewlett und David Packard, die das Unternehmen Hewlett and Packard unmittelbar nach ihrem Studium in Stanford in einer Garage in Palo Alto gegründet hatten. In einem Lagerschuppen für Aprikosen entstand drei Jahre später das Forschungszentrum von William Shockley, der bei seinen Mitarbeitern als unausstehliches cholerisches Genie galt und der 1956 (zusammen mit zwei Kollegen) den Physik-Nobelpreis erhielt. Shockley war der eigentliche Erfinder der Halbleitertechnologie: Die Idee, kalte Kristalle statt heißer Röhren als Strom- und Spannungsverstärker zu verwenden, löste eine Revolution in der Elektronik aus. Die mikroskopisch kleinen Halbleiter, die unerhört schnelle elektrische Signale aussenden konnten, sollten bald in Uhren und in portablen Telefonen, in Straßenlaternen und in PKW-Armaturen, in Stahlfabriken und in Spielzeugen – und natürlich im PC – ihre scheinbar unendlichen Anwendungsfelder finden.

Dass Silicon Valley heute nicht Germanium Valley heißt, dass sich also das Mineral Silizium, aus dem 90 Prozent der Erdoberfläche besteht, durchsetzte, hatte nicht zuletzt mit den militärischen Ambitionen der USA zu tun. Die falsche, aber gezielt geschürte Furcht der Amerikaner vor einem Raketenvorsprung der Sowjets beschleunigte die Forschung im Raketensektor. Da die mit Germanium betriebenen Transistoren bei den extremen Temperaturen im Weltraum schmolzen, griffen die Forscher von Silicon Valley auf Silizium zurück, das zuvor noch bei Temperaturen von über 1000 Grad Celsius gebacken und mit Bor und Phosphor versetzt werden musste. Die Entdeckung von Silizium bot die Grundlage für den Bau von hoch integrierten Speicherbausteinen mit immer weiter wachsender Packungsdichte. Die erste Firma, die erfolgreich Miniaturschaltungen auf einem einzigen Silizium-Scheibchen, dem Chip, hergestellt hatte, war 1958 die Firma Fairchild. Zehn Jahre später hatte Fairchild bereits 32 000 Mitarbeiter. War Fairchild aus der Firma von Shockley hervorgegangen, so spalteten sich aus Fairchild wiederum unzählige Firmen ab. 1970 existierten bereits 15 Computerfirmen in Silicon Valley, die nicht weniger als 300 Millionen Chips – in erster Linie an zivile Abnehmer – verkauften. Ein Jahr später wurde in Silicon Valley der Mikroprozessor, der «Computer auf dem Chip», erfunden. Seit 1971 hat sich die Packungsdichte der Prozessoren etwa alle zwei Jahre verdoppelt. Die atemberaubende Geschwindigkeit der technologischen Fortentwicklung in Verbindung mit akademischer Exzellenz und unternehmerischer Risikobereitschaft sind die Charakteristika, mit denen sich der Name Silicon Valley für Menschen in aller Welt verbindet.

88. Sind die USA die Nummer 1? Ohne Zweifel sind die USA heute die stärkste Militär- und Wirtschaftsmacht der Welt. Das Verteidigungsbudget der USA war zu Anfang des 21. Jahrhunderts so hoch wie das der 16 in der Weltrangliste folgenden Nationen zusammen genommen. Die Armeen von Indien und China mögen zahlenmäßig größer sein als die US Army. Aber keine andere Nation verfügt über ein vergleichbar hochentwickeltes Waffenarsenal wie die USA, und keine ist militärisch global so präsent wie die USA: 460 000 US-Soldaten waren 2007 in insgesamt 144 Ländern außerhalb der USA stationiert.

Auch im Handel, insbesondere im Import, nehmen die USA eine dominierende Rolle ein. Autos und Ananas, Bananen und Büroartikel, Fernseher und Fahrräder, Naturgas und Nuklearreaktoren, Spielzeuge und Schuhe – und natürlich Rohöl – gehören zur langen Liste der Artikel, in denen die USA die Import-Weltrangliste anführen. Was den Export betrifft, ist die Bundesrepublik Deutschland seit 2003 Weltmeister, aber in vielen Sparten dominieren die Amerikaner dennoch unangefochten den Exportmarkt. Besonders in der Rüstungsindustrie und bei Filmen nehmen sie einen einsamen Spitzenplatz ein. Ähnliches gilt für landwirtschaftliche Exportartikel wie Tabak und Mais, Weizen und Sojabohnen, Tierfelle und Tierhäute. Die USA haben heute das größte Bruttoinlandsprodukt (13,3 Billionen Dollar) der Welt, die höchsten Goldreserven (158 Milliarden Dollar), aber auch die höchste Nationalverschuldung (8,6 Billionen Dollar) und die höchste Auslandsverschuldung des Bundes (2,1 Billionen Dollar).

Im Energiebereich sind die USA die absolute Nummer Eins. Nirgendwo wird so viel Öl verbraucht und so viel Atomenergie produziert wie in Amerika. Im Laufe des letzten Jahrzehnts fielen die Amerikaner lediglich bei der Gewinnung von Sonnenenergie (hinter Deutschland und Japan) und Windenergie (hinter Deutschland und Spanien) auf den dritten Platz.

Nirgendwo auf der Welt gibt es so viele Milliardäre wie in den USA (annähernd 400), aber auch nirgendwo – pro Kopf – so viele Gefängnishäftlinge. Kein anderes Land hat so viele Internetbenutzer (205 Millionen), ein so großes Straßennetz (6,5 Millionen Kilometer) und so viele Flughäfen (fast 15 000), aber kaum irgendwo gibt es weniger Wähler (die USA rangieren auf Platz 139 der Weltrangliste). Aus keiner Nation stammen so viele Nobelpreisträger (etwa 300), aber nur in wenigen (nur in 14) Ländern liegt die Mordrate höher als in den USA. In fast allen Dimensionen der Macht – militärisch, ökonomisch, kulturell und wirtschaftlich – führen die USA die Welt an.

Die besondere Nation

89. Wie heilig ist der Star Spangled Banner? Keine Fahne der Welt ist so stark mit patriotischem Gehalt durchtränkt wie die US-Nationalflagge. Keine gilt als so heilig wie Amerikas «Old Glory» – ein Spitzname, den die heute noch erhaltene Riesenflagge von Kapitän William Driver 1831 erhielt, bevor dieser auf seiner Brigg die Welt umsegelte.

In einer Umfrage der Smithsonian Institution im Jahr 2007 gaben 55 Prozent aller Amerikanerinnen und Amerikaner an, die Flagge täglich zur Schau zu stellen, 16 Prozent taten dies an Nationalfeiertagen, und nur 21 Prozent erklärten, nicht im Besitz einer Flagge zu sein. Ein aus den Trümmern des World Trade Center gerettetes Nationalbanner, dem zwölf Sterne fehlten, machte überall auf der Welt Schlagzeilen, als es nacheinander bei der Baseball-Weltmeisterschaft (World Series), bei der nationalen US-Footballmeisterschaft (Superbowl) und bei den Olympischen Winterspielen 2002 in Salt Lake City zur Schau gestellt wurde. Wie kommt es, dass die Amerikaner «Old Glory» nicht nur in Ehren halten, sondern sich sogar mehrheitlich einen Zusatzartikel zur Verfassung wünschen, der das Verbrennen der Nationalflagge unter Strafe stellt?

Am 14. Juni 1777 wurde die amerikanische Flagge mit damals 13 Sternen und 13 Streifen für die ursprünglich 13 Bundesstaaten von der nationalen Delegiertenversammlung, dem Zweiten Kontinentalkongress, autorisiert. Der 14. Juni gilt deshalb in den USA als National Flag Day. Interessanterweise fand die Flagge bei den amerikanischen Gründervätern nur wenig Beachtung. Ein berühmtes Zitat von George Washington, wonach die «Sterne vom Himmel» und «das Rot von unserem Mutterland» stammen, während «die weißen Streifen» der Flagge «die Freiheit repräsentieren» geht vermutlich nicht auf den ersten US-Präsidenten zurück. Auch die Geschichte der Polstererwitwe Betsy Ross aus Philadelphia, die George Washington getroffen und die erste Fahne entworfen und genäht haben soll, entpuppt sich bei genauerem Hinsehen als eine Legende, die sich erst um das Jahr 1870 ausbreitete.

Die Wurzeln des amerikanischen Flaggenkults liegen im zweiten amerikanischen Krieg gegen England. Am 14. September 1814 schrieb Francis Scott Key «im frühen Licht des Sonnenaufgangs» («by the dawn's early light») und im Anblick der amerikanischen Flagge von

Fort McHenry in Baltimore, das den englischen Angriffen standgehalten hatte, ein Gedicht. Dieses wurde bald schon gedruckt, mit einer Melodie aus dem 18. Jahrhundert unterlegt und in Baltimore verbreitet und gesungen. Das sentimentale Lied gab der Flagge von Fort Henry, die zum Symbol der nationalen Landesverteidigung avancierte, den Namen «The Star Spangled Banner» und den USA ihre Nationalhymne.

Ein echter nationaler Flaggenkult entstand allerdings erst im Bürgerkrieg. In den Schlachten der Jahre 1861 bis 1865 opferten sich Tausende von gemeinen Soldaten und in der Literatur verklärten Bannerträgern im Anblick der «Stars and Stripes» für die Nation. Je höher die Zahl der Opfer stieg, desto mehr wurden die zerrissenen, angesengten oder von Kugeln durchlöcherten Flaggen zu Relikten und Symbolen eines Kampfes, der Heroismus und christlich inspiriertes Märtyrertum in eins setzte. Nicht Blut und Eisen wie in Bismarcks Preußen, sondern Blut und Tuch, nicht die Waffe, die der Armee gehörte, sondern die Flagge, die dem Volk gehörte, verband sich im kollektiven Bewusstsein der Amerikaner mit dem Opfer für die Nation. Kein Wunder, dass amerikanische Kriegsveteranen bis heute an der Spitze der Bewegung stehen, die die Heiligkeit der Flagge beschwört.

Interessanterweise wurde die Flagge in der Zeit des Bürgerkriegs nicht nur von Offizieren, sondern auch von Gegnern der Sklaverei, den Abolitionisten, instrumentalisiert. Im Kontrast zu den himmlischen Assoziationen der Sterne, erinnerten sie sich angesichts der roten Streifen der Flagge an die blutigen Striemen auf den Rücken der Sklaven. Die Flagge war für die Abolitionisten daher ein Symbol der Schuld und der noch uneingelösten Freiheit der schwarzen Minderheit.

In Zeiten der nationalen Krise entzündet die amerikanische Flagge Debatten von ungeheurer emotionaler Intensität und kultureller Sprengkraft. Nur so lässt sich erklären, dass Hippies, auf deren Jeans der Star Spangled Banner abgebildet war, zur Zeit des Vietnamkrieges von Polizisten verhaftet werden konnten, wo diese doch selbst eine ins Uniformhemd eingenähte Flagge trugen. Selbst in der Kunst waren der Verwendung der Flagge oft enge Grenzen gesetzt. So wurde ein New Yorker Galerist 1966 zu einer Geldstrafe von 500 Dollar oder 60 Tagen Gefängnis verurteilt, weil er unter anderem das Kunstwerk «Hanging» von Marc Morel ausstellte: einen an einem gelben Strick hängenden «Flaggensack». Der Rechtsstreit, der dem Galeristen Schmähungen und Morddrohungen einbrachte, dauerte nicht weniger als acht Jahre, bevor ein Bundesgericht im November 1974 die Verurteilung für rechtswidrig erklärte, indem es auf das hohe Gut der freien Meinungsäußerung verwies.

Zehn Jahre danach löste der Fall einer Flaggenverbrennung in Dallas, Texas, im ganzen Land einen Sturm der Entrüstung aus. Gregory Johnson, der es gewagt hatte, die Nationalflagge am Rande des republikanischen Parteitags aus Protest gegen die Politik Ronald Reagans zu verbrennen, wurde wegen der «Entweihung» der Flagge zu 2000 Dollar Geldstrafe und einem Jahr Gefängnis verurteilt. Der Oberste Gerichtshof der USA überstimmte das Urteil im Jahr 1989. Seither versuchen einflussreiche patriotische Kreise eine Änderung der Verfassung herbeizuführen, die die Entweihung des Star Spangled Banner verbietet. Mit nur einer Stimme Mehrheit wurde ein entsprechender Antrag 2006 im Senat abgelehnt.

90. Warum spricht man vom «Schmelztiegel» Amerika? Die USA sind das Einwanderungsland schlechthin. Schon im frühen 19. Jahrhundert überschlug sich die Zahl der Neuankömmlinge von Dekade zu Dekade. In den 1820er Jahren kamen 150 000 Immigranten in die USA, in den 1830ern waren es 600 000, in den 1840ern 1,7 Millionen und in den 1850er Jahren bereits 2,3 Millionen. Wer sich vor Augen hält, wie dünn die USA damals besiedelt waren, erkennt sofort, wie stark die Einwanderungsbewegungen das Land veränderten. Allein zwischen 1830 und 1850 wandelte sich das Verhältnis von im Ausland geborenen Einwanderern zu Amerikanern von 1 pro 100 in 10 pro 100. Nie zuvor in der Geschichte hatte es einen globalen Exodus in vergleichbarem Maße gegeben. Allein in dem Jahrhundert bis zum Beginn des Ersten Weltkriegs kamen nicht weniger als 35 Millionen Menschen in die Vereinigten Staaten. Das entspricht der heutigen Bevölkerungszahl von Island, Norwegen, Schweden, Finnland, Dänemark, der Slowakei und Kroatien zusammengenommen.

Entgegen gängiger Vorstellungen vermischten sich die Bevölkerungen verschiedener Herkunftsländer nicht überall miteinander. Die Einwanderer aus Norwegen ließen sich beispielsweise jahrzehntelang in nur vier US-Bundesstaaten nieder, deren Klima und Landschaft an die norwegische Heimat erinnerten (Wisconsin, Minnesota, Iowa und Illinois). Die in Irland geborenen Einwanderer stellten um 1850 mehr als ein Drittel der Bevölkerung von New York City. In Carnegies Stahlwerken arbeiteten vor dem Ersten Weltkrieg nahezu ausnahmslos Osteuropäer. Pennsylvania, Texas und Missouri waren im 19. Jahrhundert so stark von Deutschen besiedelt, dass sich einige Einwanderer zeitweilig der Hoffnung hingaben, diese Staaten «germanisieren» zu können. Und in der 1896 gegründeten Stahlarbeiterstadt Granite City, Illinois, lebten um 1910 nicht weniger als 15 000 Bulgaren, die überdies ihre eigene bulgarische Tageszeitung hatten – die einzige im Lande.

Am engsten lebten die unterschiedlichen Einwanderergruppen in New York City aufeinander. Um 1900 waren 80 Prozent der New Yorker Bevölkerung entweder selbst Einwanderer oder aber Kinder von Einwanderern. New York beheimatete mehr Italiener als Genua und Venedig, mehr Russen als Kiew. Mit dem Satz «Wir sind wohl eher eine Welt als eine Nation», beschrieb Herman Melville die merkwürdige Situation durchaus treffend. Das Schlagwort von Amerika als Einwanderungsland, wie wir es bis heute verwenden, erfand allerdings Israel Zangwill, ein zionistischer Journalist aus England. In einem Melodrama aus dem Jahr 1908 sprach er vom «Schmelztiegel Amerika» und popularisierte damit eine Vorstellung, die sich in ähnlichen Formulierungen schon im 18. Jahrhundert fand. Die Hauptfigur von Zangwills Theaterstück, David Quixano, ein jüdischer Musiker, der den russischen Pogromen mit knapper Not entkommen war, besaß das nötige Talent, um in New York den «amerikanischen Traum» zu leben. Er schrieb eine amerikanische Symphonie, heiratete eine nichtjüdische Frau und wandelte sich vom Ostjuden zum stolzen Ostküstenamerikaner. «Amerika ist Gottes Hochofen», lässt Zangwill seinen Helden ausrufen, «Deutsche und Franzosen, Iren und Engländer, Juden und Russen – in den Hochofen mit ihnen allen! Gott schöpft den Amerikaner.»

Nichts fügte die einzelnen Einwanderergruppen enger zusammen als die gemeinsame Sprache. «Jeder Einwanderer, der hierher kommt, sollte innerhalb von fünf Jahren Englisch lernen oder das Land verlassen», erklärte Theodore Roosevelt 1918. Die Zensuszahlen aus der Zwischenkriegszeit zeigten, dass die meisten Einwanderer Roosevelts Devise unwillkürlich befolgten. Von den 13,4 Millionen Registrierten, die nicht in den USA geboren waren, gaben im Jahr 1930 weniger als 900 000 an, kein brauchbares Englisch zu sprechen; die meisten von ihnen waren Neuankömmlinge oder Saisonarbeiter.

Seit den 1960er Jahren haben Soziologen und Historiker den Begriff melting pot immer wieder als inadäquate Metapher abgetan und Alternativen wie «kulturelles Mosaik» oder salad bowl propagiert. Die amerikanische Gesellschaft, so hieß es, sei kein «Einheitsbrei», sondern eher eine große bunte Salatschüssel, in der die Zutaten (die ethnischen Gruppen) zwar vermengt werden, aber dennoch ihren Eigengeschmack bewahren. Als Zangwill den Begriff melting pot benutzte, galt die kulturelle Anpassung an die protestantische angelsächsische Kultur als unumstößliches Gebot. Heute sehen die liberalen Befürworter der Akkulturation dagegen eher, dass sich Amerika mit der Ankunft neuer Immigranten immer wieder neu erfindet und ständig im Wandel begriffen ist.

91. Wer ist Amerikas größter Präsident?   Die kurze Antwort lautet: Abraham Lincoln, der amerikanische Bürgerkriegspräsident war mit seinen 1,92 m nicht nur der höchstgewachsene, sondern auch der höchstangesehene Präsident in der Geschichte der USA.

Pantheons und Rankings sind nirgendwo so beliebt wie in den USA. Das Land, dessen Verfassung keine Adelstitel zulässt, hat sich mit der «Hall of Fame» seine eigenen Aristokraten geschaffen. Nirgendwo ist das sinnfälliger als in den Bergformationen von Mount Rushmore in den Black Hills von South Dakota. Dort vereint Amerikas größtes Naturdenkmal seit 1941 die Köpfe von George Washington, Thomas Jefferson, Theodore Roosevelt und Abraham Lincoln. Etwa 20 Meter hoch ist jeder der Köpfe – und damit mehr als sieben Mal so groß wie der Kopf der Freiheitsstatue.

Rankings, die es ursprünglich nur im Sport, aber seit dem ausgehenden 19. Jahrhundert auch in anderen Bereichen (1895 erstmals für Buchhandels-Bestseller) gab, existieren für die US-Präsidenten seit 1948. Damals veröffentlichte der Harvard Historiker Arthur M. Schlesinger im populären *Life Magazine* einen Aufsatz zum Thema «Historians Rate U. S. Presidents». Das Resultat zeigte, dass «Lincoln, Washington, Franklin Roosevelt, Jefferson, Wilson und Jackson» (in dieser Reihefolge) der Gruppe der «Great Presidents» zuzurechnen seien. Zur Gruppe der nahezu großartigen Präsidenten («near great») gehörten Theodore Roosevelt, John Adams, Polk und Cleveland; als Versager («failures») galten unter anderem Grant und Harding. Was als «informelle Umfrage» unter Historikern und Politologen begann, wurde bald zur Tradition. 1962 forderte die *New York*

Times Schlesinger auf, eine zweite Umfrage durchzuführen, und seit den 1990er Jahren folgte eine Tabelle auf die andere. Nicht nur Fachwissenschaftler, sondern die gesamte US-Bevölkerung wird in viele der Umfragen einbezogen.

Bei keinem Präsidenten geht das Urteil zwischen Wissenschaftlern und der amerikanischen Öffentlichkeit so weit auseinander wie bei John F. Kennedy. Historiker und Politologen sehen Kennedy eher als durchschnittlichen Staatsmann; in populären Umfragen steht er dagegen nicht selten ganz an der Spitze. In einer Tabelle des Meinungsforschungsinstituts Gallup aus dem Jahr 2000, in der George Washington weit abgeschlagen ist, rangierte John F. Kennedy noch vor Abraham Lincoln auf Platz 1. Die Ermordung ließ den jugendlichen, dynamischen und eloquenten Präsidenten im Nachhinein in umso größerem Glanz, als Märtyrer und nationalen Helden, erstrahlen. Anders als seinem Amtsnachfolger Bill Clinton verziehen die prüden Amerikaner ihrem Liebling Kennedy sogar die sexuellen Eskapaden. Dass parteipolitische Präferenzen in den populären Meinungsumfragen gerade bei noch lebenden Präsidenten stark zum Tragen kommen, zeigt sich zum Beispiel darin, dass der Republikaner George W. Bush im Jahr 2005 von seinen amerikanischen Parteigenossen als sechstbester Präsident der amerikanischen Geschichte angesehen wurde, von den Demokraten dagegen als sechstschlechtester. Zu seinen Lebzeiten wurde Abraham Lincoln selbst von Parteifreunden verspottet. Manchen galt er als «inkarnierter Witz», als «bedauernswerte» Figur, als «schrecklicher Esel» oder gar als «Ur-Gorilla». Dem «netten Jungen» Franklin D. Roosevelt, dem Mann, der die Amerikaner aus der wirtschaftlichen Rezession holte und siegreich durch den Zweiten Weltkrieg führen sollte, trauten die wenigsten Großes zu. Zu Lebzeiten waren seine Fähigkeiten hoch umstritten, aber 30 Jahre nach seinem Tod sahen ihn selbst konservative Wähler als einen «großen Präsidenten». Für Ronald Reagan war er sogar der Lieblingspräsident. Kriege, Siege und Krisen machen «große Präsidenten». Ob Lincoln, Washington und FDR heute so angesehen wären, wenn sie im ausgehenden 19. Jahrhundert, in den 1920er, 1950er oder 1990er Jahren die Nation angeführt hätten, darf bezweifelt werden.

92. Welche Rolle spielte die «First Lady» in der amerikanischen Geschichte? Ohne die Präsenz der First Lady ist das Amt des amerikanischen Präsidenten kaum denkbar. Nur zwei der 43 amerikanischen Präsidenten von George Washington bis George W. Bush waren Junggesellen, zwei weitere wurden als Witwer ins Weiße Haus gewählt. Trotz etlicher Affären und Treulosigkeiten von US-Präsidenten kam es, anders als bei europäischen Staatsoberhäuptern, nicht ein einziges Mal zur Scheidung eines amtierenden Präsidenten. Vielmehr vermittelten die Präsidentengattinnen der Öffentlichkeit, wo immer möglich, ein modellhaft harmonisches Bild von der «First Family» im Weißen Haus.

Im Laufe der mehr als 200-jährigen Geschichte der Vereinigten Staaten wandelte sich die Institution der First Lady von der «Gastgeberin der Nation», die die traditionelle Rolle der Hausfrau und Mutter ausübte und zu diesem Zweck eine beträchtliche Zahl von Sklaven, Hausmädchen und Butlern kommandierte, zu einem eigenständigen Amt mit einem wachsenden Stab professioneller Mitarbeiter. Die Ehefrau Theodore Roosevelts, Edith Roosevelt, kann mit einiger Berechtigung als erste «moderne» First Lady bezeichnet werden. Mit Unterstützung der ersten Sekretärin in der Geschichte der «First Ladyship» erledigte Edith Roosevelt nicht nur die anfallende Korrespondenz. Durch eine geschickte Pressepolitik kanalisierte und befriedigte sie auch den Informationshunger der Reporter und der Öffentlichkeit. Mit Präsident Wilsons erster Frau, Ellen Wilson, mit Lou Hoover und mit Eleanor Roosevelt traten dann nacheinander drei First Ladies auf den Plan, die es verstanden, ihr Amt konsequent zur politischen Einflussnahme zu nutzen. Ellen Wilson setzte sich für die Verbesserung der Wohnverhältnisse in den Slums von Washington D. C. ein; Lou Hoover kämpfte für die Chancengleichheit der Geschlechter; und Eleanor Roosevelt, die sich bereits vor dem Einzug ins Weiße Haus als Politikerin und Journalistin engagiert hatte, setzte sich in unzähligen Reden, Radioansprachen und Zeitungsartikeln für das Ende der Rassendiskriminierung und für mehr soziale Gerechtigkeit in den USA ein. Wie keiner ihrer Vorgängerinnen gelang es Eleanor Roosevelt denn auch, eine eigene Identität – unabhängig von der ihres Mannes – zu schaffen. Dem entsprach außerdem, dass sie als einzige First Lady in der amerikanischen Geschichte ein Regierungsamt innehatte: Von 1941 bis 1942 war sie Vizepräsidentin der Bundesbehörde für Zivilverteidigung. Mit Eleanor Roosevelt hat die Öffentlichkeitsarbeit endgültig die Gastgeberinnenrolle als die wichtigste Funktion der First Lady abgelöst.

Zu einer weiteren Ausweitung der Machtfülle der First Ladies kam es im Präsidentschaftswahlkampf von 1964. Damals ging Lady Bird Johnson als erste First Lady ohne ihren Ehemann auf Stimmenfang durch die Südstaaten. Einen vorläufigen Höhepunkt erreichte die politische Rolle der First Lady mit Hillary Clinton. Schon im Wahlkampf hatte Präsidentschaftskandidat Bill Clinton versprochen, dass jede Stimme für ihn auch eine Stimme für Hillary sei. Hillary Clinton übernahm als First Lady die Federführung bei der (angestrebten) Einlösung eines zentralen Wahlkampfversprechens: der Reform des Krankenversicherungswesens – mit der sie allerdings gescheitert ist.

Dass die First Lady in den USA eine bei weitem prominentere Rolle spielt als ihre europäischen Kolleginnen, hat unterdessen vor allem mit der in der US-Verfassung festgelegten herausragenden Stellung des Präsidenten zu tun, der neben der Funktion des Regierungschefs auch die des Staatsoberhaupts auf sich vereint. Diese Besonderheit brachte eine Repräsentationskultur hervor, die die First Lady als oberste Repräsentantin der Nation in die Pflicht nimmt, so zum Beispiel wenn der Präsident selbst durch Regierungsgeschäfte verhindert ist oder eine Vertretung durch die First Lady – etwa bei Beerdigungen ausländischer Staatsoberhäupter – für besonders statthaft hält.

93. Warum gibt es in den USA keinen Sozialismus?   Der deutsche Soziologe Werner Sombart hat 1906 in einer kleinen Schrift die Frage gestellt, warum es in den Vereinigten Staaten keinen Sozialismus gebe. Auf den ersten Blick mag Sombarts Frage hoffnungslos antiquiert erscheinen, weil es im 21. Jahrhundert auch in Europa keinen Sozialismus mehr gibt. Aber an ihrer diagnostischen Brisanz hat Sombarts Frage bis heute nichts eingebüßt.

Sombart selbst gab auf die spannende Frage sicher die falsche Teilantwort, wenn er prophezeite, dass «alle Momente, die bis heute die Entwicklung des Sozialismus in den Vereinigten Staaten aufgehalten haben, im Begriffe sind, zu verschwinden oder in ihr Gegenteil verkehrt zu werden, so dass infolgedessen der Sozialismus ... im nächsten Menschenalter aller Voraussicht nach zu vollster Blüte gelangen wird».

Um die Wende vom 19. zum 20. Jahrhundert gab es allerdings eine Reihe von Anzeichen für das Vordringen sozialistischer Ideen in den USA. Eine davon war der phänomenale Erfolg des Romans «Looking Backward» (Deutsch: «Ein Rückblick. Aus dem Jahr 2000 auf 1887») von Edward Bellamy, einem Rechtsanwalt und Schriftsteller aus Massachusetts. Der 1888 veröffentlichte Roman handelt von einem reichen jungen Mann aus Boston, der sich wegen seiner chronischen Schlafstörungen in einem schalldichten unterirdischen Schlafzimmer regelmäßig von einem Hypnotiseur in Schlummer versetzen lässt. Als er aus einer dieser Hypnosen erst im Jahr 2000 wieder aufwacht, stellt er verblüfft fest, dass der Kapitalismus zwischenzeitlich gleichsam von selbst, unter dem Druck der öffentlichen Meinung, von einem genossenschaftlichen Staatswesen verdrängt wurde. Bellamys idealistische Utopie wurde in mehr als 20 Sprachen übersetzt, löste aber vor allem in den USA einen gesellschaftlichen Aufbruch aus wie kein anderes Buch seit «Onkel Toms Hütte». In mehr als 150 Bellamy-Clubs suchten Amerikanerinnen und Amerikaner im vom Maschinengeist und sozialer Härte gezeichneten ausgehenden 19. Jahrhundert eine Gesellschaft zu verwirklichen, in der alle Produktionsmittel Staatseigentum sind.

Während die sozialistischen Kritiker des 19. Jahrhunderts, allen voran Karl Marx und Friedrich Engels, die Schwäche des amerikanischen Sozialismus in erster Linie mit dem Fehlen einer feudalistischen Vergangenheit und dem kontinuierlich ansteigenden Wohlstand erklärten, führte der Soziologe Max Weber 1920 den Erfolg des Kapitalismus in den USA und anderen westlichen Gesellschaften auf die Dominanz des «asketischen Protestantismus» zurück. Für Weber waren religiös motivierte Lebensführung und die Berufs- und Wirtschaftsgesinnung des modernen Kapitalismus aufs Engste miteinander verbunden.

Heute wird die Sombartsche Jahrhundertfrage vor allem mit dem Hinweis auf die pluralistische Einwanderergesellschaft der Vereinigten Staaten beantwortet. Die Vielfalt der Interessen und die Zersplitterung der Gesellschaft ließen die Amerikaner mehr auf die eigene Faust als auf den genossenschaftlichen Händedruck vertrauen. Wer sich durchkämpfte, konnte (und kann) in den USA schneller zu Geld kommen als in den meisten anderen Ländern der Welt. Darüber hinaus spielte allerdings auch die amerikanische Verfassungstradition eine wichtige Rolle, die den Amerikanerinnen und Amerikanern die Überzeugung vermittelte, alle Änderungen und Anpassungen könnten ohne revolutionäre Umwälzungen, allein unter Berufung auf die im ausgehenden 18. Jahrhundert geschaffene Gesellschaftsordnung vorgenommen werden. Lediglich in den 1930er Jahren – infolge der Wirtschaftskrise und inspiriert durch den Spanischen Bürgerkrieg –

blühte eine sozialistische Linke in den USA kurzzeitig auf. «Kommunismus ist der Amerikanismus des 20. Jahrhunderts» wurde zum Schlagwort der Kommunistischen Partei, die Mitte der 1930er Jahre etwa 100 000 Mitglieder zählte. Trotz gelegentlicher heftiger Kritik an den Erscheinungsformen des Kapitalismus stand die Verwirklichung eines alternativen Wirtschafts- und Gesellschaftskonzepts in den USA jedoch niemals ernsthaft zur Debatte.

94. Wer sind Televangelists und worin liegt das Geheimnis ihres Erfolgs? Eine Meinungsumfrage aus dem Jahr 1977 brachte ans Licht, dass sich etwa ein Drittel der US-Bevölkerung – über 70 Millionen Amerikanerinnen und Amerikaner – als «wiedergeborene Christen» bezeichneten, die in einem «persönlichen Verhältnis zu Jesus» stehen. Ähnlich wie die großen religiösen Erweckungsbewegungen des 18. und 19. Jahrhunderts war der phänomenale religiöse Aufbruch nach dem Zweiten Weltkrieg, der die Zahl der christlichen Fundamentalisten innerhalb von 40 Jahren auf das Siebenfache ansteigen ließ, keine regionale, sondern eine nationale Erscheinung. Neben christlichen Schulen und Universitäten spielten bei der Ausbreitung der Bewegung allerdings erstmals die modernen Medien – Rundfunk und Fernsehen – eine entscheidende Rolle.

Bereits im Jahr 1926 hatte der katholische «Radiopriester» Father Charles Coughlin in Michigan, weit früher als irgendwo sonst in der Welt, mit der Ausstrahlung von wöchentlichen Predigten über Rundfunk begonnen. Im Laufe der 1930er Jahre erreichten seine populistischen, antisemitischen Botschaften mehr als 40 Millionen Hörer. Einflussreiche Kreise in Politik und Kirche sorgten zwar dafür, dass dem demagogischen Priester die Rundfunklizenz entzogen wurde; nichtsdestotrotz wuchs in den 1950er Jahren eine neue Generation medienbegeisterter Prediger heran, die das Fernsehen geschickt für ihre missionarischen «Kreuzzüge» instrumentalisierten. Zu ihnen gehörten der Bischof und Emmy-Preisträger Fulton Sheen, der charismatische Prediger Oral Roberts sowie Billy Graham, den die Kritik zynisch «das Maschinengewehr Gottes» nannte.

Wie kaum ein anderer «televangelist» (ein Schachtelwort aus «television» und «evangelist») traf der baptistische Prediger Jerry Falwell den Ton der Zeit. Die Ende der 1970er Jahre von Falwell gegründete Organisation «Moralische Mehrheit» (Moral Majority) vereinigte konservative christliche Aktionsgruppen in einer rechtsgerichteten politischen Organisation. Deren Anhänger predigten gegen Abtreibung, Pornographie und Homosexualität, und nahmen die darwinistische Evolutionslehre und den «heidnischen Kommunismus» ins Visier. Innerhalb von wenigen Jahren gelang es Falwell, mehr als 70 000 Pfarrer, Priester und Rabbis sowie Millionen zahlender Mitglieder um sich zu scharen, bevor seine Organisation – nunmehr unter dem neuen Namen «Christliche Koalition» (Christian Coalition) – an den Fernsehprediger und US-Präsidentschaftskandidaten Pat Robertson überging.

Mit seinem 1961 gegründeten Christian Broadcasting Network (CBN) erreichte Robertson ein Millionenpublikum in 180 Ländern und in mehr als 70 Sprachen. Wie eng religiöse Mission und politische Botschaft miteinander verknüpft waren, zeigte sich beispielsweise, als Pat Robertson in seiner Talkshow «The 700 Club» die Terroranschläge vom 11. September 2001 als Folge von Abtreibung und Gottlosigkeit bezeichnete oder als er die Ermordung des venezuelanischen Präsidenten Hugo Chavez für guthieß.

Im ausgehenden 20. Jahrhundert haben «televangelists» auch außerhalb der USA Popularität erlangt. Aber nirgendwo war ihr Erfolg so durchschlagend wie in den Vereinigten Staaten. Einer der Gründe dafür dürfte darin liegen, dass die amerikanischen Kirchen – anders als in Deutschland, wo der Staat die Kirchensteuer vom Einkommen abzieht – von den finanziellen Beiträgen ihrer Mitglieder leben und gleichsam wie christliche Service-Einrichtungen funktionieren, die in scharfer Konkurrenz zueinander stehen. Wer immer seine Botschaft am überzeugendsten präsentiert, wer die emotionalen und religiösen Bedürfnisse seiner Klienten am besten befriedigt, wer das christliche Heilsprodukt an die größte Konsumentenzahl bringt, und wer die modernen Medien am effektivsten nutzt, darf darauf hoffen, im Wettbewerb um die Kirchenbeiträge der Gläubigen am weitesten vorn zu liegen.

Weder die Skandale um einzelne Fernsehprediger, die von Steuerhinterziehung über Prostitution bis zur Geldwäsche reichen, noch die Fülle satirischer Sendungen («The farting preacher») oder die Rockmusik eines Frank Zappa, der die «televangelists» in bitterbösen Texten parodierte («Jesus Thinks You're a Jerk», «Dumb all Over», «The Meek Shall Inherit Nothing»), hatten einen nennenswerten Einfluss auf den Erfolg der «elektrischen Kirchen» (wie Ben Armstrong sie genannt hat). Diese «electric churches» erreichten zu Beginn des

21. Jahrhunderts mehr als 150 Millionen Amerikaner in ihren Wohnzimmern und trugen außerdem dazu bei, dass heute 95 Prozent aller Amerikaner in Umfragen angeben, dass sie an Gott glauben.

95. Was ist für die Amerikaner an Superman so faszinierend? Als der erste Superman-Comic im Jahr 1938 von National Periodical Publications veröffentlicht wurde, läutete dies in den USA – die ersten Comics waren Anfang der 1930er Jahre erschienen – das «Goldene Zeitalter» der Comic-Literatur ein. Superman (von den Teenagern Jerry Siegel und Joe Shuster 1932 in Cleveland, Ohio, erdacht) war der erste Superheld der Comic-Szene. Innerhalb von nur zwei Jahren folgte ihm eine gigantische Zahl von Helden mit übermenschlichen Fähigkeiten, sogenannte mystery men, nach. «Wenn sie alle auf einem Planeten wohnen müssten», erklärte der Kritiker Jules Feiffer, «würden sie den Himmel verdunkeln». Die Profite, die die billigen Hefte – Comics kosteten bis 1962 grundsätzlich nur 10 Cent – für die Verleger abwarfen, waren angesichts der hohen Auflagen, der billigen Papierpreise und der schlechten Druckqualität phänomenal. Der Comic-Boom hielt bis Anfang der 1950er Jahre an. Danach verschwanden fast alle Superhelden von der Bühne – mit Ausnahme des fulminant erfolgreichen Superman (sowie Batman und Wonder Woman). Wie konnte Superman – neben Walt Disneys Mickey Mouse und Donald Duck – zur «bekanntesten Figur der amerikanischen Belletristik» avancieren und dies über Generationen hinweg bleiben?

Superman begann seine Karriere in den 1930er Jahren als Anwalt der Armen und als Retter der Opfer von Flut- und Sandsturmkatastrophen. Im Gegensatz zu den meisten Superhelden der 1930er und 1940er Jahre war Supermans Alter Ego (Clark Kent) ein unauffälliger, unscheinbarer Reporter, kein Herkules und kein Adonis, sondern ein 90 Pfund schwerer Schwächling – eine Art Jedermann. Anders als die legendären Superhelden des Zweiten Weltkriegs (Captain America, The Eagle, The Shield, The Star-Spangled Kid, Stripesy und Uncle Sam), kämpfte Superman nicht als Super-Soldat gegen die Nazis in Europa. Seine Biografie war vielmehr nur lose mit dem Zeitgeschehen verknüpft. Das sicherte sein Überleben, als es in der Zeit des Kalten Krieges keine Kriege mehr gab, an denen sich Superhelden beteiligen konnten.

Die von konservativen Politikern mit Eifer aufgegriffene Veröffentlichung von Frederic Werthams Buch «Verführung der Unschuldigen» (1954), das den verrohenden Einfluss der amerikanischen Comics geißelte und deren Lektüre für Sittenverfall und steigende Kriminalität verantwortlich machte, führte zur freiwilligen Selbstzensur der Comic-Hersteller und zur Etablierung eines «Comic-Codes» (1954). Dieser verbot nicht nur die Darstellung von Gewalt, sondern auch die Kritik an Richtern und Polizisten, am Elternhaus und an der hergebrachten Wertordnung. Er führte zur fast völligen Verwässerung des Comic-Genres und zum Niedergang der meisten Superhelden. Superman überlebte die Panikmache der McCarthy-Zeit, da der gleichsam über dem Irdischen schwebende, tugendhafte Superheld ohnehin erstaunlich friedfertig war und keine Neigungen zu romantischen Abenteuern verspürte.

Um Superman am Leben zu halten, durchlief er seit den 1960er Jahren immer wieder neue Inkarnationen. In den 1980er Jahren wurde aus dem Schwächling Clark Kent eine Ikone der Männlichkeit: Der Reporter begann Gewichte zu heben. Gleichzeitig verlor er die Fähigkeit, Planeten bewegen zu können, seine Eltern (und damit die Kulisse kleinstädtischer amerikanischer Werte) wurden zum Leben erweckt, und Frauen begannen sich für ihn zu interessieren. In einer der sich zunehmend verzweigenden Superman-Traditionen heiratete der «Mann aus Stahl» seine Reporterkollegin Lois Lane, in einer anderen starb er im Zweikampf mit dem Monster Doomsday, und in einer dritten wurde er als Superboy wieder geboren. Clark Kent alias Superman ist – so scheint es – der amerikanische Allzweckheld.

96. Was macht die USA zur Vorort-Nation? In keinem anderen Land der Erde leben so viele Menschen in Vororten wie in den USA. 1950 waren es bereits 23 Prozent, und noch vor der Wende zum 21. Jahrhundert lebten mehr Amerikanerinnen und Amerikaner in den Vororten als in den städtischen und ländlichen Gebieten zusammengenommen. Bei der Präsidentschaftswahl im Jahr 2000 hatten die «Vorortswähler» erstmals eine absolute Mehrheit. Im gleichen Jahr erschien ein von Architekten und Städteplanern verfasstes Buch, das die USA als «suburban nation», als «Vorort-Nation», bezeichnete. Die größten Vororte, wie etwa Mesa (zu Phoenix, Arizona, gehörig), sind mit mehr als einer Viertel Million Einwohnern größer als so manche Großstadt; und Los Angeles gilt mit seiner Bevölkerung von nahezu 15 Millionen als die «suburbane Metropolis» schlechthin.

Wie kam es zur Suburbanisierung der USA, und was macht die amerikanischen Vororte so attraktiv? Während vereinzelte ältere Vororte in den USA, wie Chevy Chase nahe Washington D.C., durch Straßenbahnen mit den städtischen Zentren verbunden waren, kam es durch die Massenproduktion von Automobilen zu einem regelrechten Suburbanisierungsboom, der sich in den 1950er Jahren noch deutlich beschleunigte. Ein Gesetz von 1956, der legendäre Interstate Highway Act, führte innerhalb von wenigen Jahren zum Bau von 66 000 Kilometern Straße. 90 Prozent des Programms wurde von einer US-Bundesregierung finanziert, die die Unterstützung des öffentlichen Nahverkehrs immer weiter vernachlässigte: In den 1950er Jahren flossen etwa drei Viertel des Bundesverkehrshaushalts in den Straßenbau, dagegen nur ein Prozent in den öffentlichen Nahverkehr der Städte. Ein Konsortium der Automobil-, Reifen- und Ölindustrie sorgte durch den systematischen Aufkauf und die Auflösung von Straßenbahnnetzen in mehr als 100 amerikanischen Innenstädten dafür, dass der Automobilverkehr in ganz Amerika an Attraktivität gewann. Als General Motors in diesem Zusammenhang wegen Konspiration zu einer Geldstrafe von 5000 Dollar verurteilt wurde, war das Schicksal der Innenstädte längst besiegelt. Die letzte Straßenbahn rollte 1951 aus einer amerikanischen Fabrikhalle.

Zu den städtebaulichen Veränderungen der Nachkriegszeit hatte nicht zuletzt ein staatliches Darlehensprogramm der Bundesbau- sowie der Veteranenbehörde (Federal Housing Administration und Veterans Administration) beigetragen, das – mit dem erklärten Ziel, die Arbeitslosigkeit im Bausektor zu senken – den Bau von mehr als elf Millionen neuer Häuser finanzierte. Die monatlichen Belastungen für die Darlehen, die speziell den Neubau von Einfamilienhäusern in Vororten förderten, lagen oft unter den gängigen Mietpreisen für Stadtwohnungen.

Während der Bund und die Automobilindustrie die Suburbanisierung aus unterschiedlichen Interessen unterstützten, trugen die Städteplaner der Nachkriegszeit zur Zementierung der neuen suburbanen Realität bei. Sie schufen Bebauungspläne, die alle Einkaufsmöglichkeiten aus den Wohnvierteln verbannten, und kreierten damit eine städtebauliche Landschaft, die sich nicht zuletzt durch Uniformität und Ordnung auszeichnete. Im Gegensatz zu den Vorortsplanungen der Zwischenkriegszeit fehlten den neuen Vororten Läden und Märkte. Während die Bevölkerung anfangs noch zum

Einkauf in die Städte pendelte, entstanden bald schon große Einkaufsmeilen, die «Malls» – mit Restaurantketten, Banken, Supermärkten, Tankstellen und riesigen Parkplätzen. Sie hatten, wie es schien, nur ein einziges Ziel: den amerikanischen Autofahrer glücklich zu machen.

97. Woher kommt die amerikanische Leidenschaft für den perfekten Rasen? Die Vorliebe der Amerikaner für den perfekten Rasen hat sich im Laufe des 20. Jahrhunderts von einer bloßen Leidenschaft zur nationalen Obsession gesteigert. Kein anderes Saatgut findet in Amerika regional weitere Verbreitung als Grassaat. Wenn man die Rasenflächen der amerikanischen Vorgärten und der rund 16 000 Golfplätze nebeneinander ausrollte, käme man auf eine Gesamtfläche von annähernd 120 000 bis 150 000 Quadratkilometern – mehr als ein Drittel des Areals der Bundesrepublik Deutschland. Die Fläche, auf der in den USA Rasen angebaut wird, ist damit mehr als doppelt so groß wie die Anbaufläche von Baumwolle. Mindestens 40 Milliarden Dollar gaben die Amerikaner im Jahr 2006 für die Rasenpflege aus. Interessanterweise kommen fast alle Grasarten, die es heute in den USA gibt, aus Europa oder Asien. Nur unter enormen Anstrengungen, durch den Einsatz von Chemikalien und Unmengen an Wasser (im Osten 30 Prozent, im ariden Westen 60 Prozent des städtischen Wasserverbrauchs), lassen sich Amerikas Vorgärten grün halten. Im Durchschnitt ziehen sich jährlich mehr als 75 000 Amerikaner Verletzungen beim Rasenmähen zu. Fast sieben Millionen Vögel sterben alljährlich an den Pestiziden, die für die Makellosigkeit des Rasens eingesetzt werden. Seit wann und warum ist den Amerikanern der Rasen so wichtig, dass sie derart große Opfer dafür bringen?

Bereits George Washington, Thomas Jefferson und James Madison unterhielten auf ihren Plantagen und Farmen in Virginia einen gepflegten Naturrasen, aber die amerikanischen Präsidenten waren lediglich Ausnahmen, die die Regel bestätigten. Die Vorstellung, dass zu einem Landsitz auch ein Rasen gehöre, stammte ursprünglich aus Persien und China; später fasste die Idee auch in Europa Fuß. In den USA diente Gras lange Zeit fast ausschließlich als Futtermittel für Tiere. 1849 hatten die USA eine breitblättrige Grasart, das crabgrass, das zur Familie der Hirse gehört, aus Europa eingeführt, um Schafe und Rinder zu ernähren. Die in den USA heimischen Grasarten hatten sich als nicht robust genug erwiesen und waren nacheinander der Invasion europäischer Nutztiere und neuen Grasarten gewichen.

Erst 1870 plädierte ein amerikanischer Landschaftsarchitekt, Frank J. Scott, für die Einrichtung und Pflege von Zierrasen. In einem Buch zur Verschönerung von Vorstadtgärten lobte er «eine glatte, dicht geschnittene Grasoberfläche». In ihr sah er das «bei weitem wichtigste Element der Schönheit auf den Grundstücken der Vorstadthäuser». Scotts Schönheitsideal machte Schule: Zwischen 1870 und 1886 wurde sein Buch vier Mal nachgedruckt. Aber es sollte bis in die Zeit nach dem Zweiten Weltkrieg dauern, bis der exklusive Rasen der suburbanen Oberschicht zum Massen- und Modephänomen in ganz Amerika wurde. Die Zahl der motorisierten Kleinrasenmäher, die 1946 bei 139 000 lag, 1951 auf 1,2 Millionen anstieg und 1959 4,2 Millionen erreichte, spricht Bände. Der front lawn wurde seit den 1950er Jahren zur Visitenkarte der suburbanen Mittelschicht. Grün musste das Gras sein, kurz geschoren und unkrautfrei. Die chemische Industrie, die sowohl Kunstdünger als auch immer neue Mittel gegen Unkraut entwickelte, erkannte bald, dass ihre besten Kunden nicht mehr auf den Farmen, sondern in den städtischen Vororten lebten. Der gepflegte Rasen wurde zum Symbol einer vorstädtischen Ordnung, und wer seinen Rasen «verwildern» lässt, muss heute vielerorts gar mit Strafen rechnen.

98. Warum geht in den USA niemand spazieren?   Die Amerikaner lieben das Automobil. Sie sind übrigens auch leidenschaftliche Jogger. Aber Spaziergänger hat es in den USA – anders als in Deutschland und in anderen europäischen Ländern – nie gegeben. Wie lässt sich das erklären?

Aufgrund der scheinbar endlosen Verfügbarkeit von Land entwickelten die amerikanischen Farmer und Plantagenbesitzer schon seit dem 18. Jahrhundert ein Verhältnis zu ihrer natürlichen Umwelt, wie man es in Europa nicht kannte. Viele Farmer identifizierten sich kaum mit der Landschaft, in der sie sich niederließen – häufig hatten sie ihre Grundstücke vor dem Kauf nicht einmal in Augenschein genommen. Ihr Verhältnis zur natürlichen Umwelt war vielmehr von ökonomischen Prioritäten geprägt. Der schnelle Takt von günstigem Landerwerb, Erschließung, Anbau und zügigem Weiterverkauf des Landes – die Transformation von Land in Ware – war die sicherste Formel für den ökonomischen Erfolg. Von Jeffersons Ideal des freien

Bauern, der nach dem Subsistenzprinzip wirtschaftete und ein intimes Verhältnis zu Hof und Land pflegte (in Deutschland würde man «Heimat» hinzufügen), war die Realität meilenweit entfernt. Die Verbindung der Farmer, im Westen der Rancher, zum Markt war wichtiger als die soziale oder emotionale Anbindung an eine über Generationen etablierte Dorfgemeinschaft oder als die Einbindung in die städtische Gesellschaftsordnung. Anders als in der Alten Welt dominierten in den USA im 19. Jahrhundert isolierte Höfe und Plantagen. Große Entfernungen und hohe Mobilität gehörten – und gehören noch heute – zu den Charakteristika des «amerikanischen Raumes».

Hinzu kommt, dass Technologien bei der Besiedelung des Kontinents eine zentrale Rolle gespielt haben: Axt und Mühle, Straße und Damm, Kanal und Eisenbahn wurden von Politikern und Schriftstellern in den USA als Elemente einer «zweiten», genuin amerikanischen «Schöpfung» gepriesen, die sich harmonisch in Gottes «erste Schöpfung» einfügte.

In Deutschland hatte sich seit dem 18. Jahrhundert eine neuartige Sehnsucht nach der Aneignung und Betrachtung der «ursprünglichen» Natur herausgebildet. Dabei handelte es sich um ein städtisches Phänomen, dem das Gefühl des Naturverlustes vorausgegangen war. Beim Spazieren oder Promenieren, sei es in Gruppen- oder in Paarkonstellationen, präsentierte sich der Bürger seinen Mitbürgern im öffentlichen Raum als standesbewusstes Mitglied der Gesellschaft. Der Spaziergang durch die Landschaft – mit dem dazu gehörenden Decorum, der Gangart, der angemessenen Kleidung und den Formen des Grüßens – wurde zum sozialen Distinktionsmerkmal, in dem sich der gehobene Mittelstand sowohl von der höfischen Kultur als auch von den unterbürgerlichen und Land bearbeitenden Schichten abgrenzte.

In den Vereinigten Staaten, wo es keinen Adel und keine Stände gab, hatte der Spaziergang keine soziale Unterscheidungsfunktion. Die Gesellschaft war überdies – durch Einwanderungsschübe, Expansion und Besiedelung ständig neuer Gebiete – zu sehr im Fluss, als dass der Kontemplation lieblicher Landschaften im städtischen Umfeld oder gar der Anlage ausgedehnter Spazierwege Priorität zugekommen wäre. Zum zentralen Ort spezifisch amerikanischer Landschafts- und Naturaneignung wurde nicht die städtische Grünfläche, sondern der Nationalpark. Und diesen besuchte man in aller Regel mit dem Automobil.

Das Automobil, und die Freiheit, die es verspricht, ist der Kern des American Way of Life. Mit dem voll klimatisierten Wagen lassen sich Vororte und lässt sich der große Kontinent bequem durchqueren – unabhängig von der Witterung. Dass die Klimaregionen in den USA von der Sub-Arktis bis zu den Sub-Tropen reichen und damit in den meisten Gegenden ohnehin keine akzeptable Voraussetzung für Spaziergänge bieten, kommt hinzu.

In Deutschland und anderen europäischen Ländern wurden Städte mit Erholungszonen und Grünflächen zum idealisierten Modell. In den USA bildeten sich dagegen zwei Landschaftstypen als modellhaft und typisch amerikanisch heraus: die «wilde» Natur in den spektakulären Nationalparks einerseits und die automobilistenfreundliche, gehweglose Vorstadtsiedlung andererseits. In beiden Landschaften haben «Spaziergänger» keinen Platz.

99. Seit wann und warum essen die Amerikaner Hamburger bei McDonald's?

Hamburger erlebten erst nach dem Zweiten Weltkrieg eine steile Karriere, als sie in Fastfood-Ketten zum populärsten Gericht der Amerikaner wurden. Der Name geht vermutlich auf das billige Rindfleisch zurück, das bereits im frühen 19. Jahrhundert in Buden im Hafen von New York als «steak cooked in the Hamburg style» verkauft wurde. Mit dem Hamburger, wie wir ihn heute kennen, hatte das Hamburg steak freilich nicht viel gemeinsam. Möglicherweise – so will es jedenfalls eine Resolution des Gouverneurs von Oklahoma aus dem Jahr 1995 – wurde der erste Hamburger, der aus einem Brötchen und Hackfleisch bestand, 1891 in Tulsa, Oklahoma, kreiert. Auf der Weltausstellung von St. Louis 1904 gewann das Hamburger Sandwich erstmals mehr als regionale Bedeutung, aber bis zur Einrichtung der ersten Fastfood-Kette sollte es noch weitere 17 Jahre dauern. Der Koch Walter Anderson, der sein gesamtes Vermögen in einen Straßenbahnwagen gesteckt hatte, den er in ein Hamburgerrestaurant umwandelte, eröffnete 1921 zusammen mit dem Versicherungsagenten Edgar Waldo «Billy» Ingram in Wichita, Kansas, die älteste Hamburgerkette der USA: «White Castle Hamburger». Nach der Veröffentlichung von Upton Sinclairs Roman «The Jungle» (1906), der mit seinen Beschreibungen der Schlachthöfe Chicagos Entsetzen über die fleischverarbeitende Industrie in den USA ausgelöst hatte, zögerten die Amerikaner zunächst, Hackfleisch zu essen. White Castle Hamburger trat dem Image der mangelhaften Hygiene in der

Fleischindustrie ostentativ entgegen, indem sie die Gebäude der Hamburgerkette weiß bemalten, im Innern mit Cromargan ausstatteten und die Bediensteten mit makellosen Uniformen ausstatteten.

Zu einer Revolution im Fastfood-Gewerbe kam es allerdings erst 1948, als Richard und Maurice McDonald auf einem Tennisplatz in San Bernardino, Kalifornien, ihr eigenes Hamburgerunternehmen starteten. Bei der Einführung neuer Prinzipien kam den McDonald-Brüdern der Zufall zu Hilfe. Während sie ihren Betrieb einer Generalrenovierung unterzogen, verwendeten sie Plastikteller und -besteck. Sie entließen die car hops (Autokellner), richteten Selbstbedienungsfenster für ihre Kunden ein, begannen die Speisen vorzukochen und reduzierten die Speisekarte auf Hamburger, Cheeseburger, Pommes Frites und Getränke. Der Erfolg war durchschlagend. Mit einem Mal ließen sich die Hamburger für einen Bruchteil der Kosten herstellen. Statt ihr Restaurant im alten Stil weiterzubetreiben, führten die McDonalds Fließbandmethoden zur Produktion der Hamburger ein, beschafften moderne Multimixer für Milchgetränke und gewannen durch die herabgesetzten Preise völlig überraschend eine neue Klientel: Familien und Kinder.

Das Konzept war so erfolgreich, dass Ende der 1950er Jahre bereits mehr als 100 McDonald's-Franchises in den USA existierten, weitere dreißig Jahre später sogar 12 000.

Ebenso bemerkenswert wie die Geschichte der McDonald-Brüder war die von Harlan Sanders, der 1953 durch eine unglückliche Wendung des Schicksals sein Motel und Restaurant verloren hatte. Ausgestattet mit einem Dampfkochtopf, mit elf Kräutern und Gewürzen machte «Colonel» Sanders an beliebigen Restaurants halt, um sein «südstaatliches Brathähnchen» feilzubieten. Bald war Sanders' Hähnchen mehr als nur ein Geheimtipp:«Kentucky Fried Chicken», die Restaurantkette, die der stets in weiß gekleidete Gentleman mit Spitzbart gründete, wurde zum phänomenalen Erfolg und verwandelte – ähnlich wie McDonald's, Wendy's, Burger King, Popeye's Famous Fried Chicken, Domino's, Pizza Hut, Dairy King und Dairy Queen – die Stadtlandschaft der USA. Zusammen mit Tankstellen und Supermärkten verließen die Fastfood-Restaurants seit den 1960er Jahren die Innenstädte und nahmen die großen Highways und Ausfallstraßen in Besitz. Es ist daher kaum verwunderlich, dass McDonald's seit Anfang der 1980er Jahre der größte Landbesitzer der Welt geworden ist. Der Autor John F. Love stellte bereits 1986 fest, dass über die Hälfte aller Amerikaner weniger als drei Minuten von einem McDonald's Restaurant entfernt wohnen; dass 7,3 Prozent aller Dollars, die in Restaurants ausgegeben werden, an McDonald's gehen; dass 7,5 Prozent der amerikanischen Kartoffelernte von McDonald's verarbeitet werden; und dass 7 Prozent aller US-Erwerbstätigen bei McDonald's tätig sind. Zu Beginn des 21. Jahrhunderts sind Fastfood-Restaurants, nicht zuletzt angesichts der steigenden Zahl von Familien mit doppelt berufstätigen Eltern, ein nicht mehr wegzudenkender Bestandteil der amerikanischen Kultur. Ronald McDonald, der gelb-rot-weiße Clown, der seit 1963 als Werbefigur für McDonald's fungiert, hat einen höheren Bekanntheitsgrad als der amerikanische Präsident. McDonald's setzt unterdessen seinen Siegeszug weltweit fort, in Filialen, die sich fast wie ein Ei dem anderen gleichen. Ausnahmen sind ein paar kulturelle Schattierungen in verschiedenen Ländern: So wird in Deutschland auch Bier verkauft, in Frankreich Wein; und in Saudi-Arabien, wo es separate Räume für Männer und Frauen gibt, sind die Fastfood-Restaurants vier Mal am Tag für Gebete geschlossen.

100. Warum spielen die Amerikaner Baseball, nicht Fußball? Die USA gehören zu den wenigen Ländern in der Welt, in denen das populärste aller Ballspiele, Fußball (soccer), keine prominente Rolle spielt. Hinter Baseball, Football, Basketball und Hockey rangiert Fußball in den USA bestenfalls auf einem weit abgeschlagenen fünften Platz in der Beliebtheitsskala der Ballspiele. Während Fußball in Südamerika und Europa im ausgehenden 19. Jahrhundert zur Nummer Eins avancierte, setzten sich in den USA zur gleichen Zeit Baseball und Football durch.

Der Hauptgrund für die schnelle Verbreitung von Baseball, einer Sportart, die eigentlich auf dem britischen Schlagball basiert, lag darin, dass sie weniger elitär war als Cricket und von Anfang an mit Amerika identifiziert wurde. Wie kein anderer Sport trug Baseball zur Assimilierung der verschiedenen Einwanderergruppen bei. Während im frühen 19. Jahrhundert die Iren mit ihrem Superstar Mike «King» Kelly dominierten, war Baseball nach dem Bürgerkrieg vor allem bei den deutschen Einwanderern beliebt. Nicht wenige unter den fast 500 deutsch-amerikanischen Bierbrauern besaßen neben ihrer Brauerei noch ein eigenes Baseballteam. Auch kam der berühmteste aller amerikanischen Baseballspieler, der zu seiner Zeit am meisten fotografierte Mensch der Welt, Babe Ruth (1895–1948), aus einer deutsch-amerikanischen Einwandererfamilie. Während die Kinder west- und nordeuropäischer Einwanderer das Baseballspiel bis ins frühe 20. Jahrhundert hinein dominierten, eroberten in den 1930er Jahren mit dem jüdisch-orthodoxen Baseballstar Hank Greenberg und dem sizilianisch-amerikanischen Sporthelden Joe DiMaggio auch andere religiöse und ethnische Gruppen die Herzen der amerikanischen Baseballfans. Dass auch die Afroamerikaner, die bis 1946 in rein schwarzen Teams spielten, herausragende Spieler hervorbrachten, tat ein Übriges, um Baseball in allen Schichten und Gruppen der amerikanischen Bevölkerung populär zu machen. Kein Spiel ist beliebter als Baseball. Um die Wende vom 20. zum 21. Jahrhundert gingen mehr Amerikaner zu Baseballspielen ins Stadion als zu Football-, Basketball- und Fußballspielen zusammengenommen. Keine andere Sportart hat sich so tief in die amerikanische Kultur eingeschrieben wie Baseball. Indiz dafür ist nicht zuletzt die Umgangssprache, die Dutzende von Baseballmetaphern integriert hat: von «ballpark figure», «going for home» und «down and dirty» bis zu «caught on the fly» und «way off base». Selbst der Ablauf einer Romanze, der in den USA ungeschriebenen, aber strikten Spielregeln unterworfen ist, orientiert sich an der Sprache des Baseballspiels: Bei den «Dates» spricht man von «first, second and third base» (beim dritten base muss es zu Zärtlichkeiten kommen); und das eigentliche Ziel ist erreicht, wenn von «making it home», «going all the way» oder «scoring» die Rede ist.

Während eine Art von Fußball in der Neuen Welt erstmals für das Jahr 1609 in Virginia dokumentiert ist, erlebte der Sport, bei dem die Spielregeln oft von Ort zu Ort wechselten, einen großen Schub, als die Eliteuniversitäten an der amerikanischen Ostküste Fußball- und Footballwettbewerbe einführten. Die Ähnlichkeit zwischen Fußball und Football war anfangs so groß, dass das erste College Football-spiel, bei dem im November 1869 Rutgers und Princeton aufeinandertrafen, offiziell auch als erstes Fußballspiel (soccer game) der neueren amerikanischen Geschichte gilt. Anfang der 1870er Jahre triumphierte die Spielvariante, die das Handspiel untersagte, also soccer, an den führenden Bildungseinrichtungen der Ostküste: Rutgers, Princeton und Yale, Stevens, Wesleyan und Columbia traten in Wettbewerben gegeneinander an. Einzig Harvard, die älteste Universität der USA, lehnte das «Kickspiel» ab und spielte stattdessen das

Rugby-ähnliche Football gegen College-Mannschaften in Kanada. Erst nachdem 1875 auch Yale gegen Harvard antrat, fielen die anderen Colleges wie Dominosteine nacheinander um und ersetzten Fußball durch Football. In der Ära des Fernsehens entwickelte sich Football zum beliebtesten Medienspektakel in den USA. Im Gegensatz zum Fußballspiel mit nur einer Halbzeitpause bietet der Ablauf eines Footballspiels mehrere Gelegenheiten zur Ausstrahlung von Werbespots. Der 1966 eingeführte Superbowl, das Finale der amerikanischen Football-Liga NFL, hat weltweit die höchste Einschaltquote aller jährlichen Sportveranstaltungen. Deshalb kostete die Ausstrahlung eines 30-Sekunden-Spots im Jahr 2007 stolze 2,6 Millionen Dollar. Für viele Amerikaner ist der Superbowl Sunday ein inoffizieller Nationalfeiertag.

101. Wie frei sind die Amerikaner? Kein Gedanke ist grundlegender für die Geschichte der USA als das Ideal der Freiheit. Der Begriff liberty, der mit freedom nahezu austauschbar ist, findet sich bereits in der Unabhängigkeitserklärung als «unveräußerliches Recht» und in der Verfassung als Segen für die Nation. Im Bürgerkrieg kämpften die Amerikaner für die Freiheit der Schwarzen, im Zweiten Weltkrieg für die «Vier Freiheiten» und im Kalten Krieg für die Verteidigung der «freien Welt». Der Krieg gegen den Irak im Jahr 2003 hieß «Operation Iraqi Freedom», und im Sommer 2007 erklärte Präsident George W. Bush, dass die «Freiheit Iraks», die nur Amerika gewährleisten könne, in unmittelbarer Reichweite sei. Die Wendung «Wir sind ein freies Land» ist in den USA allgegenwärtig. Dies spiegelt die Tatsache wider, dass der politische Freiheitsbegriff auch den Alltag und die private Sphäre tief durchdringt.

Noch vor der Ausrufung der amerikanischen Unabhängigkeit hatte Samuel Williams in einer weit verbreiteten Flugschrift erklärt, in Afrika und Asien sei «der Freiheitsgedanke» ganz und gar «unbekannt», und selbst in Europa sei die «vitale Flamme» der «Freiheit» ausgelöscht. Auch wenn weite Teile der amerikanischen Gesellschaft – allen voran die Sklaven – der wichtigsten Freiheitsrechte beraubt waren, sahen die Amerikaner ihr Land in der Gründungsperiode, nicht ganz zu Unrecht, als Insel oder «Reich der Freiheit» (Thomas Jefferson) in einer vom Despotismus beherrschten Welt.

Im 19. Jahrhundert war Freiheit nicht zuletzt als «ökonomische Freiheit» definiert. Wer ein Stück Land, eine Farm oder ein Geschäft besaß, galt als frei. Doch mit zunehmender Industrialisierung verband sich die Vorstellung von Freiheit für die arbeitende Bevölkerung immer stärker mit Forderungen nach ökonomischer Sicherheit. In einer seiner legendären Radioansprachen am offenen Kamin des Weißen Hauses definierte Präsident Roosevelt 1934 «Freiheit» als wirtschaftliche, vom Staat garantierte «Sicherheit für den Durchschnittsbürger». Im Zweiten Weltkrieg gewann der Freiheitsbegriff eine weitere Dimension hinzu: Die USA kämpften nicht nur für wirtschaftliche und politische Freiheit im eigenen Land, sondern auch für Toleranz und Gleichheit der Rassen. Rassenunterdrückung, so lautete die Philosophie des amerikanischen Kreuzzugs, war das Konzept, dem sich die Feinde Amerikas verschrieben hatten.

Im Kalten Krieg setzte sich die Freiheitsrhetorik unter veränderten Vorzeichen fort. Die Sowjetunion ersetzte das Deutsche Reich als Antithese amerikanischer Freiheitsvorstellungen. Mehr und mehr galt alles, was «kommunistisch» oder «sozialistisch» war, als das Gegenstück zur «amerikanischen Freiheit». Hatten die Amerikaner in der ersten Hälfte noch Freiheit mit ökonomischer Absicherung identifiziert, so galt nach dem Zweiten Weltkrieg fast jede Art von Regierungsintervention als potenziell suspekt. Unversehens wurden die Errungenschaften, die sich die «sozialistische Sowjetunion» auf ihre Fahnen geschrieben hatte – von universeller Krankenversicherung über staatliche Wohnungen bis zur Vollbeschäftigung – zum Ausdruck einer Beschränkung der Freiheit. Als der damalige Vizepräsident Richard Nixon im Jahr 1959 eine US-amerikanische Ausstellung in Moskau eröffnete, sprach er in seinem Vortrag «Was Freiheit uns bedeutet» nicht von bürgerlicher Freiheit, sondern von den 56 Millionen Autos und den unzähligen Haushaltsartikeln, die das Leben der amerikanischen Hausfrau erleichterten. Indem er auf einen kleinen Roboter deutete, der im Zentrum einer amerikanischen Modellküche den Boden fegte, bemerkte er süffisant: «In den USA brauchen sie nicht einmal eine Ehefrau.» Wohlstand und Konsum wurden mit einem Mal zur Messlatte für die Freiheit der Amerikaner. Dass die USA darin führend und nach ihrer eigenen Definition «die freieste Nation der Welt» waren, hätte 1959 nicht einmal der sowjetische Staatschef bestritten. Die «Freiheit des Individuums» galt jedenfalls zunehmend als von der «Freiheit des Marktes» abhängige Variable. Freihandel und Wohlstand, Unternehmertum und Konsum definierten die «freie Welt».

Der Historiker Eric Foner hat hervorgehoben, dass die meisten weißen Amerikaner der Überzeugung sind, «Freiheit sei etwas, was sie besitzen». Im Gegensatz dazu empfänden Afroamerikaner Freiheit nicht als «Besitz», der «verteidigt» werden kann, sondern als etwas, was erst noch «erreicht werden muss». Martin Luther Kings berühmte Rede vor dem Lincoln Memorial in Washington endete mit den Worten: «Endlich frei, endlich frei, Dank dem Allmächtigen, ich bin endlich frei.» Sein Ausruf wurde in den 1960er und 1970er Jahren zum Fanal für eine Reihe sozialer Bewegungen, die in der «persönlichen Freiheit» ein neues politisches Ziel sahen und sich für die Neudefinition der Verhältnisse im privaten Bereich einsetzten. Auch wenn die genuin politische Stoßrichtung der sozialen Bewegungen in den Hintergrund geraten ist, so lässt sich der Einfluss des neuen «individuellen Freiheitsverständnisses» auf die amerikanische Kultur im 21. Jahrhundert gar nicht hoch genug einschätzen. Freiheit ist seit den 1990er Jahren nicht zuletzt die Freiheit, sich selbst auszudrücken – im Blick auf die sexuellen Präferenzen ebenso wie in Mode, Kulturkonsum und ganz generell im Lebensstil.

Nie zuvor in der amerikanischen Geschichte wurde der Begriff «Freiheit» inflationärer gebraucht als seit den terroristischen Attacken auf das World Trade Center. In jeder Rede zur Außenpolitik seit dem 11. September 2001 hat George W. Bush den Begriff «Freiheit» – oft unzählige Male – im Munde geführt. Der Export von Freiheit, Demokratie und Freihandel selbst in die entlegensten Ecken des Globus bildete das zentrale Ziel von Bushs Nationaler Sicherheitsstrategie im Jahr 2002. Das darin geforderte «Gleichgewicht der Macht», das «menschliche Freiheit» favorisiert, geht Hand in Hand mit dem Kampf gegen «Terroristen und Tyrannen», aber auch mit der Einschränkung bürgerlicher Freiheiten in den USA selbst. Europäern, aber auch vielen kritischen Amerikanern, ist es zu Beginn des 21. Jahrhunderts nicht leicht gefallen, dieses spezifisch amerikanische Freiheitskonzept zu verstehen und zu akzeptieren: Wie können die USA andere Länder in Sachen Freiheit belehren, während die freiheitlichen Rechte im eigenen Land bedroht sind?

Die Geschichte der USA ist seit dem ausgehenden 18. Jahrhundert voller Episoden, in denen die verfassungsmäßigen Freiheiten einzelner, vermeintlich gefährlicher Gruppen, im «nationalen Interesse» verengt wurden: von der Beschneidung der Rechte von Neueinwanderern im Jahr 1798 bis zur Zwangsinternierung von Japanern im

Zweiten Weltkrieg. Hinzu kommt, dass Minderheiten wie Indianer und Schwarze einer Vielzahl von Diskriminierungen ausgesetzt waren und sind. Allerdings ist den Amerikanern in ihrer Geschichte vieles besser gelungen als den Europäern. Nicht zuletzt waren sie in der Lage, Einwanderer aufzunehmen und zu integrieren, ohne ihre Identität zu zerstören. Die größten zukünftigen Herausforderungen werden für die Vereinigten Staaten darin liegen, die Bedrohungen von außen ernst zu nehmen, und gleichzeitig die mehr oder weniger verdeckten Unterwanderungen der verfassungsmäßig zugesprochenen Freiheitsrechte abzuwehren. Wenn dies gelingt, wenn die USA ihre Stärken wie Pragmatismus und Vitalität und die demokratische Erneuerungskraft einsetzen, werden sie auch im 21. Jahrhundert bleiben, was sie für viele Menschen in aller Welt sind: ein faszinierendes Land und ein anziehendes Vorbild.